AF338174

ENTUSIASMO POR MOVIMIENTOS MULTIPLICADORES

Forge ha desarrollado Movimientos Multiplicadores en el momento más oportuno en la vida de la Iglesia global. Según investigaciones recientes, el liderazgo eclesiástico se está enfocando ahora en la «brecha más grande» en el ministerio de la iglesia: «el discipulado». De manera única, Forge ha desarrollado y está proporcionando esta herramienta multiplicadora para todo el ministerio, ahora disponible para todos los evangelistas y otras redes de la Gran Comisión, un enfoque sistémico y completo del Evangelio, bíblicamente relevante, práctico, fácil de implementar y dirigido en comunidad.

—Tom Phillips, asesor principal, Asociación Evangelística Billy Graham

El hermano Charlie y su familia cristiana de cuatro generaciones son modelos espirituales, llenos de vigor y vitalidad, que han servido al Señor como el viento propaga un incendio forestal. Con una aguda perspicacia otorgada por el Espíritu Santo, el hermano Charlie transmite conceptos para el crecimiento del Reino Celestial a través de movimientos de base. Después de leer estos doce profundos capítulos, fue como abrir doce puertas para iniciar un ciclo de multiplicación de movimientos de obreros, lo que aporta una perspectiva refrescante, como si se disfrutara de una suave brisa primaveral. Que el Señor utilice este libro para provocar un gran avivamiento espiritual.

—Peter y Ruth Xu Yong Ze, fundadores y líderes del Movimiento Renacidos, una red clandestina de iglesias domésticas chinas que promueve la visión «De vuelta a Jerusalén».

Movimientos Multiplicadores es un recurso poderoso y oportuno que conmovió tanto mi corazón como mi visión de hacer discípulos que vivan en misión. Es profundamente convincente y refrescantemente claro, y me recuerda que el verdadero impacto del Reino comienza con la devoción personal y la obediencia a Dios y a Su Palabra. No es solo un libro para leer, sino uno para inspirarse y aplicar. Salí renovado, desafiado a dejar que las Escrituras moldeen cada aspecto de mi liderazgo y mi vida. Si te interesa formar discípulos que formen discípulos, este recurso te equipará e inspirará para liderar con propósito y claridad. No debes solo leerlo, deja que te impulse a depender más del Señor y a ser un obrero en la mies que avanza el Reino de Dios.

— Jason Mick, pastor de la próxima generación, Iglesia Bautista Prestonwood, Plano, Texas

Movimientos Multiplicadores captura una profunda verdad bíblica que puede transformar la forma en que vivimos y discipulamos a otros. Desde el principio, el deseo de Dios ha sido llenar la tierra de personas que lo conozcan, lo amen y caminen con Él, y nos invita a unirnos a Él en esa misión. Este libro es profundamente espiritual y muy práctico, y ofrece sabiduría y aplicaciones para todos los creyentes deseosos de cumplir el propósito de Dios multiplicando discípulos. Las ideas aquí expuestas han transformado mi ministerio, y estoy convencido de que también te inspirarán y equiparán a ti. Si anhelas crecer como discípulo y formador de discípulos, ver cómo se multiplican los discípulos y se expande el reino de Dios, ¡entonces Movimientos Multiplicadores *es una lectura obligatoria!*

— Sammy Tippit, fundador de Sammy Tippit Ministries y autor de *God's Secret Agent*

Con una narrativa vívida y una pasión sincera, Movimientos Multiplicadores *ofrece una guía sencilla pero poderosa para hacer discípulos. Escrito con claridad y convicción bíblica, es especialmente valioso para los nuevos creyentes deseosos de crecer y participar de inmediato en la misión de Dios. Repleto de preguntas prácticas y basado en aplicaciones de la vida real, este libro va más allá de la inspiración para incitar a la obra de la Gran Comisión.*

—Dr. David E. Bosworth, profesor de Estudios del Nuevo Testamento y Misión, Universidad Cristiana de Colorado

Movimientos multiplicadores *es exactamente lo que necesita esta generación, desesperada por un verdadero movimiento de Dios. No podemos permitirnos perdernos este momento. Este recurso no solo es útil, sino que es esencial. Transformará a los creyentes de consumidores a contribuyentes, y el impacto será innegable.*

— Britton Bishop, pastor de jóvenes, Church on the Move, Tulsa, Oklahoma

El libro Movimientos Multiplicadores, *de Charlie Marq, es uno de los mejores recursos disponibles para cumplir de manera práctica la Gran Comisión y equipar a otros para que se conviertan en obreros del Reino. Lo que más me llama la atención es que las palabras de estas páginas no son solo teorías, ideas o estrategias, sino verdades bíblicas que Charlie vive cada día con coherencia y pasión. Su compromiso personal con hacer discípulos añade autenticidad y peso a cada página.*

—Caleb McNaughton, pastor principal, Highpoint Church, Aurora, Colorado

En los tiempos que vivimos, con una cosecha tan abundante, no se me ocurre mejor información para sembrar en sus corazones y mentes que Movimientos Multiplicadores. El fuego del Evangelio necesita extenderse por todo el mundo, y Movimientos Multiplicadores es el tipo de recurso necesario para ayudarlos a hacerlo. Alabado sea el Señor por Charlie Marq y el equipo de Forge, cuyos corazones arden por el Evangelio.

—Derek Gaskill, exjugador de los New York Mets, Toronto Blue Jays y Milwaukee Brewers; instructor de béisbol profesional y evangelista

Este libro debería estar en manos de todos los líderes, formadores y movilizadores de movimientos del mundo. Aporta la claridad y la unidad necesarias a un esfuerzo de movimiento global. Si tuviera que recomendar un solo libro a alguien que quiera comprender y formar parte de los movimientos globales que Dios está encendiendo, sería este.

—Brandon Harrison, pastor de estudiantes, Iglesia Bautista Shandon, Columbia, Carolina del Sur

Movimientos Multiplicadores es más que un recurso: es una llamada de atención a la Iglesia. Da voz al anhelo de muchos creyentes: «Quiero marcar la diferencia, pero no sé por dónde empezar». Charlie y el equipo de Forge han creado algo poderoso, práctico, guiado por el Espíritu y profundamente arraigado en la misión de Jesús. Es una lectura obligatoria si anhelas ver a personas comunes y corrientes convertirse en formadores de discípulos cotidianos.

— Peter Reeves, fundador de Reeves Initiative

Este libro está lleno de herramientas prácticas y de una guía apasionada para ayudar a alguien a pasar de ser un nuevo creyente a un trabajador comprometido con Cristo. Las preguntas de aplicación son especialmente útiles para animar a los lectores a vivir y amar como Jesús allí donde se encuentren. Lo recomiendo encarecidamente a cualquier líder juvenil que desee discipular a sus estudiantes de una manera significativa e intencionada.

—Ben Worley, pastor de estudiantes, Revive Church, Arvada, Colorado

Movimientos Multiplicadores es una invitación conmovedora y esencial para todos los seguidores de Cristo: la misión no está reservada para unos pocos elegidos, es el corazón del Evangelio y el llamado de todos nosotros. Con una claridad audaz y una urgencia llena del Espíritu, este libro replantea el «enviamiento» no como un acto ocasional, sino como un estilo de vida, uno en el que Jesús irradia desde nuestro ser mismo a cada rincón de nuestras vidas. Más que una simple llamada a vivir en misión, te equipa e inspira para multiplicar esa misión en otros, desatando oleadas de formación de discípulos que resuenan a lo largo de generaciones. Si estás listo para vivir con un propósito más profundo y catalizar un impacto duradero en el Reino, este libro es tu guía.

— Jesse Kroeze, director ejecutivo, Touch The World & The Missions Academy

MOVIMIENTOS MULTIPLICADORES

UNA HERRAMIENTA DE DISCIPULADO PARA LOS SEGUIDORES COTIDIANOS DE JESÚS

ORADORES DE FORGE

CON CHARLIE MARQ

Movimientos Multiplicadores: Una Herramienta de Discipulado para los Seguidores Cotidianos de Jesús

© 2026 por Forge. Todos los derechos reservados.

ISBN 978-1-9604552-6-0 (Libro de Bolsillo en Espanól)

ISBN 978-1-7358775-1-8 (Libro de Bolsillo en Inglés)

ISBN 978-1-7358775-4-9 (Libro Electrónico en Inglés)

Cuaderno de Trabajo ISBN 979-8-9866057-6-0 (Libro de Bolsillo en Inglés)

Cuaderno de Trabajo ISBN 979-8-9866057-7-7 (Libro Electrónico en Inglés)

A menos que se indique lo contrario, las citas bíblicas han sido tomadas de la Santa Biblia, Nueva Versión Internacional® NVI®

RV60

Las citas bíblicas han sido tomadas de la Santa Biblia, versión Reina-Valera 1960® (RVR1960®). Copyright © 1960 por Sociedades Bíblicas en América Latina; © renovado 1988 por Sociedades Bíblicas Unidas. Usado con permiso.

NVI

Las citas bíblicas han sido tomadas de la Santa Biblia, Nueva Versión Internacional® NVI®. Copyright © 1973, 1978, 1984, 2011 por Biblica, Inc.® Usado con permiso. Todos los derechos reservados mundialmente.

NTV

Las citas bíblicas han sido tomadas de la Santa Biblia, Nueva Traducción Viviente®, copyright © 1996, 2004, 2015 por Tyndale House Foundation. Usado con permiso de Tyndale House Publishers, Inc., Carol Stream, Illinois 60188. Todos los derechos reservados.

Ninguna parte de esta publicación puede ser reproducida, almacenada en un sistema de recuperación ni transmitida de ninguna otra forma o por ningún medio, ya sea electrónico, mecánico, fotocopia, grabación u otro, sin el permiso del editor.

Las solicitudes para usar el material contenido en esta publicación deben hacerse por escrito a: Editor, Forge, 14485 East Evans Avenue, Denver, Colorado 80014.

Diseño de portada: Lauren Atherton y Ryan Lao.

Escrito por los Conferencistas y el equipo de Forge junto con

Charlie Marq.

Traducido por Santiago Fuentes.

Visítanos en línea en es.ForgeForward.org

TABLA DE CONTENIDO

Los movimientos no nacen en las salas de juntas y no siempre emanan de planes estratégicos excepcionales. A menudo nacen del quebrantamiento, la oración y la obediencia, cuando la gente común dice «sí» a Jesús en el ritmo cotidiano de la vida. *Movimientos Multiplicadores* no es solo un recurso para el discipulado, es una plataforma de lanzamiento para movilizar a los obreros del Reino en todos los rincones de la sociedad a nivel mundial. Esto no es teoría. Así es como siempre ha funcionado la transformación.

Como misiólogo, he dedicado mi vida a estudiar qué es lo que enciende movimientos evangélicos reales y duraderos, desde las explosivas iglesias clandestinas del sudeste asiático que forman discípulos, hasta el avivamiento popular que se agita en suelo africano, pasando por las redes guiadas por el Espíritu que surgen entre la generación Z en ciudades poscristianas. Hay un patrón: obediencia simple, métodos reproducibles y escalables, y multiplicación impulsada por el Espíritu. Este es un tema que resuena profundamente en las propias Escrituras.

Este libro captura ese patrón. Y lo hace no desde la voz de un académico distante o de líderes intelectuales en oficinas con aire acondicionado, sino desde las experiencias vividas de hombres y mujeres que han caminado entre los perdidos, han llorado por los invisibles y se han atrevido a creer que Jesús hablaba en serio cuando dijo en Mateo 9: «La cosecha es abundante, pero los obreros son pocos».

Un recurso que forma obreros y movimientos

Movimientos Multiplicadores se basa en una estructura gradual e intencionada que refleja el camino del discípulo al formador de discípulos y al catalizador de movimientos. El contenido no es abstracto ni idealista, sino que se basa en historias reales, pasos de acción claros y disciplinas espirituales moldeadas por la convicción bíblica. Es una herramienta forjada en el campo y escrita pensando en los profesionales.

Cada capítulo lleva al lector a profundizar, desde la intimidad personal con Dios hasta los hábitos prácticos de compartir a Jesús con los demás. No solo estás leyendo conceptos, sino que eres un a que está siendo entrenado, equipado y comisionado. Y cuando llega el capítulo final, no termina con una reverencia, sino con un relevo.

La sección final, *Sus próximos pasos: multiplicar el movimiento*, recalca una verdad fundamental: este no es un curso que se completa, es un llamado que continúa. No solo se invita al lector a reflexionar, sino que se le envía activamente, se le comisiona para ser el obrero por el que Jesús nos pidió que oráramos en Mateo 9:38. Se le llama a la reproducción espiritual, a hacer discípulos y a tener un impacto en el Reino que se multiplique mucho más allá de sí mismo.

Y con herramientas como *La declaración del obrero*, se invita al lector a afirmar, cada día, que su vida pertenece al Rey y a su misión. Ningún capítulo está desconectado de este propósito mayor del movimiento. Esto es teología práctica en su máxima expresión.

Por qué este recurso es importante ahora

Vivimos en un momento de agitación global, un momento tumultuoso que no cambia la misión que tenemos. La asistencia a la iglesia está disminuyendo en algunas regiones, mientras que en otras explota el hambre del Evangelio. En todos los contextos —urbanos, rurales, digitales o de la diáspora— la única necesidad común es esta: más obreros del Reino.

No más espectadores. No más profesionales. Sino más creyentes cotidianos que vivan vidas enviadas. La respuesta de Jesús al dolor del mundo fueron personas llenas de Su Espíritu, que vivían como Su propia presencia en el mundo. Este libro lo entiende. Entrena a las personas para eso. Y las lanza a esa vida.

Si eres líder de una iglesia, este libro te proporciona un motor de discipulado reproducible. Si eres un nuevo creyente, te da dirección y claridad. Si eres un cristiano estancado, te da fuego. Y si estás listo para discipular a otros, te da un mapa a seguir.

Una vida que se multiplica

En Isaías 51:2, Dios le recuerda a su pueblo: «Cuando yo lo llamé [a Abraham], él era solo uno, pero lo bendije y lo multipliqué» (NVI). Esa es la historia de todo movimiento verdadero. Una persona. Un paso de obediencia. Un «sí» a Jesús. Y a partir de ahí, el Espíritu de Dios multiplica lo que solo Él puede multiplicar.

Movimientos Multiplicadores es una herramienta para formar a esos Abrahams. Es una chispa para encender fuegos en salas de estar, lugares de trabajo, cafeterías y campus. Es la forma en que las personas comunes y corrientes se activan para una misión extraordinaria.

Así que aquí va mi aliento para ti: no te limites a leer este libro. Responde a él. Deja que eche raíces en ti. Compártelo. Enséñalo. Multiplícalo. Porque la petición de oración de Jesús sigue sin respuesta en muchos lugares. Y tal vez tú seas una de sus respuestas.

«Entonces dijo a sus discípulos: A la verdad la mies es mucha, mas los obreros pocos. Rogad, pues, al Señor de la mies, que envíe obreros a su mies.». — Mateo 9:37-38, **RV60**

No nos limitemos a orar por los obreros. Convirtámonos en ellos. No nos limitemos a esperar movimientos. Multipliquémoslos.

Lo mejor está por venir.

Desmond Henry, PhD

Misionólogo

Director Internacional, Palau, Red Global de Evangelistas

NO TE LO PIERDAS: TU LANZAMIENTO A LA VISIÓN DE LOS MOVIMIENTOS MULTIPLICADORES

¿Alguna vez te has preguntado *cuál es la mayor necesidad en todo el mundo?* Yo me lo he preguntado muchas veces. ¿Es el hambre? Las personas que no tienen suficiente comida o nutrición. ¿Es la falta de agua potable? ¿Son los problemas de salud? Las personas de todo el mundo con mal acceso a la atención médica, que luchan y mueren a diario. ¿Es el tráfico sexual? Los esclavos modernos que viven día tras día sin nadie que los rescate. ¿Son las personas que mueren sin esperanza? ¿Qué es?

¿Cuál es la mayor necesidad en todo el mundo?

La mayor necesidad del mundo se me reveló cuando hablé con tres personas diferentes de distintos lugares del mundo en una semana, y todas ellas senalaron esta gran necesidad.

Un creyente del sur de Asia declaró por teléfono: «Escucha, Charlie, hay mucha gente que sufre a nuestro alrededor. Pero hay un gran problema...».

Esa misma semana, otro creyente de las remotas regiones del Himalaya en Asia me dijo con urgencia: «Charlie, hay personas aisladas por todas partes y están sufriendo en este momento. ¡Están indefensas! Pero hay un problema enorme...».

De nuevo esa semana, mi teléfono vibró. Recibí un mensaje de un compañero de ministerio en África Oriental que decía: «Charlie, hay muchas aldeas con gente muy necesitada. Pero hay una necesidad enorme...».

En cada una de esas conversaciones, la mayor necesidad del mundo entero se me hizo más clara.

Ahora bien, aunque esta gran necesidad existe sin duda en países de todo el mundo, también está claramente presente en mi propio entorno. Una vez, mientras caminaba por el centro de mi ciudad, vi a un hombre sin hogar que sostenía un cartel de cartón en el que se leía: «Necesito zapatos».

Me acerqué al hombre y le dije: «Soy Charlie. ¿Cómo te llamas?».

«Soy Willis».

Willis me superaba en altura como los rascacielos que tenía detrás de sí. Como yo mido solo 1,65 m, me di cuenta de que debíamos de parecer David y Goliat. Le dije: «Willis, mis zapatos no te servirán. Pero quiero preguntarte algo: ¿sabes algo sobre Jesús?».

Sin previo aviso, Willis comenzó a gritar agresivamente. Peor aún, *¡me estaba gritando a mí!* «¡Odio a los cristianos!», gritó. «¡Fuera de mi vista! ¡Vete antes de que te golpee!».

Aunque probablemente no fuera la idea más sensata, pensé: «*¿Por qué no me quedo unos minutos más y veo si la conversación va más allá?*».

No fue así.

Mientras me alejaba, Willis frunció el ceño con furia y me acusó con palabras llenas de dolor que nunca olvidaré: «¡Los cristianos siempre pasan a mi lado, pero ni siquiera me miran!».

Esa afirmación me impactó profundamente y me hizo sentir muy culpable. Mientras lo pensaba durante el resto del día, me pregunté en oración: *«Señor, ¿a cuántas personas he pasado por alto sin verlas realmente? ¿A cuántas personas he ignorado o ni siquiera he notado? ¿A cuántas personas simplemente no les he prestado atención? ¿Para cuántas personas he estado demasiado ocupado?».*

Esto no se parece en nada a Jesús. No. Jesús no se limitaba a pasar junto a personas como Willis. Jesús *veía* a cada persona. Mateo 9:36 dice: «Y al *ver* las multitudes, tuvo compasión de ellas;» (RV60, énfasis mío). Se fijó en ellas. Observó sus necesidades más profundas y se acercó para interactuar con ellas. Y en medio de esto, Jesús mira a sus discípulos y les dice: «La cosecha es abundante...». Hay mucho trabajo por hacer. «... mas los obreros son pocos» (Mateo 9:37, RV60). No hay suficiente gente para hacer el trabajo.

¿Saben lo que declararon las tres personas que me llamaron? «Hay un gran problema: ¡no hay suficiente gente para hacer el trabajo! ¡No hay suficientes obreros!».

Hay infinitas necesidades físicas y espirituales que satisfacer. Pero no hay suficientes personas para llevar el corazón y el mensaje de Jesús para satisfacer esas necesidades.

Nuestro mundo necesita desesperadamente más obreros del Reino.

No solo es la mayor necesidad del mundo, porque es la necesidad que subyace a todas las necesidades, sino que, al mismo tiempo, es la mayor *solución* a la mayor necesidad. ¡Necesitamos más personas que salgan a los campos de cosecha y se conviertan en los obreros que Dios los llama a ser! ¡Personas como *tú*!

Viajo mucho y conozco a todo tipo de personas. Y a menudo me encuentro con que incluso creyentes firmes dicen cosas como: «Quiero tener un impacto. Quiero trabajar para el Reino de Dios. Quiero compartir a Jesús con otros y hacer discípulos. Sé que debería hacerlo, pero ¿cómo? No sé qué hacer. ¿Qué debo hacer ahora?».

Quizás tú también te has sentido así. O quizás solo quieres crecer en Cristo y dar el siguiente paso. Dondequiera que estés, ¡este camino de discipulado es para ti!

Por eso existe *Movimientos Multiplicadores*: para ayudar a responder a la mayor necesidad del mundo, para ayudarte a convertirte en un obrero del Reino de Dios como alguien que ama a Jesús, ama a los demás y promueve Su Reino todos los días, en todas partes. ¡Tú puedes ser la diferencia que nuestro mundo necesita! Vives en campos de cosecha que nadie más tiene. ¡Tienes la oportunidad de vivir una vida impactante que cambie el mundo!

Con demasiada frecuencia nos hemos enfrentado a pocos retos, nos hemos entretenido en exceso y hemos estado mal equipados. ¡Así que prepárate! Aunque creo que *Movimientos Multiplicadores* es bastante entretenido, va mucho más allá del entretenimiento. Esta herramienta te desafiará hasta lo más profundo, te equipará de manera práctica para cambiar el mundo y transformará radicalmente tu vida.

ANTES DE CONTINUAR, HAY ALGUNAS COSAS IMPORTANTES QUE DEBES SABER:

1. **Conéctate con la gran comunidad y red de Movimientos multiplicadores**: ¡Este camino de discipulado *de Movimientos Multiplicadores* está diseñado intencionadamente para tener el mayor impacto cuando se comparte con otros! Queremos apoyarte y conectarte con una comunidad de Obreros donde puedas hacer preguntas, compartir necesidades de oración y recibir elementos y actualizaciones pertinentes a medida que avanzas en *Movimientos Multiplicadores*. Regístrate ahora mismo con el código QR de la página siguiente en **MultiplyingMovements.com/es** para que podamos orar por ti y conectarte con recursos adicionales a medida que avanza en la amplia familia Forge. Esto será fundamental para su viaje, tanto si está pasando por *Movimientos Multiplicadores* por primera vez como si está guiando a otros a través de él.

2. **Busca a alguien que te acompañe o acompaña a otros**: Si nadie te ha invitado a participar en el viaje *de Movimientos Multiplicadores*, pero lo has recibido de otra manera, asegúrate de encontrar a alguien en tu iglesia o en tu comunidad que esté más avanzado que tú en el camino de la fe y que pueda acompañarte en tu viaje de fe. Antes de profundizar en los capítulos completos, pregúntale a esa persona: «¿Estarías dispuesto a acompañarme en *Movimientos Multiplicadores* para ayudarme a crecer espiritualmente mientras lo hacemos? Me encantaría aprender de tu vida y utilizar juntos esta herramienta de discipulado». Cuando se reúnan, aborden juntos las preguntas para el debate con sinceridad. Es importante que revisen **la sección** *«Consejos para acompañar a una persona o a un grupo pequeño»* **del Apéndice A** antes de reunirse. Esta sección también acabará siendo importante para ti, ya que Dios puede empezar a inspirar y animar a otros a través de tu vida a medida que te involucras plenamente en *Movimientos Multiplicadores*. O, si estás utilizando *Movimientos Multiplicadores* por primera vez para acompañar a otros o guiar a un grupo pequeño a través de él, lee también el Apéndice A de antemano para obtener consejos sobre cómo utilizar este recurso con otros.

3. **«¿Y ahora qué?»**: Después de cada capítulo encontrarás preguntas y un espacio para escribir un diario titulado «¿Y ahora qué?». Utiliza estas secciones para procesar en oración

y escribir notas a medida que Dios te hace crecer. Tu verdadero crecimiento espiritual vendrá cuando proceses estas secciones y pases a la acción, ¡obedeciendo a Jesús!

4. **Construyendo sobre los cimientos**: A medida que profundices, notarás que el capítulo uno expone la visión de convertirte en un obrero del Reino de Dios. En este punto, tal vez te preguntes: *¿Cómo es eso?* El capítulo uno te ayudará a comprender qué es un obrero del Reino y te dará una visión de quiénes nos llama Dios a ser como obreros. Una vez que hayas captado la visión de ser un obrero del Reino, el capítulo dos será la línea de salida, que te lanzará al primer paso para desarrollar *un corazón ardiente* por Jesús, y cada capítulo se construirá a partir de esa base.

5. **Hechos para multiplicarse**: Nunca veremos multiplicarse los movimientos a menos que animemos a otros, invirtiendo en ellos lo que hemos recibido. Aunque todo lo que recibes en *Movimientos Multiplicadores* es para ti, ¡no es solo para ti!

A medida que avances en este proceso de discipulado orgánico y relacional, pero centrado en una dirección, eventualmente estarás equipado para acompañar a otros utilizando esta herramienta, transmitiéndoles lo que Dios te ha dado, ya sean otros creyentes que necesitan esta herramienta para convertirse en obreros que también cambien su mundo, u otros a quienes guíes a Cristo. En 2 Timoteo 2:2, el apóstol Pablo le escribe a Timoteo y le dice: «Lo que has oído de mí ... esto encarga a hombres fieles que sean idóneos para enseñar también a otros» (NVI). En este pasaje vemos un movimiento que nace a través de la multiplicación espiritual de vida a vida. Pablo le transmitió a Timoteo lo que había recibido y lo desafió a ir y hacer lo mismo. Así es como se pueden levantar más obreros para satisfacer las enormes necesidades de todo el mundo, llevando el amor y el mensaje de Jesús a aquellos que lo necesitan desesperadamente.

Si en este momento te sientes inadecuado y piensas: *«¡No hay manera de que pueda hacer esto! No tengo lo que se necesita»*, ¡no te preocupes! Aún no necesitas ser capaz de hacerlo. Te sorprenderá cuánto Dios te hace crecer, te equipa y pone este deseo en ti a medida que te comprometes con Él y con otros en este proceso de convertirte en un obrero del Reino que cambia el mundo.

¡Empecemos! Ahora mismo, ¿le pedirás a Dios que forme en ti un obrero del Reino que ama a Jesús, ama a los demás y promueve Su Reino todos los días, en todas partes?

Una vez más, tal vez estés pensando: *«No tengo la capacidad ni la habilidad»*, ¡y está bien! En este momento, eso no importa. Dios puede proporcionarte la formación y el marco que necesitas para convertirte en un obrero del Reino, impactando en tus esferas de influencia, ¡y puede hacerlo a través de *los Movimientos Multiplicadores*! Puede que aún no seas un obrero, pero estás comenzando el proceso de crecimiento para llegar a serlo. O tal vez lo eres, pero quieres seguir perfeccionando tu impacto. En cualquier caso, lo que más importa ahora mismo es tu disposición a decir «sí» a Jesús y a la causa de Su Reino.

¿Qué pasaría si, aquí y ahora, hoy mismo, tu vida comenzara a cumplir la petición de oración de Jesús (Mateo 9:38) simplemente iniciando el camino para convertirte en un obrero del Reino a través de *los Movimientos Multiplicadores*? Te guiaremos en cada paso, de modo que cuando termines por primera vez, ya estarás viviendo como un obrero (¡E incluso estarás listo para multiplicar el movimiento al traer a otros al proceso, ya sea de manera individual o lanzando tu propio grupo!)

¿QUÉ DEBO HACER AHORA?

Hace años, mientras viajaba por el mundo siendo testigo de cómo las personas se acercaban a Cristo y comenzaba a equiparlas para crecer espiritualmente y convertirse en obreros del Reino, ellas también comenzaron a guiar a otros a seguir a Jesús, ¡quienes a su vez hicieron lo mismo! ¡Comenzaron los movimientos! Era emocionante, pero me preocupaban profundamente preguntas como: *¿Cómo puedo estar seguro de que seguirán firmes siguiendo a Jesús? ¿Cómo sé que las personas a las que llevan a Cristo no se desviarán del camino de la verdad? ¿Cómo sé que el movimiento seguirá siendo puro como Jesús desea?*

Estas preguntas me llevaron a buscar mentores, a aprender de seguidores de Cristo más sabios que estaban cambiando el mundo y a investigar los modelos de discipulado más revolucionarios y con un impacto duradero. Después de mucho luchar, de pasar por pruebas difíciles en el campo, de cometer demasiados errores y también de obtener un buen número de victorias espirituales, surgió *Movimientos Multiplicadores*.

Con la ayuda de Dios, hemos intentado tomar lo mejor de conceptos como los movimientos de formación de discípulos, los estudios bíblicos de descubrimiento, la formación de capacitadores y mucho más, fusionándolos en una herramienta que lleva el ADN de Forge: Dios empoderando a cada persona común para que tenga un impacto extraordinario en todas las facetas y esferas de la sociedad en todo el mundo. Y ahora, esta herramienta de discipulado no solo ha tenido un gran impacto en naciones de todo el mundo, sino que se ha puesto en tus manos para promover la causa del Reino de Dios en tu vida y en tus esferas de influencia.

Tu compromiso de oración:

Hoy me comprometo a pedirle a Dios que me haga crecer como su obrero del Reino todos los días y en todas partes, mientras utilizo la herramienta de discipulado *Movimientos multiplicadores*:

Firma: ____________________ Fecha: __________

DISCUSIÓN

1. Cada persona comparta brevemente su historia (destacando cómo conoció a Jesús, cómo era su vida antes de entregársela a Él y qué le llevó a donde se encuentra hoy). Sean abiertos y honestos al compartir, sabiendo que ninguno de ustedes está aquí para impresionar a nadie, sino para crecer. Concluyan compartiendo lo que esperan que Dios haga en su vida como resultado de pasar juntos por *Movimientos Multiplicadores*.
2. Oren juntos.

NO ESTÁN SOLOS

¡Queremos apoyarte y acompañarte en tu viaje a través de *Movimientos Multiplicadores*! Cuéntanos sobre tu grupo en **MultiplyingMovements.com/es** para que podamos orar por ti y conectarte con recursos adicionales.

¡Les daremos a ustedes (y a cada persona que acompañen) acceso a más recursos de Forge, actualizaciones cruciales y ánimo en el camino! También podrán seguir formando parte de la gran comunidad de obreros de Movimientos Multiplicadores y de la familia Forge, donde podrán hacer preguntas, compartir necesidades de oración y conectarse con otros obreros del Reino.

Cada capítulo de Movimientos multiplicadores ha sido recopilado a partir de las experiencias y opiniones únicas de varios ponentes de Forge, lo que proporciona una gran variedad de perspectivas.

Oramos para que Movimientos Multiplicadores te equipe y te anime a impactar cada día, en todas las esferas de influencia, como obrero del Reino en los «campos de cosecha» en los que Dios te ha colocado. ¡Y que Dios te dé el poder para multiplicar a innumerables personas para los suyos!

1

LA VISIÓN: CONVERTIRSE EN OBREROS DEL REINO TODOS LOS DÍAS Y EN TODAS PARTES

Mateo 9:35-38 • Mateo 20:28 • Efesios 5:1-2

¿Quieres que tu vida tenga un impacto? La mayoría de las personas lo quieren. Vives con este impulso desde la infancia. Todo el mundo tiene este deseo. Está arraigado en nosotros.

¿Sabías que vivir una vida con impacto implica un estilo de vida muy diferente al de «preparar, disparar, apuntar»? Quiero decir, «preparar, disparar, apuntar» es una propuesta ridícula, ya sea en el tiro al blanco o en tu vida. No darás en ningún blanco si disparas antes de apuntar.

¡No es de extrañar que Dios apuntara cuidadosamente al mundo! Conociendo la misión de Dios Padre, Jesús vino con un objetivo estratégico y cuidadoso. Jesús se centró en lo que más importaba: amar a Dios y amar a los demás. Hizo de ti y de mí el centro de su objetivo, declarando: «El hijo del Hombre vino a buscar y a salvar lo que se había perdido» (Lucas 19:10, RV60). Y su visión espiritual fue más allá de su propia misión de amar a Dios y amar a los demás. La visión de Jesús era capacitar a un pequeño grupo de personas para que se multiplicaran espiritualmente.

Jesús llamó a personas de la vida cotidiana y común para que lo siguieran. Y los reunió para ayudarlos a enfocarse en lo más importante: amar a Dios, amar a los demás y promover el Reino todos los días, ¡en todas partes! El plan estratégico de Jesús era tener más obreros del Reino en todas las facetas y esferas de la sociedad en todo el mundo.

Jesús quería poder decirles a sus discípulos: «Bien hecho, siervo (u obrero) bueno y fiel. ¡Has hecho lo que tenías que hacer!». Pero, ¿cómo iba Jesús a «buscar y salvar a los perdidos»? ¿Y cómo iban estos hombres comunes y corrientes a experimentar el agresivo programa de formación práctica de Jesús y aprender de Él? Al fin y al cabo, iban a disponer de un tiempo limitado para aprender a llevar una vida de gran impacto.

Bueno, Jesús les *dio ejemplo* de lo que enseñaba. No se limitó a entregarles libros. Les dio ejemplo de un estilo de vida de obreros del Reino. El mismo Jesús era el modelo. A medida que lo seguían, empezarían a descubrir cómo era ese tipo de vida.

JESÚS LES MOSTRÓ UN ESTILO DE VIDA DE OBREROS DEL REINO

Una Navidad le regalé un juguete a mi sobrino y, cuando abrió la caja, estaba llena de un montón de piezas que no venían premontadas. Había cientos de piezas sueltas en la caja. Saqué la hoja de instrucciones y empecé a desplegar lo que parecía bastante sencillo... al principio. Pero cuando terminé de desplegar toda la hoja de instrucciones, era enorme. Miré esos cientos, si no miles, de palabras y pensé: *«¡Esto parece muy complicado! ¡Parece laborioso! ¿Cómo voy a hacerlo?»*.

Mientras leía, oí dos manitas al otro lado de la hoja que empezaban a juntar las piezas. Miré a mi sobrino y luego volví rápidamente a la hoja de instrucciones. Estaba montando el juguete correctamente y tan rápido que me volví hacia mi hermana y le dije: «¡Puede que tengas un genio!».

En ese momento, oí risas en la habitación. Mientras yo seguía hipnotizada por la habilidad de mi sobrino, alguien dijo: «Oye, echa un vistazo al otro lado de la hoja de instrucciones».

Y cuando le di la vuelta, vi lo que él estaba mirando: una imagen. Era un modelo de dónde iba cada pieza y cómo se ensamblaba todo.

No es de extrañar que, en Juan 1:14, Juan nos diga que el Verbo, el Cristo, el Mesías, aquel que tenía un objetivo estratégico, «Y el Verbo se hizo hombre y habitó entre nosotros. Y contemplamos su gloria, la gloria que corresponde al Hijo único del Padre», único, irrepetible, «lleno de gracia y verdad» (NVI). Estos seguidores comenzaron a observar a Jesús, *el* modelo, *la* imagen de Dios. Eran un grupo de hombres comunes (y, en realidad, tal vez menos que comunes), para ser sinceros. Así se describían a sí mismos.

El primer día que Jesús conoció a Pedro fue en el lugar de trabajo de este, un lago. Y Jesús comenzó a cambiar el trabajo de Pedro. Pedro era pescador. Su vida giraba en torno a la pesca. Pero a medida que Jesús pasaba tiempo con él, Pedro comenzó a sentirse un poco abrumado por el hecho de que alguien tan increíble estuviera pasando tiempo con él. Así que Pedro soltó: «¡Soy un pecador!».

Y Jesús no le dijo: «Bueno, ponte las pilas. Y entonces quizá tengamos una segunda conversación».

No, Jesús simplemente le dijo de inmediato: «Ven y sígueme. Te enseñaré cómo llevar una vida de gran impacto».

Y Pedro comenzó a seguir a Jesús (Lucas 5:1 11). De hecho, a todas las personas que Jesús reunió, las conoció fuera de las paredes de la sinagoga. Las conoció aquí, allá y en todas partes. Y comenzó a invitarlas a lo que te invita a ti hoy. La invitación es simple: Ven y sígueme. En otras palabras, ven a ver y aprende cómo puedes llevar una vida de gran impacto.

Juan 1:14 nos dice: «Y el Verbo se hizo hombre y habitó entre nosotros», y el escritor Juan continúa: «Y contemplamos su gloria»

(NVI). En otras palabras, lo observaron. Y mientras lo observaban, comenzaron a verlo como el Camino, el modelo de ministerio, a seguir.

¿Qué fue lo primero que vieron, observaron y contemplaron? Bueno, fue una estrategia de cercanía. El modelo de ministerio de Jesús implicaba estar cerca de los demás. Y eso fue exactamente lo que Jesús dijo un día cuando la gente le preguntó: «¿Dónde está ese reino del que hablas?».

Y Él respondió: «El reino de Dios se ha acercado» (Marcos 1:15, ESV). Está al alcance de la mano. Está cerca. La palabra bíblica que se utiliza para describir la identidad de Jesús es *Emanuel*. ¿Qué significa *Emanuel*? Significa «Dios *con* nosotros». No significa Dios al frente ni Dios a distancia. Significa Dios cerca. Dios está *con* nosotros, al alcance de la mano. Cerca. *Emanuel*.

Eso fue lo que Jesús *modeló* para sus seguidores. No se limitó a enseñarles una *estrategia* de liderazgo frente a las personas. No les exigió que pasaran pruebas para demostrar que eran grandes cantantes, grandes oradores o que tenían un gran talento para el escenario. No estaba construyendo su Reino de esa manera. No limitó su impacto a un gran escenario con focos. Jesús modeló lo que tú y yo probablemente hemos llegado a reconocer a través de nuestras propias vidas.

Piensa en esto por un momento: ¿quiénes son las personas que más han influido en tu vida? Probablemente no sean personas que hayas visto desde lejos, sino personas que han estado cerca de ti.

Puede que *impresiones* desde la distancia, pero *impactas* de cerca.

Jesús se comprometió a mostrar cómo es el trabajo en el Reino. Un día, Jesús dijo a aquellos que lo observaban y aprendían de Él: «...el Hijo del Hombre no vino para ser servido, sino para servir y dar su vida en rescate por muchos» (Mateo 20:28, RV60). Jesús se enfocó como un láser en su misión de buscar y salvar a los perdidos dondequiera que iba. De hecho, Mateo 9:35 nos dice que, Jesús recorría de pueblo en pueblo y de aldea en aldea: «Jesús recorría todos los pueblos y aldeas enseñando en las sinagogas, anunciando las buenas noticias del reino, y sanando toda enfermedad y toda dolencia» (NVI).

Mientras Jesús iba, se enfocaba en una vida a la vez, persona tras persona. Sin embargo, al reconocer la limitación de su propio cuerpo físico, miró a su alrededor y su corazón se conmovió. De hecho, las Escrituras nos dicen que su corazón se quebrantó, porque vio a personas como ovejas que iban en todas direcciones, sin rumbo fijo, sin conocer ningún propósito y sin sentido (Mateo 9:36). Jesús había venido para que *todos* tuvieran vida y la tuvieran en abundancia, al máximo (Juan 10:10). Por eso se volvió hacia sus discípulos, que estaban en su *programa de formación para obreros del Reino*. Jesús se dio cuenta de que tanto su cuerpo limitado como sus primeros doce seguidores no eran suficientes para llegar a todos. Miró a las personas que tenía delante y declaró: «¡El campo de la cosecha está en todas partes!».

Y así era. En todos los lugares a los que Jesús había ido, existían grandes necesidades. La gente estaba hambrienta de alguien que estuviera cerca de ellos. Con ese gran reconocimiento, Jesús dijo a sus discípulos: « A la verdad la mies es mucha, mas los obreros pocos» (Mateo 9:37, RV60).

Luego les dijo: « Rogad, pues, al Señor de la mies, que envíe obreros a su mies» (Mateo 9:38, RV60).

Había estado aquí, allá y en todas partes, pero Jesús se enfrentaba a la limitación de la Palabra encarnada. Con el cuerpo físico que tenía, solo podía estar en un lugar a la vez. Pero Jesús quería que todos los que lo observaban y aprendían de él vieran que, incluso dentro de la limitación de una vida singular, se podía producir un impacto inmenso y cercano.

Así pues, Jesús se movía en la carne, en lugares cotidianos. La mayoría de las historias que me encantan (y que probablemente a ustedes también les encantan) leer en los Evangelios son aquellas en las que Mateo, Marcos, Lucas y Juan comparten sus relatos de lo que vieron hacer a Jesús. La mayoría de esas historias no se desarrollan tras los muros de la sinagoga. Se desarrollan en lugares cotidianos. Y cuando Jesús entró en escena, se aseguró de que sus seguidores supieran que no necesitaban un doctorado ni tenían que ser eruditos. No tenían que ser rabinos destacados de una escuela de formación rabínica. De hecho, ninguno de los hombres que eligió era graduado de las principales escuelas de formación rabínica. Todos eran personas normales que conoció en la vida cotidiana, justo donde vivían y trabajaban.

Jesús conoció a Mateo, un recaudador de impuestos del gobierno, mientras este estaba trabajando recaudando impuestos. Jesús también conoció a Pedro en su lugar de trabajo: Pedro estaba limpiando después de un largo día de trabajo como pescador. Estos seguidores ordinarios de Jesús ya se encontraban en lugares cotidianos de su tiempo a través de sus vocaciones y ubicaciones geográficas. Su lugar de residencia y de trabajo les proporcionaba la oportunidad de ver a mucha gente, hablar con ella, acercarse a ella e invitarla a conocer y experimentar el amor de Dios. Se podría decir que los discípulos eran *personas comunes*, pero iban a llevar una vida *extraordinaria* y de gran impacto.

Jesús no solo fue un modelo de ministerio en la cotidianidad. Había otra cosa que Jesús enseñaba a través de su modelo de ministerio: que el impacto se produce en una vida a la vez. ¿Puedo volver a presentarles un número muy poderoso?

UNO.

Tú eres uno y eres importante. Jesús demostró una y otra vez el gran valor de *uno* al acercarse, tender la mano y tocar *a un* leproso. Se sentaba a la mesa con *una sola* persona. Y el impacto era extraordinario, porque *un solo* toque, *una sola* palabra, *una sola* acción de Jesús iniciaba lo que yo llamo un efecto dominó. Déjame explicarte. Es el interés compuesto, el crecimiento exponencial.

EL EFECTO DOMINÓ Y EL PODER DE UNO

El poder de la onda expansiva de una ficha de dominó es lo que me enseñó mi abuela cuando me sentaba en su gran mesa de granja siendo un niño pequeño con más energía de la que sabía qué utulizar. La abuela tenía un plan. Había buscado en su armario y había sacado una gran lata llena de fichas de dominó. Y las esparcía por toda la mesa del comedor. Luego, alineábamos esas fichas, colocando cada una con mucho cuidado. Como tenía cientos de fichas, la abuela se iba a la cocina a empezar a hornear galletas. Mientras tanto, yo mantenía mi energía enfocada en colocar estratégicamente cada una de las fichas.

La mesa de la abuela se llenó rápidamente de todo tipo de formaciones, líneas, curvas y pequeñas bifurcaciones en la disposición. Para mí era muy divertido. Sin embargo, el mejor momento era cuando llamaba a la abuela para que volviera a la habitación. Su casita crujía y se movía ligeramente cuando caminaba. Por eso, le pedía que caminara con cuidado y despacio, porque no quería que ninguna ficha cayera prematuramente. Sabía lo que estaba a punto de pasar. Y no podía esperar.

Extendí el brazo para empezar y ella me agarró suavemente del brazo, lo echó hacia atrás y me dijo: «Espera, nieto. Antes de que toques esa ficha, quiero que pienses en cómo sería si fueras tan pequeño».

Esto fue antes de la película «Querida, encogí a los niños», así que ella se adelantó a su tiempo. «Imagina que eres tan pequeño que solo puedes ver una ficha de dominó», me animaba la abuela. «Eso es todo lo que ves, solo una ficha de dominó. Pero nunca olvides, nieto, que si golpeas esa ficha con la fuerza justa, golpeará a otra... y esa golpeará a otra... y esa golpeará a otra. Y antes de que te des cuenta, todas las fichas de dominó habrán sido golpeadas».

Cuando se trata de las personas y la cosecha del Reino, eso es lo que Jesús también enseña. No tienes que preocuparte por el número 13, ni por el 23, ni por el 57, ni por el 119. Solo concéntrate en el que tienes cerca, el que está justo delante de ti en cada momento, la persona con la que te encuentras en tu vida cotidiana. Ese era el modelo de ministerio que Jesús ayudaba a sus seguidores a ver mientras se movía... de cerca, en la vida cotidiana, una vida a la vez.

Si ese es su modelo de ministerio, ¿cuáles eran los métodos ministeriales de Jesús?

Bueno, veo tres acciones sencillas y factibles para personas comunes como nosotros. Primero, quiero que pongas tus manos delante de tus ojos. Sí, hazlo ahora mismo, incluso mientras lees. No estoy bromeando. Toma tus manos y cúbrete los ojos. Ahora quítalas. Jesús quería *que* la gente *viera*. Puede que no le des mucha importancia, ¡pero es muy importante!

Pregúntale a mi hijo cuando estaba en la primaria. Llevaba un par de semanas yendo a la escuela y, finalmente, durante la cena, le dije: «Hijo, ¿cómo te va en tu nueva escuela?».

Él respondió: «Papá, soy invisible».

«Hijo, ¿qué quieres decir?

«¡Papá, soy invisible!».

Ya sabes, es un niño, así que pensé: «*¿Qué? ¿De qué está hablando?*». Miré a mi esposa al otro lado de la mesa y ella tampoco tenía ni idea.

Así que le dije: «Hijo, no lo entiendo. ¿Qué quieres decir con que eres invisible?».

Él dijo: «Bueno, papá, ya sabes, cuando salimos al recreo por la mañana, todos pasan corriendo a mi lado. No me ven, papá. Se conocen desde el año pasado. Fueron juntos a la escuela el año pasado, y yo estoy ahí fuera y todos corren a mi alrededor, y nadie me ve, papá.

Luego, cuando llego a la hora de comer, cojo mi bandeja, me siento y todos se buscan unos a otros. Me miran sin verme. ¡Ni siquiera me ven! Y papá, después de la escuela, cuando espero a que mamá venga a recogerme y tarda 30 minutos en recoger a mi hermana antes de venir a buscarme, me quedo ahí parado. ¡Treinta minutos! Treinta minutos, y todos se mueven por todas partes, y nadie me ve. ¡Papá, soy invisible!».

En ese momento, mi hijo estaba lleno de emoción, y yo también, como su padre.

Solo puedo imaginar lo que Dios Padre siente hacia los invisibles. Se me parte el corazón. No es de extrañar que en Mateo 9:35-38 se diga que el corazón de Jesús se partió. Su corazón se llenó de compasión, rompiéndose por todas las personas invisibles. ¿Saben cuántas personas se sienten invisibles cada día?

¿Ha sido ella tu cajera en Walmart cinco veces antes de que la vieras? ¿O solo ves tu cartera o tu bolso y todo lo demás con lo que estás lidiando? ¿Solo ves todas las cosas, te aseguras de que todas las cosas entren en todas las bolsas y te aseguras de que no se quede ninguna bolsa atrás? En medio de todo eso, ¿la ves a ella? ¿La ves?

¿Lo ves a él? ¿A tu mecánico? En cada momento, en todos los lugares cotidianos, la lista de personas que *ves* o *no ves* es interminable.

En una tribu africana, cuando alguien camina por la calle, saluda a otros diciendo: «Te veo».

Y la otra persona responde: «Estoy aquí».

¿De qué se trata ese intercambio único? Es el regalo de la vista, de la presencia, de la relación. Es conexión.

Una vez, estábamos en un restaurante al que no habíamos ido antes y el mesero tardó un rato en llegar a nuestra mesa. Cuando llegó, estaba sudando. Entonces le dije: «Oye, John, ¿estás bien?».

«¿Perdón, qué?», respondió.

«John, ¿estás bien?», le repetí.

Confundido, preguntó: «Amigo, ¿cómo sabes cómo me llamo? Me estás asustando. ¿Cómo sabes mi nombre?».

Casi no quería decírselo, ya que él pensaba que era una locura que yo supiera su nombre y él no tuviera ni idea de quién era yo. Solo lo miré, señalé y le dije: «Lo llevas puesto ahí mismo».

John miró su camiseta. «¿Qué? ¡Ah!». Fue entonces cuando se dio cuenta de que no era tan misterioso como había pensado al principio.

«John, lo llevas puesto», le dije, sin dejar de señalar con el dedo la etiqueta con su nombre que llevaba en el restaurante.

¿Por qué John olvidó que llevaba puesta su etiqueta con su nombre? Porque nadie lo llamó por su nombre en toda la noche. Le pedían la comida por encima del hombro: «Quiero esto y aquello. Y, ah, sí, añada papas fritas».

Y, para la mayoría, él es solo el mesero. Pero, en realidad, él es John. Y John no solo tenía un nombre, sino también una historia que contar. Al final de la noche, John pasó por nuestra mesa una y otra vez, cada vez más despacio para contarnos su historia. Antes de irnos, nos preguntó: «Van a volver a verme, ¿verdad?».

Y yo le respondí: «Bueno, vivimos al otro lado de la ciudad...».

Pero él volvió a preguntar: «Sí, pero van a volver a verme, ¿verdad?», porque estaba bastante seguro de que habíamos iniciado una relación.

Todo comenzó con *una mirada*. Mateo te diría que eso fue exactamente lo que le sucedió a él... Jesús lo *vio*. Mateo nos dice: « Al irse de allí, Jesús *vio* a un hombre llamado Mateo...» (Mateo 9:9, NVI, énfasis mío). Jesús no solo vio a Mateo. También *se detuvo* junto a él.

Una señal de alto es una imagen mundialmente conocida y comprendida. Cuando ves una, significa que debes reducir la velocidad y detenerte. Hay mucho más que absorber a tu alrededor de lo que puedes hacer cuando vas rápidamente de una reunión a otra, de un evento a otro y de una tarea a otra. Reduce la velocidad y absorbe lo que te rodea. Imagina a un niño sosteniendo el rostro de un adulto entre sus manos porque quiere que ese adulto sepa que lo extraña y que no quiere que lo extrañen a él. Creo que a Dios le gustaría tomar nuestro rostro y ayudarnos a ver, ¡y luego *detenernos* por completo!

Jesús modeló estos métodos de ministerio para sus seguidores en muchas mesas. Estas historias no están ahí solo para destacar que Jesús comía. Estoy seguro de que a Jesús le gustaba comer. Es decir, una vez incluso lo acusaron de pasar todo su tiempo comiendo con borrachos y glotones. Pero lo que él hacía era mucho más que eso. Se sentaba, se detenía con la gente, porque ahí es donde se produce la vida de corazón a corazón. En las mesas compartimos nuestras historias, escuchamos las de los demás y comenzamos a transmitir la verdad. Es entonces cuando se produce la transformación, a través de los intercambios que tienen lugar cuando nos *detenemos* y comenzamos a *pasar tiempo* juntos. Y lo que Jesús hizo en la mesa de Mateo, lo hizo con muchos otros: ¡*pasar tiempo con ellos*!

El *tiempo*: es tu bien más preciado, ¿no es así? Es lo que siempre has deseado tener en mayor cantidad. Sin embargo, todos tenemos la misma cantidad de tiempo en un día. Y en su encarnación, Jesús vivió con la limitación del tiempo.

¿Recuerdas aquella vez que Jesús tenía sed (Juan 4:7-26)? Se había quedado sin agua y, junto a un pozo, se sentó con una mujer y le pidió agua. Y mantuvieron una conversación mientras bebían agua de manantial sin embotellar. Y a través de esa conversación, mientras Jesús simplemente se detenía para pasar tiempo con ella, no solo habló de la bebida que necesitaba, sino también del agua que Él era. Comenzó a presentarle el agua viva. La vida de ella se transformó mientras Jesús *pasaba tiempo con* ella. ¡La mujer se fue a su pueblo y les contó lo que le había sucedido! Y lo siguiente que sabemos es que se produjo un efecto dominó a través de una sola vida. ¡Y esto sucedió solo por un poco de agua de manantial sin embotellar!

No es de extrañar que Jesús tuviera una copa en la mano cuando se detuvo con sus discípulos. Y vertió vino en ella y dijo: « Esta copa es el nuevo pacto en mi sangre; hagan esto cada vez que beban de ella en memoria de mí » (1 Corintios 11:25, NVI).

Jesús no solo quería que sus discípulos recordaran lo que iba a hacer en la cruz, sino que recordaran la plenitud de su vida. Junto con su próxima crucifixión, Jesús quería que recordaran la totalidad de su vida y su ministerio: la forma en que se detenía con la gente. Su cuerpo era el pan y su sangre, el vino. Incluso en ese momento, Jesús se detuvo con sus discípulos y utilizó dos elementos comunes de la mesa para recordarles simplemente las cosas poderosas que iban a suceder. ¿Y dónde estaba Él? Sí, lo has adivinado: en una mesa. Las mesas son lugares en los que tendemos a tomarnos las cosas con más calma.

¿Te gusta comer? Quiero decir, a la mayoría de la gente le gusta. Y si te gusta, tienes un gran potencial ministerial, porque la mesa es un lugar maravilloso no solo para estar con Jesús o con tu familia, sino también para relacionarte de cerca con otras personas, ya sea tomando una bebida, aunque sea tan simple como agua, o compartiendo una barra de pan. Tú y yo podemos influir en la vida de los demás de maneras sencillas y en lugares sencillos cuando nos detenemos y *pasamos tiempo con* ellos.

¿Cómo se escribe amor? El amor se escribe T-I-E-M-P-O. Si se les pidiera que definieran el amor, muchas personas dirían que el amor se vive pasando tiempo con los demás. Las personas que más han amado son a menudo las que más tiempo han pasado con los demás. Han estado cerca durante más de una fracción de segundo para decir: «Hola, ¿cómo estás? Yo estoy bien». Dedican tiempo suficiente para compartir de corazón a corazón, de vida a vida.

Eso es lo que Jesús enseñó y ejemplificó como método de ministerio:

Ver, detenerse, pasar tiempo con las personas.

Las vidas de los discípulos se vieron impactadas por el modelo y los métodos ministeriales de Jesús. En las Escrituras, ellos cuentan sus propias historias *y* las historias de otros. Y, finalmente, tú y yo debemos aprender que los obreros del Reino viven de esta manera. ¿Qué es un obrero? Alguien que se fija estratégicamente en un objetivo y orienta cuidadosamente su vida fijando su mirada en Jesús y promoviendo Su Reino al ver, detenerse y pasar tiempo con los demás, de cerca, en las corrientes principales, una vida a la vez.

IMPACTO SENCILLO, TODOS LOS DÍAS, EN TODAS PARTES

Al principio de este capítulo, hice la pregunta: *«¿Quieres que tu vida tenga un impacto?»*. Quizás te hayas preguntado a menudo: *«¿Cómo va a tener impacto mi vida?»*. Aquí está la respuesta: cuando sigues el plan de Jesús. Cuando *ves*. Cuando te *detienes*. Y cuando *pasas tiempo con los demás*. ¡Ahí es cuando se produce un gran impacto!

Tómate un momento y mira tus pies. Tendemos a mirar más allá de los pies, pero los pies son algo interesante, ¿no? Son lo que nos permite movernos. Tus pies se mueven todo el tiempo. Jesús no quería un reino *estático* formado por edificios en los que tuvieras que esforzarte mucho para que la gente entrara. No, el plan de Jesús era que nos convirtiéramos en «templos» *móviles* allá donde nos llevaran nuestros pies. Tú albergas la presencia misma de Jesús. Y como eso es cierto, ahora tú eres Su plan como un cuerpo móvil y activo, compuesto por ti, por mí y por todas las demás personas que eligen hacer las dos cosas que Jesús dijo que eran más importantes: amar a Dios con todo su ser y amar a las personas que le rodean, tal y como Jesús nos enseñó.

¿Tendría impacto ese tipo de vida? La historia cristiana demuestra que cataliza un efecto dominó más allá de lo que tu imaginación, y tus sueños más grandes. Ese es el estilo de vida de un trabajador del Reino las 24 horas del día, los 7 días de la semana. Este es el estilo de vida que debes elegir si quieres vivir una vida de gran impacto y si quieres que el objetivo de tu vida sea lo que Jesús dijo que es más importante: centrarte en amar a Dios con todo tu ser y, luego, con todo tu ser, amar a la persona que está cerca de ti en cada momento (Mateo 22:36-40).

Un día, acababa de regresar de un viaje y me recosté en nuestro sillón reclinable cuando noté que había una mancha en el techo. Llamé a mi esposa a la habitación y le dije: «¿Qué es eso?».

Y ella respondió: «No lo sé. Anoche hubo una fuerte tormenta antes de que llegaras a casa. ¡Debemos tener una gotera en el techo!».

Coincidimos en que parecía lo suficientemente importante como para arreglarlo de inmediato. Consulté mi aplicación del tiempo y, efectivamente, se avecinaba otra tormenta.

Así que empecé a hacer llamadas telefónicas y un tipo me llamó mucho la atención cuando contestó al teléfono. Dijo: «Hola, soy James, el techador, ¿en qué puedo ayudarle?».

Le respondí: «Hola, James, el techador. Bueno, si eres honesto y tus precios son razonables, y si puedes venir hoy, ¡me harías un gran favor! Tengo una mancha de humedad en el techo. Parece que nuestro techo tiene goteras».

«¿En qué parte de la ciudad vives?».

Le dije que estaba en la zona este y él respondió: «Puedo estar allí a las cuatro».

Justo antes de las cuatro, oí que llamaban a la puerta y fui rápidamente a abrir. «¡Hola, ¡qué puntual!». No me lo podía creer.

James, el techador, llegó temprano y listo para trabajar. Su aspecto en persona era bastante diferente al que me había imaginado cuando hablé con él por teléfono. (¿Alguna vez has tenido una imagen de cómo *crees* que es alguien?) No llevaba uniforme de techador. No llevaba la camiseta de «James el techador». Su aspecto era un poco corpulento y rudo, pero era cordial y amable. Invité a James a entrar y le mostré la mancha de agua en mi techo. Me dijo: «Tendré que trepar hasta allí para echar un vistazo». Después de darme un presupuesto muy razonable por el trabajo, cogió su escalera y se dirigió al techo.

Satisfecho con el acuerdo, me senté a relajarme y esperar. Pensé que tendría unas horas para descansar antes de que James terminara. Y, acabando de regresar de un largo viaje de conferencias, me pareció un plan bastante decente.

45 minutos más tarde, James llamó a la puerta. «Ya está completamente arreglado. Tendrá que pintar esa mancha del techo, pero, aparte de eso, ya está todo listo». Y luego añadió: «Ah, una cosa más. He ajustado su factura».

Lo sabía. *Hay una trampa... ¡siempre hay una trampa!* Empecé a pensar.

Y fue entonces cuando James anunció: «Solo me ha llevado la mitad de tiempo y la mitad de materiales». Me entregó la factura para que la viera.

«James», le dije muy sorprendido, «¡eso es la mitad de lo que me dijo que me iba a costar!».

«Bueno, señor, solo me llevó la mitad del tiempo y la mitad de los materiales. Por lo tanto, ese sería un precio justo».

Fui a buscar un método de pago y, cuando regresé, escuché a James hablando por teléfono. Cuando colgó, le dije: «James, no dejes nunca que un servicio de contestador atienda tus llamadas entrantes. Eres muy bueno con la gente por teléfono. De hecho, fue cuando dijiste: "Hola, soy James, el techador. ¿En qué puedo ayudarle?", cuando me causaste una muy buena impresión. Y, efectivamente, he tenido una experiencia estupenda».

En ese momento, le di una palmada en el hombro y le dije: «Estás haciendo un gran trabajo, James».

Él dio un paso atrás y dijo: «Señor, no puedo aceptar su cumplido».

Pensé *que era extraño. ¿Quién no acepta un cumplido?* Así que llegué a la conclusión de que *tal vez tenía que reformularlo.*

Reformulé mi cumplido con esta respuesta: «James, escucha, realmente necesitaba la ayuda que me has brindado. Y te estoy muy agradecido por cómo nos has atendido a mí y a mi familia hoy. ¡Y gracias por ajustar la factura a la baja y comprometerte a volver si alguna vez me da problemas!». Una vez más, le di una palmada en el hombro. «Estoy muy contento de haberte encontrado hoy».

Pero la respuesta de James no cambió. «De verdad, señor, no puedo aceptar su cumplido». Luego añadió: «... a menos que tenga un minuto, señor».

Y yo respondí: «Claro, tengo un minuto». No sabía que me estaba preparando para algo más.

En ese momento, James comenzó a contar una historia: «Hace trece años, usted no me habría querido cerca de su casa, de su esposa, de sus hijos o de usted mismo. Estaba enganchado a las drogas y mi vida era un desastre. Y no sé, señor, si entenderá lo que voy a explicarle, ya que nunca nos hemos visto antes, pero hace trece años alguien me explicó que el Dios que creó todo el universo, que nos ama a cada uno de nosotros, envió a su hijo, Jesús, a morir en la cruz por nosotros para que pudiéramos tener una relación con Él. Y cuando eso comenzó a suceder en mi vida, cambié para siempre. Y señor, aunque agradezco su cumplido, no podría aceptarlo hasta poder decirle que soy quien soy gracias a Él».

«James, hermano», comencé a responder.

«¿Qué?», interrumpió James, «¿Tú eres *uno de ellos?*».

Le dije: «Bueno, no te sorprendas tanto. Sí, *lo* soy, ¡pero es que no nos conocíamos!».

Él dijo: «Ah, si ya eres cristiano, ¿por qué Dios me envió hoy a tu casa? Todos los días le digo a Dios que quiero ir a dondequiera que Él necesite a alguien como yo para ser su obrero las 24 horas del día, los 7 días de la semana. ¡Y Dios me envía a todo tipo de lugares!».

Yo respondí: «No sé exactamente por qué. Quiero decir, necesitábamos arreglar el techo».

James volvió a decir: «Pero no lo entiendo. Quiero estar donde Él necesita obreros. Todavía no tiene suficientes».

James continuó: «¿Sabes? Una vez estaba trabajando en un techo en el centro de la ciudad y se escuchó un disparo en la casa. La gente comenzó a gritar para que alguien llamara al 911. Bajé rápidamente del techo y, antes de darme cuenta, me encontré en la casa arrodillado junto a un hombre que se estaba muriendo, y comencé a compartir con él cuánto lo amaba Dios. Le hablé a este hombre de la posibilidad de que Dios perdonara sus pecados, al igual que al ladrón que estaba en la cruz junto a Jesús. Hoy podría estar con Jesús en el paraíso. ¡Así que nadie puede decirme que un techador que estaba trabajando ese día no marcó la diferencia para la eternidad de ese hombre!».

Mis hijos y mi esposa habían entrado en la habitación en ese momento, atraídos por lo que James estaba compartiendo. Entonces le pregunté: «James, ¿podemos orar por ti?».

James asintió con la cabeza mientras se quitaba el pañuelo y bajaba la cabeza. Mi pequeña familia se reunió a su alrededor, puso las manos sobre «James, el techador» y oró por él y su «ministerio» como obrero del Reino de Dios todos los días, las 24 horas del día, los 7 días de la semana. Mientras orábamos, mi hijo me tiró de la manga de una manera que lo decía todo sin necesidad de palabras: *Papá, te das cuenta de que está llorando desconsoladamente, ¿verdad?*

James había formado un charco de lágrimas en mi piso de madera. Sacó su pañuelo del bolsillo trasero, se secó los ojos y comenzó a disculparse. Mirando hacia otro lado, dijo: «Señor, lamento haber perdido el control así. Pero llevo 13 años haciendo esto y nadie había validado mi ministerio hasta hoy».

¿Cuándo se nos ocurrió que el ministerio es algo más complicado de lo que James acababa de hacer conmigo ese día? Si decides ser un obrero, es un trabajo de 24 horas al día, 7 días a la semana. Dondequiera que trabajes, dondequiera que disfrutes un momento de descanso y juegos, dondequiera que vayas, estás trabajando. Y Cristo está contigo. El mismo Jesús declaró, mientras tú haces esto día tras día: «he aquí yo estoy con vosotros todos los días...» (Mateo 28:20, RV60).

DESEMPEÑA TU PAPEL EN EL MOVIMIENTO DE OBREROS DEL REINO

Tienes un papel que desempeñar en este movimiento de obreros del Reino. Jesús inició un efecto dominó multiplicador, transmitiendo a otros su modelo y sus métodos de ministerio, y el mundo comenzó a cambiar. Jesús es quien dijo: «La mies es mucha» (Mateo 9:37, RV60). Y sigue buscando más «templos» móviles, más pies como los tuyos. Tus pies llegan a lugares donde los pies de nadie más llegan. Y Él no tiene un plan B para las personas con las que te encuentras. ¡Tú eres su plan A! Tú eres su obrero. Eres increíblemente valioso para el plan A de Jesús de alcanzar al mundo. Y este plan implica que elijas ser un obrero del Reino todos los días, dispuesto a estar cerca, una vida a la vez, en los lugares cotidianos de la vida, para ver, detenerte y pasar tiempo con los demás. Así es como se ve amar a Dios, amar a los demás y promover el Reino de Dios todos los días, en todas partes. Es llevar a Jesús, que está vivo en ti, cerca de ellos. De eso se trata ser un obrero del Reino. Ahora, simplemente depende de ti elegir hacerlo.

Antes de empezar, tal vez, como muchos de nosotros, hayas creído que se necesitan habilidades especiales para promover y construir el

Reino de Dios. Debes tener habilidades innatas, un o o una gran educación, o diversos talentos. Esto no es lo que Jesús buscaba. Piensa de nuevo en aquellos que Jesús eligió para construir Su Reino. Eran *personas comunes y corrientes*. A menudo, se les ocurrían todo tipo de excusas. Pero Dios no quería escuchar sus excusas, porque Dios no quería que vieran *lo que* podían hacer. Dios quería que experimentaran lo que *Él* podía hacer cuando las personas comunes y corrientes dejaban que Dios hiciera Su obra extraordinaria a través de ellas.

Sin darte cuenta, podrías pensar que el camino hacia adelante está cerrado para personas como tú. Considera estas cinco excusas que, consciente o inconscientemente, pueden impedirnos entrar en el Reino Laboral:

Imperfecto

Puede que tengas razones para sentir que tu imperfección te descalifica para ser un obrero del Reino. O Satanás, el enemigo de tu alma, llamado «el acusador», se acercará y te desanimará diciéndote lo imperfecto que eres. Y tú estarás de acuerdo con él. En lo que respecta a mi vida, yo también lo estaría. Pero tenemos que superarnos a nosotros mismos. Con demasiada frecuencia actuamos como si Dios necesitara personas perfectas. No es así. He viajado por todo el mundo, ¿y sabes a cuántas personas perfectas he conocido? A ninguna. Dios no tiene un «plan B». Nosotros somos ese plan: personas imperfectas. Y Dios puede utilizarnos poderosamente si estamos dispuestos a señalar no a nosotros mismos, sino a Aquel que *es* perfecto.

Manchados por el pecado

Quizás pienses que tu lucha contra el pecado te ha descalificado. Imagina que te ofreciera un billete de 20 dólares. ¿Te gustaría cogerlo?

Imagino que sí. ¿Y si empezara a arrugarlo? ¿Cambiaría eso tu interés? ¿O si lo tirara al suelo y lo aplastara, limpiando la suciedad y el polvo de la suela de mis zapatos, dejándolo completamente manchado y sucio? ¿Te interesaría menos? No, claro que no. ¿Por qué? Porque no ha perdido su *valor*. ¡Y tú tampoco! Puede que te hayas magullado, estropeado y manchado de pecado por el camino, pero Jesús sigue diciendo: «Te quiero. No has perdido tu valor para mí».

Indigno

¿Podría ser que te descalificas a ti mismo para tener impacto en el Reino porque te sientes indigno? Bueno, bienvenido al club de los indignos. No hacemos nada porque seamos dignos, ¡sino porque *Él* es digno! No se trata de mí. Se trata de Él. Esta es una gran oportunidad para pasar del egocentrismo al cristocentrismo. Me encanta lo que dice el Salmo 130:3-4: « Si tú, Señor, tomaras en cuenta los pecados, ¿quién, Señor, se mantendría en pie? Pero en ti se halla perdón y por eso debes ser temido» (NVI).

Desconocimiento

Quizás pienses: *«¿Y si no sé lo suficiente? ¿No debería haber recibido más formación? ¿No necesito algo más que «ver, detenerme y pasar tiempo con las personas»?* Muchas personas en los Evangelios simplemente compartieron con otros cómo Jesús había obrado en sus vidas. ¿Ha obrado en tu vida alguna vez? ¿Más de una vez? ¡Quizás incluso va a obrar en ti de formas nuevas, frescas o nunca antes vistas a lo largo de tu viaje con *Movimientos Multiplicadores*! Dios ha obrado en mí más veces de las que puedo contar. Esas son nuestras historias con Dios. ¡Estas historias dicen que Él todavía está activo! Las personas con las que nos relacionamos necesitan saber que Él puede obrar en ellas como lo ha hecho en nosotros. Y tal vez tú necesites acercarte a Jesús y pedirle que obre de una manera nueva en el presente. Él es fiel, capaz y responderá a tu súplica, acercándose a ti cuando tú te acerques a Él.

Miedo

Quizás aún tengas otro obstáculo: el miedo. *«Me pongo demasiado nervioso»*, puedes pensar. Déjame darte una «oración con las dos manos» que me ha ayudado a combatir el miedo. Levanta ambas manos frente a ti hacia el cielo de manera que puedas ver el dorso de tus manos y mantén ocho dedos firmes, dobla los pulgares. Ahora, comenzando por el meñique izquierdo, haz esta oración, una palabra por cada dedo: «Todo lo puedo en Cristo que me fortalece». ¡Necesitarás esta afirmación en oración en tus días venideros! Cada vez que surja el miedo u otros obstáculos distorsionen tu camino, simplemente extiende tus manos para recibir la fuerza de Dios en oración mientras declaras: «Todo lo puedo en Cristo que me fortalece».

Dios es un empleador que ofrece igualdad de oportunidades.

Todos tienen la oportunidad de convertirse en obreros del Reino. Dios es un empleador que ofrece igualdad de oportunidades. Él solo busca personas que estén dispuestas a dar un paso adelante y dejar que Él haga todo lo que Él quiera mientras seguimos Sus métodos y Su modelo.

Te animo a que comiences a practicar este estilo de vida esta semana. Comienza a practicar lo que significa estar cerca de las personas. Cuando comiences a *ver*, *detenerte* y *pasar tiempo con* los demás, ¿puedes imaginar la alegría en el corazón de Dios cuando aquellos con quienes te relacionas descubran que ya no son invisibles? ¿Pueden imaginar el placer que siente Dios ahora que los tiene como obreros en un campo de cosecha donde ven, se detienen y pasan tiempo con los demás, todo porque decidieron superar sus propios límites y entrar en Su plan maestro de una vida de gran impacto como trabajadores del Reino cotidianos y permanentes?

A medida que continúas avanzando en *Movimientos Multiplicadores*, recuerda que la visión es que te conviertas en un trabajador del Reino y, con el tiempo, invites a otros a hacer lo mismo. ¡Todo lo que viene a partir de ahora te ayudará a desarrollarte y a avanzar hacia esta meta!

¿Y AHORA QUÉ?

Escribe aquí tu compromiso de oración con Dios (algo como: «Señor, me comprometo a convertirme en un obrero de tu Reino. Confío en que Tú estás moldeando mi vida, y deseo tener el impacto duradero para el que me has diseñado»).

COMPROMÉTETE A CONVERTIRTE EN UN OBRERO DEL REINO:

A partir de esta semana, ¿dónde puedes empezar a ver, detenerte y pasar tiempo con la gente?

¿Cuáles son tus posibles obstáculos? Enuméralos aquí y habla con Dios sobre ellos:

Repasa los obstáculos anteriores y escribe la verdad de Dios junto a cada uno de ellos para ayudarte a superarlos.

COMIENZA A MEMORIZAR EL VERSÍCULO:

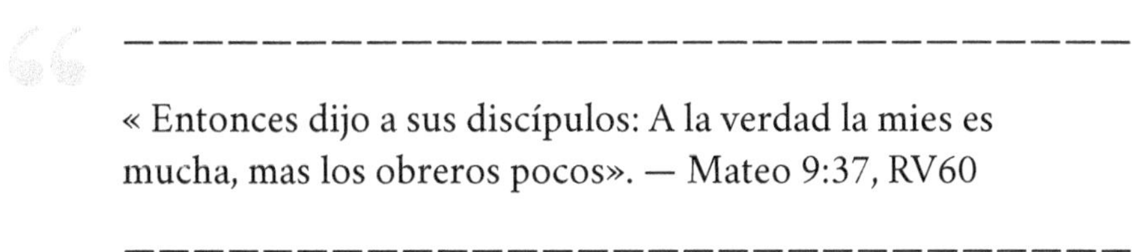

« Entonces dijo a sus discípulos: A la verdad la mies es mucha, mas los obreros pocos». — Mateo 9:37, RV60

¿Y SI… ?

¿Hay otras personas que han estado a tu lado y te han ayudado a llegar a donde estás hoy en tu vida espiritual? Escribe sus nombres aquí:

Haz una pausa ahora y da gracias a Dios por estas personas y por su disposición a dedicar tiempo a animarte en tu crecimiento espiritual, ¡dándote cuenta de que probablemente no estarías donde estás hoy si no fuera por ellas!

¿Hay personas en tu vida que necesitan ese mismo tipo de ánimo? ¿Imaginas que sus vidas se verían afectadas de la misma manera si alguien también las acompañara? Escribe algunos de sus nombres aquí:

Empieza a orar por ellos ahora mismo. Mientras oras, ten ánimo: los obreros del Reino no son personas perfectas, incluidos aquellos que se han tomado el tiempo de acompañarte en tu vida. Y los obreros del Reino no siempre tienen todas las respuestas. Pero consiguen hacer las cosas, simplemente diciendo «sí» a Jesús. ¡Y todo eso comienza con la oración!

DISCUSIÓN

1. Oren juntos.
2. Repasen el versículo para memorizar.
3. Lean las escrituras clave: Mateo 9:35-38; Mateo 20:28; Efesios 5:1-2.
4. Repasen los conceptos clave del capítulo. Compartan cómo lo están procesando y cualquier comentario que tengan. ¿Hay algo en particular que les haya llamado la atención? ¿Hay algo con lo que no estén de acuerdo? ¿O hay algo que nunca olvidarán? ¿Tiene alguna pregunta al respecto?
5. ¿Cómo se vería afectado nuestro mundo si no hubiera trabajadores físicos (sin repartidores de comida, sin trabajadores de fábricas, sin trabajadores de la construcción, sin constructores de carreteras, etc.)? Ahora piensa: ¿qué pasaría si Jesús no tuviera trabajadores para su Reino, en comparación con lo que pasaría si todos los cristianos abordaran la vida como trabajadores de Dios todos los días y en todas partes?
6. ¿Cuáles son algunos de los lugares habituales a los que acudes todos los días? ¿Cómo puedes empezar a ver, detenerte y pasar tiempo con la gente dondequiera que vayas?
7. ¿Qué obstáculos mencionados en el capítulo (o en el video) les afectan más?
8. Después de que todos compartan, anímense mutuamente con la verdad de Dios del capítulo o episodio en video.

9. Repasen nuevamente la sección «¿Qué pasaría si...?» y el versículo para memorizar.

10. Compartan todos: ¿cuál es la idea clave o la paso siguiente que van a tomar esta semana?

11. Oren juntos.

OTROS RECURSOS ÚTILES:

Plan A: Y no hay plan B (libro y audio) de Dwight Robertson

Para opciones de compra y más recursos, visita:
MultiplyMore.com/es

2

TU PUNTO DE PARTIDA: DESARROLLAR
UN CORAZÓN ARDIENTE

Mateo 22:37 • Apocalipsis 2:4-5 • Juan 14:15

Imagina cuatro sillas colocadas una al lado de otra en el escenario de un auditorio lleno de gente. La sala está bastante oscura, excepto donde están las sillas. Están iluminadas por varios focos. No importa realmente cómo sean las sillas. Podrían ser sillas plegables de metal (mis preferidas) o podrían ser sillas cómodas y acolchadas, del tipo que se tiene en la sala de estar. En realidad, solo hay una cosa que importa de estas sillas. Es el hecho de que estás sentado en una de ellas. ¿En cuál estás sentado?

Estas sillas no son sillas cualesquiera. Representan los lugares espirituales en los que tú y yo (y todo el mundo) podemos sentarnos. Cada uno de nosotros está sentado en una de estas sillas.

LA PRIMERA SILLA

La primera silla es aquella en la que Dios desea que nos sentemos. La segunda silla es aquella en la que creo que se sientan demasiados cristianos (quizás la mayoría). La tercera silla es la más peligrosa porque es difícil saber si realmente estás en ella o no (lo explicaré más adelante). Y la cuarta silla es aquella en la que se sienta la mayor parte de la población mundial, incluidos la mayoría de tus vecinos y compañeros de trabajo. Todos nos sentamos en una de estas sillas, queramos o no.

La buena noticia es que tú puedes elegir en qué silla te sientas. De hecho, es la decisión más importante que tomarás en toda tu vida. ¿Por qué? Porque la silla que elijas determinará cómo vivirás esta vida, el impacto que tendrás y dónde pasarás toda la eternidad.

Ten presente esta imagen de las cuatro sillas. En las páginas siguientes, te ayudaré a comprender mejor la condición espiritual que representa cada una de ellas. Te pediré que consideres en qué silla estás sentado. Y puedes estar seguro de una cosa más: si no estás en la primera silla, te pediré que cambies de lugar y te sientes allí lo antes posible.

Así que, siéntate. No te llevará mucho tiempo leer este capítulo, pero los próximos momentos pueden cambiar tu vida para siempre.

Estoy locamente enamorado de mi esposa, Lisa. Lo estoy desde poco después de conocernos en la universidad. Yo estudiaba biología y ella química. Solo llevábamos unos meses saliendo cuando me di cuenta de que estaba loco por ella. Así que hice un plan para demostrarle lo mucho que la quería.

Le compré una docena de «rosas universitarias» (también conocidas como claveles) y la esperé fuera de su laboratorio de química. Encontré un lugar privilegiado en medio del pasillo, me arrodillé y sostuve los claveles contra mi pecho. Me aclaré la garganta y esperé.

La puerta del laboratorio se abrió y la gente empezó a llenar el pasillo. En cuanto vi su cabeza rubia asomándose hacia mí, empecé a cantar la canción de Joe Cocker, «You Are So Beautiful».

Canté muy alto... «Eres tan hermosa para mí. ¿No lo ves? Eres todo lo que he esperado. Eres todo lo que necesito...».

La gente se detuvo y me miró fijamente. Luego empezaron a intentar averiguar a quién le estaba cantando. Podía oír a la gente susurrando:

«¿Te está cantando a ti?», y a otros respondiendo: «¡No puede ser, a mí no!».

Cuando Lisa me vio, se quedó paralizada. Se le puso la cara roja como un tomate. No tardó mucho en saberse que le estaba cantando a ella. Y, te lo aseguro, la multitud que había entre nosotros se abrió como el Mar Rojo.

Por supuesto, la respuesta de todas las mujeres fue: «¡Awwwe!». Todos los chicos apretaron los dientes y dijeron: «¡Cállate, hombre, nos estás haciendo quedar mal!».

No me importaba parecer estúpido. Quería que Lisa supiera lo que sentía. La gente hace locuras cuando está enamorada. Normalmente se nota cuando alguien está profundamente enamorado. Actúa de forma diferente a los demás. Hace locuras. Cosas raras. Cosas extremas. No le da vergüenza demostrar a la persona que ama lo mucho que le importa.

Mi amigo Dwight Robertson lo expresa así: «Por amor hacemos cosas que no haríamos por ninguna otra razón».

Te pondré un ejemplo. Yo jugaba al fútbol americano en la universidad. Mi compañero de cuarto y yo éramos unos cerdos. Es decir, éramos asquerosos. La gente solía hacer fotos de nuestra habitación y enviárselas a sus mamás con una nota que decía: «¡Mira, mamá, no soy la persona más desordenada del mundo!».

Todos los días, después de los entrenamientos o las clases, llegábamos y dejábamos la ropa tirada en el suelo. Era un acto de adoración, por supuesto, porque Dios creó la gravedad. Si guardáramos la ropa, estaríamos trabajando en contra de Dios. Así que hacíamos lo que podíamos para honrar al Señor. (Sí, claro. ¡Lo que tú digas! ¡Ja, ja!).

Les daré un ejemplo de lo desagradables que éramos. Un día, una joven nos pidió a mi compañera de cuarto y a mí que le arregláramos la bicicleta. Nos hinchamos el pecho y le dijimos: «Claro, por supuesto que podemos arreglarla».

Nos llevamos la bicicleta a nuestra habitación y la arreglamos en unos cinco minutos. Lo único que le pasaba era que se había salido la cadena. Fue tan fácil que quitamos la cadena y empezamos a competir para ver quién la volvía a colocar más rápido. Creo que el récord fue de treinta y ocho segundos. El único problema fue que no le dijimos que ya estaba arreglada.

Siete semanas después, llamó a nuestra puerta y preguntó si su bicicleta estaba lista. Miré a mi compañero de cuarto y le susurré: «Creía que se la habías devuelto».

Él respondió: «No, pensé que tú lo habías hecho».

Las dos la miramos y le dijimos: «¡Alguien debe de haberte robado la bicicleta!».

Mi compañera de cuarto tenía la corazonada de que la bicicleta todavía estaba en algún lugar de nuestra habitación. Empezamos a rebuscar entre el desorden y, efectivamente, su bicicleta estaba enterrada bajo toda nuestra ropa sudada. ¿Te lo puedes creer? ¡Éramos tan asquerosas que perdimos una bicicleta de diez velocidades en nuestra habitación de la universidad!

También teníamos cucarachas en nuestra habitación. Teníamos posters en las paredes y, cuando les dábamos un golpecito en el centro, era genial porque obteníamos una respuesta simétrica: las cucarachas salían disparadas en todas direcciones.

¿Qué tiene que ver todo esto con estar locamente enamorados? Bueno, ahora voy a eso. Verán, mi esposa es exactamente lo contrario a mí. Yo soy un desordenado y ella es una fanática de la limpieza. Es tan limpia que estoy convencido de que puede estar en la cocina y oír cuando una mota de polvo cae al suelo en la sala.

Te voy a poner un ejemplo de lo diferente que es ella de mí. Una noche, un huracán azotaba Carolina del Sur, el estado donde vivimos. Lisa estaba aspirando el piso cuando el viento cortó la electricidad. Subí las escaleras y reuní a nuestros hijos para asegurarme de que estuvieran bien. Cuando volví a bajar, no veía nada, pero oía un ruido como de susurros.

«Lisa, ¿qué estás haciendo?», le pregunté.

«¿Qué crees que estoy haciendo? ¡Estoy barriendo el piso!», me respondió.

«Pero está completamente oscuro. ¿Cómo puedes barrer en la oscuridad?».

«No necesito luz», respondió con seguridad. «¡Sé exactamente dónde está cada mota de polvo en mi casa!».

Así de limpia es ella. No hace falta decir que, cuando me casé con Lisa después de la universidad, sabía que tendría que cambiar. En realidad, quería cambiar porque la quería mucho. Quería que supiera lo mucho que la quería con cada pequeña cosa que hacía.

El día que regresamos de nuestra luna de miel, vacié mi cajón de los calcetines (el que estaba lleno de calcetines desparejados que había pasado de mi abuelo a mi papá y luego a mí). Ese día, me senté en el piso y emparejé calcetines durante dos horas.

No sé por qué los calcetines tienen que emparejarse. Nadie los ve. Pero a mi esposa le importa, así que emparejé mis calcetines. No quería despertar a Lisa por la mañana al encender las luces para buscar calcetines que hicieran pareja. Así que ordené mis calcetines en el cajón por colores: los azules a la izquierda, los negros a la derecha y todos los demás colores en el medio (porque los azules y los negros se pueden mezclar en la oscuridad). Llevo más de veinte años casado y mis calcetines siguen ordenados.

Pero eso no es todo lo que hago porque la amo. También enjuago los platos antes de meterlos en el lavavajillas. Nunca entenderé por qué hay que enjuagar primero los platos. ¿No es eso lo que se supone que debe hacer el lavavajillas? Pero a mi esposa le gusta que enjuague los platos antes de meterlos en el lavavajillas. Así que lo hago.

Pero hago más que solo ordenar mis calcetines y enjuagar los platos. También esponjo y arreglo las almohadas decorativas de nuestra cama. Nunca entenderé por qué necesitamos almohadas decorativas. ¿Para qué sirven? ¡Ni siquiera me permiten apoyar la cabeza en ellas! Pero a mi esposa le gustan las almohadas decorativas, así que hago la cama todos los días y esponjo y arreglo cuidadosamente las almohadas. A veces, incluso me pongo creativo y escribo cosas o hago formas como un corazón o una cruz.

Emparejar los calcetines para que coincidan. Enjuagar los platos antes de meterlos en el lavavajillas. Sacudir y arreglar los cojines decorativos. Esas no son cosas que haga un desordenado. Pero mi esposa se siente amada cuando hago cosas en casa que son importantes para ella. Así que las hago. Como dije, la gente hace locuras cuando está enamorada.

Acabo de darles una imagen de los cristianos que están sentados en la primera silla. Están locamente enamorados de Jesús. Llegan a extremos para demostrarle cuánto lo aman. Y están dispuestos a cambiar cualquier cosa y todo lo que sea necesario para complacerlo.

Creo que el salmista David entendía este tipo de amor loco. ¡Estaba tan enamorado de Dios que bailaba por las calles sin ropa! Y cuando su esposa le preguntó por su comportamiento, él respondió: «...y me rebajaré más todavía, hasta humillarme completamente...» (2 Samuel 6:22, NVI).

Ahora bien, no estoy sugiriendo que sigas totalmente el ejemplo de David. (Por un lado, es ilegal correr desnudo por las calles). Pero ¿estás dispuesto a llegar a extremos para expresar tu amor por Dios? ¿O te preocupa demasiado lo que los demás piensen de ti como para demostrar que estás locamente enamorado de Él?

Los cristianos de primera fila tienen un amor por Jesús que se manifiesta en todos los ámbitos de su vida. Por un lado, se manifiesta en la forma en que obedecen a Dios. Puede que no entiendan todo lo que Él les pide, pero obedecen de buena gana. No a regañadientes, sino con alegría, como expresión de su amor por Él.

Jesús dejó claro que el amor y la obediencia van de la mano. Una vez dijo: «Si me aman, obedezcan mis mandamientos» (Juan 14:15, NTV). No malinterpreten el significado de esto. La clave no es la obediencia. Es el amor. Si tienen problemas con la obediencia, no es porque necesiten más disciplina. Necesitan más amor.

Los cristianos ejemplares también quieren conocer más a Dios. Por eso estudian la Biblia y oran. No porque tengan que hacerlo, sino porque quieren. Quieren conocerlo mejor, y han aprendido que para conocerlo hay que pasar tiempo con Él y escuchar lo que dice a través de Su Palabra.

¿Qué pasaría si Lisa y yo dejáramos de pasar tiempo juntos después de casarnos? ¿Qué tan fuerte sería nuestra relación dos meses después? ¿Dos años después? ¿Veinte años después? ¡No es diferente en nuestra relación con Dios! Si no pasamos tiempo con Él, nuestra relación se enfría.

Los cristianos de la primera silla también saben que la Palabra de Dios les guía en su vida (Salmo 119:105) y les protege del pecado (Salmo 119:9).

Los cristianos de la primera silla también expresan su amor por Dios de otras maneras. Por un lado, hablan de Él, y mucho. Les sale de forma natural. Son como un chico que habla de su novia o una chica que habla de su novio. No pueden evitarlo. Quieren contarle a todo el mundo lo maravilloso que es su novia o su novio. ¿Hablas así de Dios?

Del mismo modo, los cristianos de la primera silla quieren que todos conozcan a Dios. Saben que Él es lo más grande del universo y quieren que todos los demás también lo conozcan. Constantemente presentan a Jesús a otras personas. ¿Por qué no lo harían?

Cada una de estas cosas crece cada vez más en la vida de los cristianos de la primera sill. Pero no me malinterpretes. No se mide la vida en la primera fila con un índice de aprobación basado en el rendimiento. La clave no es tu rendimiento: cuánto lees la Biblia, cuánto tiempo pasas en oración o a cuántas personas les hablas de Cristo. La clave es que tu amor por Dios y tu amor por las personas te motiven a crecer en cada una de estas áreas. Es lo que mi amigo empresario Tobin Cassels llama CMI, que es la abreviatura de «mejora continua medible [por sus siglas en Inglés]». Queremos estar más cerca de Dios esta semana, este mes, este año, que la semana pasada, el mes pasado, el año pasado.

Las personas que se sientan en la primera silla pueden ser bebés o sabios espirituales. Lo que tienen en común es que aman a Dios con todo su corazón, alma, mente y fuerzas. Y su amor loco por Dios se desborda en un amor loco por las personas.

La mujer que ungió los pies de Jesús en el capítulo siete de Lucas amaba verdaderamente a Jesús. No lo sabemos solo porque Lucas lo dijo. Lo sabemos por lo que ella hizo.

En la época de Jesús, las cenas solían celebrarse al aire libre, a la vista de los vecinos. Las personas que no estaban invitadas podían ver lo que sucedía, pero también sabían que la fiesta era solo para los invitados. No había ningún muro ni valla que les impidiera entrar en la fiesta, pero había una línea invisible que sabían que no debían cruzar. Sin embargo, esta mujer cruzó esa línea y se acercó a Jesús.

Llevaba una caja de perfume caro llamado alabastro que le habría costado el salario de un año. Probablemente era lo más valioso que poseía.

Uno de los fariseos le dijo a Jesús que ella era «una pecadora». Lo más probable es que esto significara que era una prostituta. Probablemente ganó el dinero que utilizó para comprar el perfume vendiendo su cuerpo.

Cuando puso el perfume ante el Señor, fue como si estuviera poniendo su estilo de vida pecaminoso a sus pies. Luego adoró a Jesús. Mojó sus pies con sus lágrimas. Los secó con su cabello. Los besó y los ungió con su perfume.

Simón se dijo a sí mismo: «Si este hombre fuera profeta, sabría quién lo está tocando y qué clase de mujer es ella, que es una pecadora». Observen que Simón solo se dijo esto a sí mismo, pero Jesús le respondió de todos modos.

Jesús le recordó a Simón que él no le había dado agua para lavarle los pies, como era costumbre en aquella época. Por otro lado, la mujer pecadora hizo más que darle agua a Jesús para lavarle los pies. Ella había ungido sus pies con un perfume costoso.

Jesús dijo: «Por lo cual te digo que sus muchos pecados le son perdonados, *porque amó mucho*; mas aquel a quien se le perdona poco, poco ama». (Lucas 7:47, RV60, énfasis mío).

Esta mujer amaba tanto a Jesús que llegó a extremos para demostrarlo. No se limitó a darle lo que era costumbre en su época. Fue extravagante en su ofrenda, dándole a Jesús su posesión más valiosa. Esta historia nos muestra claramente lo que significa ser un cristiano de primera fila. Significa amar a Dios con más que palabras. Significa amarlo de maneras extremas, y posiblemente extrañas y locas.

Las personas hacen locuras cuando están enamoradas. ¿Qué locura has hecho por Jesús últimamente?

LA SEGUNDA SILLA

Lisa y yo llevamos veinte años casados. Ya saben que estoy loco por ella. Pero con el tiempo, me he dado cuenta de que algunas cosas han cambiado en nuestra relación. No siempre la trato igual que cuando nos casamos, especialmente si hay un buen partido de fútbol americano en la tele.

Hace unos años, un día de partido, estaba tumbado en el sofá con los pies apoyados en el brazo (mi metro ochenta y cinco de estatura no cabe del todo en el sofá) y hacía ruidos como «Hugh, Argh, Ahugh». Es cosa de hombres.

Entonces, me di cuenta de que le estaba diciendo algo realmente malo a Lisa: «Lisa, cuando termines de subir la canasta de la ropa sucia, ¿me traes algo de beber?».

Tiempo fuera: lo siento, pero esa petición proviene directamente del infierno. Me sorprende que los hombres a menudo tratemos mejor a nuestras secretarias que a nuestras esposas. Si una secretaria lleva algo pesado, le ofrecemos ayuda. ¿Por qué no hacemos lo mismo con nuestras esposas?

Ahora bien, esta es la cuestión: cuando salíamos juntos, nunca solía hacer esos ruidos guturales delante de Lisa. En cambio, le decía cosas extrañas (pero cariñosas) como «Mi osita preciosa y linda».

Y nunca la trataba como a una mesera. En aquel entonces, siempre buscaba qué podía hacer por ella. Mi cerebro debe de haberse caído en algún lugar en los años transcurridos desde que nos casamos. (Quizás sea por todos esos golpes en la cabeza que recibí jugando al fútbol americano). ¡Pero algo cambió! ¿Qué fue?

La Biblia dice claramente que debo amar a mi esposa tanto como Cristo ama a la Iglesia y se entregó por ella. Traducción: ¡Debo amar a mi esposa tanto como Jesús me amó cuando fue brutalmente asesinado en la cruz en mi lugar! Y aquí estoy, dándole órdenes a mi esposa como si fuera mi esclava. Cuando hago eso, es una señal de que me he acostumbrado a ella. Doy por hecho que ahí está y estará. Y eso no está bien.

Ella sigue siendo la mujer hermosa y maravillosa que Dios me dio como esposa, para que la amara y la apreciara. ¿Por qué me acostumbro a ella y la menosprecio? ¿Por qué a veces me resulta más fácil tratar mejor a perfectos desconocidos que a mi mejor amigo?

Quizás no estés casado y no puedas identificarte exactamente, pero estoy seguro de que sabes de lo que estoy hablando. Probablemente hayas hecho lo mismo con tus padres, hermanos o amigos cercanos. Paso tiempo con niños de todo el país cuando doy charlas en eventos juveniles, y una de las cosas más comunes que veo es que no tratan a sus padres con amor y respeto.

Con el paso del tiempo, es fácil para todos nosotros —maridos, esposas e hijos— acostumbrarnos los unos a los otros y daros por sentado. Es la naturaleza humana. Pero también es muy, muy incorrecto.

Esposos, puedo saber lo que piensan de Jesús por el amor con el que tratan a sus esposas. Esposas, puedo saber lo que piensan de Dios por lo bien que se someten a sus esposos. Y hijos, puedo saber cuánto respeto tienen por Dios por la forma en que respetan a sus padres.

No solo damos por sentadas a las personas. También damos por sentado a Dios. Al principio estamos entusiasmados con Él. Vivimos para servirle. Pero a medida que pasan los meses y los años, nuestro amor por Él se enfría. Dejamos de buscar las profundidades del amor de Dios. De alguna manera lo imaginamos como menos de lo que es, y creemos la mentira de que no es gran cosa conocerlo.

Pero déjenme corregir esa mentira: ¡es muy importante! ¡Y Él es un Dios muy grande que merece cada gramo de amor y respeto que le damos! ¡No hay palabras para describir lo grande que es!

De hecho, John Wesley escribió una vez un himno que decía: «Oh, que tuviera lenguas mil para poder cantar las glorias de mi Dios y Rey...». Él reconoció que las palabras no pueden describir lo grande que es Dios. Pero, a medida que caminamos con Él mes tras mes, comenzamos a perder de vista Su grandeza. Y en poco tiempo, lo tratamos como si fuera alguien común y corriente... o peor.

Acabo de describir lo que les sucede a las personas que están sentadas en la segunda silla. Son cristianos que han estado en el mundo de la iglesia durante tanto tiempo que Dios no es tan importante para ellos como debería serlo. Cantan canciones y escuchan sermones sobre Jesús, pero, lamentablemente, han perdido su amor por Él. Con el tiempo, la pasión se desvanece y el amor se enfría. ¿Acabo de describirte a ti? ¿Es esta la silla en la que estás sentado?

Me convertí en cristiano durante los entrenamientos de fútbol dos veces al día antes de mi primer año en la universidad. La primera noche, después de haber salido a beber, entré tambaleándome en mi dormitorio y mi compañero de cuarto, Mark Cagle, me recibió en la puerta. Me dio un gran abrazo y me dijo: «¿Cómo te va?». Salté a mi litera y lo miré sentado en su escritorio.

«¿Qué estás leyendo?», le pregunté.

Él me miró, sonriendo de oreja a oreja, y me respondió: «¡Estoy leyendo la Biblia!».

Dios utilizó ese sencillo encuentro para cambiar mi vida. Mientras estaba tumbado en la cama, se me llenaron los ojos de lágrimas. Dios comenzó a convencerme de que mi pecado le dolía profundamente. Esa noche confesé treinta y un pecados. Le dije: «Dios, si un camión viene por la calle y alguien está a punto de ser atropellado, lo empujaré fuera del camino y moriré por él, porque ahora te conozco».

A la mañana siguiente, me levanté temprano y leí todo el libro de Mateo. No podía dejarlo. Al final de la semana, había leído todo el Nuevo Testamento. El domingo siguiente, me levanté temprano para ir a la iglesia, estaba muy emocionado. Decidí llevar a algunos de mis compañeros del equipo de fútbol americano conmigo. Fui de habitación en habitación y grité: «¡Eh, chicos, levántense! ¡Nos vamos a la iglesia!».

Pero el domingo era nuestro único día de la semana para dormir hasta tarde, y a mis compañeros de equipo no les gustó que los despertara tan temprano. «¡Cállate, hombre!», me gritaron. «¡No nos vamos a levantar! ¡Estamos durmiendo!».

Yo les respondí: «¡Cállense la boca ustedes! ¡Vamos a ir a la iglesia!» (No sabía que, como cristiano, no se debe decir «cállense la boca», sino algo como «silencio»).

Finalmente, algunos de ellos se dieron cuenta de que no iba a rendirme, así que decidieron levantarse e ir conmigo. Imaginen la escena: metí a ocho enormes jugadores de fútbol americano vestidos con trajes deportivos en mi precioso auto Nova personalizado. No, es broma. En realidad, yo era el único que llevaba un traje deportivo, pero la mayoría llevaba corbatas de tejidas. Mientras íbamos a la iglesia, todos pensaban en la siesta que iban a echarse cuando volviéramos. Yo pensaba en dónde nos íbamos a sentar en el templo.

Si voy a un partido de baloncesto o de fútbol americano, quiero sentarme lo más cerca posible de la acción. Por eso, pienso lo mismo cuando voy a la iglesia: quiero estar lo más cerca posible del frente. Pienso que quiero acercarme lo más posible a Dios. Pero supuse que habría que llegar antes que todos los demás para conseguir un asiento en primera fila. No sabía que en la mayoría de las iglesias la gente no se sienta en primera fila. No sabía que llegan temprano para conseguir asientos en las últimas filas.

Por supuesto, llegamos diez minutos tarde. Llegamos cinco minutos tarde porque éramos estudiantes universitarios y otros cinco minutos tarde porque éramos jugadores de fútbol americano. Entré en la parte de atrás del santuario y vi una fila vacía en la parte de adelante. No podía creerlo. ¡Un asiento en primera fila!

Mis amigos, que habían crecido en la iglesia, se detuvieron en la parte de atrás y me vieron dirigirme a la primera fila. Intentaron detenerme. «¡No, Adrián, ¡la primera fila no! ¡Detente!».

Pero ya era demasiado tarde. Mi radar estaba fijo en la primera fila. No había forma de detenerme. Caminé rápidamente hacia la primera fila y me senté. Mis amigos me siguieron a regañadientes y se sentaron a mi lado. Deberían haberme visto. Me senté con las piernas estiradas delante de mí. Extendí los brazos a ambos lados del banco, rodeando los hombros de varios de mis amigos. No tenía ningún tipo de etiqueta. No sabía cómo se debía comportarse en la iglesia. Pero estaba a punto de descubrirlo.

Empezamos a cantar algunas canciones. Al principio, no me gustaba la melodía, pero la letra era bastante buena. Entonces, un hombre empezó a predicar. Recuerden que acababa de leer todo el Nuevo Testamento y el predicador estaba dando un mensaje del Nuevo Testamento. ¡Acababa de leer el pasaje sobre el que estaba predicando! Y el predicador me estaba ayudando a entender lo que significaba. No podía dejar de tomar notas. ¡Era increíble!

Probablemente no debería haberme dado la vuelta y mirado atrás. Fue entonces cuando conocí a los cristianos de segunda fila. Vi dos cosas malas detrás de mí. Cosa mala número uno: vi a gente dormida. Pensé: «*¿Qué diablos? ¿La gente se duerme mientras el predicador habla de Dios? ¿Por qué no están emocionados? ¡¿Cómo es posible que se duerman mientras hablamos de Dios?!*».

Y luego vi la segunda cosa mala: gente mirando sus relojes. Me distraje por un momento cuando un hombre trató de ocultar lo que estaba haciendo rascándose el codo en la muñeca mientras miraba su reloj. Luego vi a otro hombre girarse y fingir que estiraba el brazo y el cuello mientras se esforzaba por ver el reloj en la pared trasera. ¡Vamos, nadie se estira así en la vida real!

Empecé a llorar mientras pensaba: «*¿Por qué esta gente no ama a Dios? ¿Por qué no quieren adorarlo y aprender más sobre Él?*».

Esa fue mi primera experiencia con el cristianismo de segunda fila. Y desde entonces he visto muchos casos similares. De hecho, he descubierto que es lo que impera en la mayoría de las iglesias. Con el tiempo, la pasión se desvanece y el amor se enfría.

Las personas de segunda fila piensan que las de primera fila son radicales e incluso fanáticas, y dicen: «Oigan, ¿por qué no se calman? ¡Están ahuyentando a la gente!».

No se dan cuenta de que, según la Biblia, las personas de primera fila no son fanáticas en absoluto. Son normales.

¿Alguna vez has estado cerca de alguien que está totalmente enamorado de Dios y te hace sentir incómodo? ¿Sabes por qué te hace sentir así? Es porque esas personas te hacen consciente de tu propia apatía. Los cristianos de segunda fila tratan de apagar a los cristianos de primera fila con el agua fría de la crítica para que enfríen su pasión por Dios. Quieren que los cristianos de primera fila se unan a ellos en la segunda fila para poder sentirse mejor con su propia apatía. Es horrible, pero está sucediendo a nuestro alrededor en la Iglesia.

Ahora bien, lo que voy a decir es controvertido, tal vez incluso te haga dejar de leer este libro, pero estoy convencido de que es cierto. A los cristianos de primera fila les cuesta sobrevivir y prosperar en la mayoría de las iglesias.

¿Por qué? Porque los cristianos de segunda fila dominan la mayoría de las iglesias. Y hacen que a los cristianos de primera fila les resulte difícil mantenerse en ella, a menos que mantengan su pasión por Dios en secreto. Pero eso es imposible para un cristiano de primera fila.

Ser un cristiano de segunda fila es popular en Estados Unidos de América porque es cómodo. No requiere mucho esfuerzo. Mantiene a Dios a una distancia cómoda, pero lo suficientemente cerca como para que pueda acudir corriendo cuando necesitamos algo. Es similar a la imagen que les pinté al principio de este capítulo, cuando traté a Lisa como si fuera mi sirvienta. Así es como los cristianos de segunda fila tratan a Dios. Lo tratan como si existiera para servirles, en lugar de al revés.

Una vez escuché a un predicador comparar a los cristianos con perros y gatos. Dijo que cuando acaricias a un perro, él piensa: «¡Vaya! ¡Tú debes ser Dios!». Pero cuando acaricias a un gato, él piensa: «¡Vaya! ¡Yo debo ser Dios!».

Los cristianos de segunda fila se parecen mucho más a los gatos que a los perros. Tratan a Dios como si existiera para servirles. No solo eso, sino que sus vidas espirituales son frías, apáticas y sin fuego. La llama de su fe apenas se enciende. A menudo son apáticos, hipócritas y complacientes. No tienen mucha relación con Dios, por lo que no actúan de manera muy piadosa. En cambio, actúan de manera mundana porque pasan la mayor parte de su tiempo persiguiendo cosas mundanas.

De hecho, a menudo no se puede distinguir a los cristianos de segunda fila de aquellos que no tienen ninguna relación con Cristo. Los estudios demuestran que aquellos que se llaman a sí mismos cristianos tienen relaciones sexuales antes del matrimonio, se entregan a la pornografía y se divorcian casi en la misma proporción que aquellos que no se llaman a sí mismos cristianos.

Viajo y doy conferencias por todo el mundo, lo que significa que paso mucho tiempo en aviones. Cada vez que subo a un avión, trato de entablar conversación y compartir el Evangelio con la persona que se sienta a mi lado. No soy grosero al respecto, ni les golpeo en la cabeza con una Biblia. Simplemente me intereso por sus vidas y les dejo hablar de sí mismos. Al final, Dios me abre una puerta para compartir con ellos lo mucho que les ama.

Si la persona que se sienta a mi lado no es cristiana, suelo preguntarle por qué. Es una excelente forma de iniciar una conversación, porque estoy preparado para dar una respuesta a casi cualquier problema intelectual que puedan tener con el cristianismo. Puedo ayudarles a superar sus barreras.

Pero muchos de ellos tienen un problema con el cristianismo para el que no tengo respuesta. Dicen cosas como: «Sabes, me haría cristiano si no fuera por todos los hipócritas».

¿Qué se supone que debo responder a eso? ¡A mí tampoco me parece lógico! ¿Cómo puede una persona afirmar que tiene una relación con Cristo y no actuar de manera diferente a quienes no lo conocen?

Los no creyentes acuden a los servicios religiosos para ver si hay algo real en el cristianismo. Ven a algunos cristianos comprometidos y reconocen que aman sinceramente a Jesús. Reconocen que no son perfectos, pero que sienten pasión y entusiasmo por Dios.

Luego, estos no creyentes observarán a los cristianos de segunda fila y comenzarán a dudar de si realmente hay algo auténtico en el cristianismo. Pensarán para sí mismos: «*Un momento. Hago negocios con ese tipo. Sin duda, aquí actúa de manera diferente a como lo hace el resto de la semana*». O pensarán: «*Voy a la escuela con esa chica. No soy peor que ella. ¡Es una hipócrita!*».

Al interactuar con estudiantes de secundaria y universitarios a lo largo de los años, me pregunto si algunos de ellos tienen múltiples personalidades. Muchos actúan de una manera en la iglesia, de otra en la escuela y de otra en casa. ¡Es como si fueran tres personas diferentes! Y para los no creyentes, ¡esto es un gran desmotivador!

Debe romperle el corazón a Dios ver cómo se alejan los no creyentes. Y debe enfurecerlo ver la complacencia, la apatía y la hipocresía de los cristianos de segunda fila. Puedo ver a Jesús listo, con látigos y cuerdas en las manos, para entrar e ar nuestras iglesias y volcar algunas mesas porque lo hemos traicionado con nuestra hipocresía. Puedo sentir su ira.

¿Quién va a escuchar? ¿Quién va a levantarse y decir: «¡Basta ya de hipocresía! ¡No podemos seguir viviendo así! ¡Estamos alejando a la gente de Dios!»

En el libro del Apocalipsis, Dios habló mucho a los cristianos de segunda fila. Varias veces les dio advertencias. Dios dio una de esas advertencias a la iglesia de Laodicea (Apocalipsis 3:15-16). Dijo: «Conozco tus obras... Ojalá fueras frío o caliente» (RV60).

Ahora, antes de pasar a la advertencia, permítanme darles algo de contexto para este versículo. Había dos arroyos que fluían por la ciudad de Laodicea. Uno era caliente y el otro era frío. El arroyo caliente era útil para muchas cosas, como bañarse, cocinar y lavar. El arroyo frío era útil para los laodicenses como agua potable y para refrescarse durante los meses de verano. Cuando los dos arroyos se unían cerca de la ciudad, sus aguas se mezclaban y se volvían tibias. Y nadie en la ciudad usaba esta agua para nada. Básicamente, era inútil para ellos.

Dios dijo a los habitantes de Laodicea: «¡Ojalá fueras lo uno o lo otro! Por tanto, como no eres ni frío ni caliente, sino tibio, estoy por vomitarte de mi boca». (Apocalipsis 3:15-16, NVI). Otra traducción de la Biblia utiliza la palabra «escupir» en lugar de «vomitar». Al parecer, la complacencia de los cristianos de segunda fila repugna a Dios. ¡Es como un vómito para Él!

Quizás a Dios le repugna pensar en todas las personas que los cristianos de la segunda silla podrían llevar al cielo con ellos. Quizás le repugna pensar en lo difícil que le están poniendo a los cristianos de la primera silla prosperar y hacer su voluntad. Quizás le repugna pensar en cuánto trabajo eterno para el Reino podrían estar haciendo con el tiempo, el talento y los tesoros que Él les ha dado para administrar.

Un cristiano que ha olvidado su primer amor no está haciendo mucho por Dios que sea importante para la eternidad. En lo que respecta a los planes de Dios y la obra del Reino, el cristiano de la segunda silla es básicamente inútil.

Dios dio otra advertencia en Apocalipsis a los cristianos de la segunda silla. Esta fue dirigida a la iglesia de Éfeso. Esta advertencia parece estar dirigida a personas que han estado en la Iglesia durante un tiempo.

He aquí algunos antecedentes: Jesús había resucitado de entre los muertos alrededor del año 33 d. C., pero esta advertencia fue escrita en el libro del Apocalipsis alrededor del año 95 d. C. Eso significa que habían pasado unos sesenta y dos años de historia de la iglesia antes de que se escribiera la advertencia. Era tiempo suficiente para que la iglesia perdiera su pasión por Jesús. Con el tiempo, su pasión se había desvanecido y su amor se había enfriado.

En Apocalipsis 2:2-4, Dios dijo algo así (parafraseando) a los efesios:

Conozco tus obras, tu arduo trabajo y tu perseverancia. ¡Buen trabajo! Y sé lo bien que conocen la Biblia. ¡Así se hace! Pero hay una cosa que les reprocho: han perdido su primer amor. ¿Recuerdan cómo fue cuando inicialmente los salvé de su vida pecaminosa y los restauré a una relación maravillosa conmigo? ¿Recuerdan lo emocionados que estaban por mí? ¿Recuerdan cómo solían hablar de mí con alegría y amor en su corazón? ¿Recuerdan cómo querían saber más sobre mí y crecer en su relación conmigo? ¿Recuerdan cómo sus momentos de oración y adoración nunca parecían ser lo suficientemente largos? Querían mucho más. ¿Lo recuerdan? Ese es el tipo de relación que quiero tener con ustedes. ¡Es hora de volver a ese tipo de amor!

¿Es eso lo que Dios te está diciendo ahora mismo? Él no solo dirigió esas palabras a los efesios. Son tan relevantes para tu vida como lo fueron hace dos milenios. Si Él está convenciendo tu corazón, no esperes más. ¡Vuelve atrás y recupera ese tipo de relación con Él! Dios no se ha alejado. Tú sí.

Estoy seguro de que has hecho muchas cosas buenas por Dios. Tal vez has dado a los pobres o has servido a tus vecinos. Tal vez eres ujier, voluntario, líder de un grupo pequeño, donador para proyectos juveniles, o trabajas con niños en tu iglesia. Tal vez eres diácono o anciano. Tal vez incluso eres pastor.

No importa. Sea quien seas y haga lo que hagas, debes preguntarte si has abandonado su primer amor. Si es así, estás sentado en la segunda silla. ¡No dejes que nada ni nadie te impida arrepentirte y volver a la primera silla! Con el tiempo, la pasión se desvanece y el amor se enfría. Es hora de que vuelvas a tu primer amor y hagas las cosas que hacías al principio.

LA TERCERA SILLA

Hace varios años, el pastor de una gran iglesia se acercó al altar después de que yo hiciera una invitación en un evento en el que estaba hablando. Temblaba y sollozaba. Le puse la mano en el hombro y le dije: «¿Cómo puedo ayudarte, hermano?».

«Estoy perdido», dijo con voz temblorosa.

«Bien, pongámonos manos a la obra», respondí rápidamente. «¿Cómo sabes que estás perdido?».

«Soy pastor. Sé lo que significa estar perdido. ¡Y estoy perdido!», respondió bruscamente.

«¿Estás seguro de que no solo quieres volver a dedicar tu vida a Cristo?».

Me miró, me fijó intensamente en los ojos y dijo con gran determinación: «¡No me convenzas de que no me salve!».

Luego cayó de rodillas y comenzó a llorar en voz alta, diciendo: «Señor Jesús, he estado fingiendo toda mi vida».

A veces, las apariencias engañan.

Más recientemente, estaba hablando en una conferencia para atletas cristianos cuando un jugador de fútbol americano de la Universidad Estatal de Florida se levantó, levantó sus brazos como troncos en el aire y dijo: «¡Por fin he descubierto cuál es mi problema!».

Captó nuestra atención.

«Toda mi vida crecí en la iglesia», continuó. «Me hice cristiano porque era importante para mi familia. Era divertido ir a la iglesia. Aprendí a parecer bueno por fuera, mientras por dentro era un desastre. Hacía lo que quería cuando nadie me veía. Sabía cómo salirme con la mía. Sabía cómo ser muy amable con los padres de mi novia para que pensaran que era un buen chico cristiano».

«Ahora sé cuál es mi problema», repitió, «¡estoy perdido! ¡Nunca he tenido una relación verdadera con Jesús!».

Se postró en el suelo y gritó: «Oh, Señor Jesús. Te entrego mi vida. Lo siento mucho».

Como dije, las apariencias engañan.

La tercera silla es un lugar insidioso. ¿Saben lo que significa la palabra «insidioso»? Significa que algo es peligroso, pero uno no sabe que lo es.

A la mayoría de las personas que se sientan en la tercera silla se les ha enseñado cosas sobre Dios y la Biblia. Es posible que les interese Dios, que lean sobre Él e incluso que hagan preguntas sobre Él. Pero, al final, su conocimiento intelectual no los lleva a tener una relación con Dios. A menudo, las personas que se sientan en la tercera silla piensan son salvas. Pero no lo son. Están engañadas.

Podrías pensar que no hay mucha gente sentada en esta silla. En realidad, la tercera silla puede estar más llena que la primera y la segunda juntas. Billy Graham especuló una vez que un porcentaje significativo de los que asisten a las iglesias cristianas de nuestro país no son salvos, no son realmente cristianos.

Una vez tuve una conversación telefónica con T. W. Hunt, un hombre que tiene fama de orar ocho horas al día y que anteriormente dirigió el ministerio nacional de oración de una enorme denominación cristiana. Le pregunté si era posible que la gente dijera que era cristiana y no lo fuera.

Hizo una pausa y luego comenzó a llorar. «Adrian, creo que al menos el ochenta por ciento de las personas de nuestra denominación pueden no ser cristianas». Continuó diciendo: «¡Oh, Adrian, por favor, haz algo al respecto!».

Por supuesto, ninguno de nosotros sabe realmente qué porcentaje de personas en la Iglesia están sentadas en la tercera silla. Pero da miedo que algunos de nuestros líderes eclesiásticos más respetados estimen que el porcentaje es tan alto. Una de las razones por las que es tan difícil saberlo es porque no siempre se puede distinguir quién está en la segunda silla y quién en la tercera. Actúan de manera muy similar. La verdadera diferencia está en el estado de su corazón. ¿Y quién lo sabe completamente, excepto Dios?

Jesús dijo una vez:

> No todo el que me llama: "¡Señor, Señor!" entrará en el reino del cielo. Solo entrarán aquellos que verdaderamente hacen la voluntad de mi Padre que está en el cielo. El día del juicio, muchos me dirán: "¡Señor, Señor! Profetizamos en tu nombre, expulsamos demonios en tu nombre e hicimos muchos milagros en tu nombre". Pero yo les responderé: "Nunca los conocí. Aléjense de mí, ustedes, que violan las leyes de Dios (Mateo 7:21-23, RV60).

Jesús dejó claro que puedes hacer muchas cosas buenas que te hagan parecer cristiano y aun así no entrar en el cielo. Incluso puedes realizar poderosas obras de ministerio y aun así no entrar en el cielo. Las apariencias engañan... pero no a Dios. ¡No puedes fingir para entrar en el cielo!

¿No estás seguro de si estás en la tercera silla? Ponte a prueba. El apóstol Pablo dijo: «Examínense para ver si están en la fe; pruébense a sí mismos. ¿No se dan cuenta de que Cristo Jesús está en ustedes? ¡A menos que fracasen en la prueba!» (2 Corintios 13:5, NVI). Hay al menos tres pruebas en las Escrituras que pueden ayudarte a comprender si eres o no un verdadero seguidor de Cristo.

La primera prueba es si tienes o no una medida creciente del «fruto del Espíritu» en tu vida. ¿Qué es este fruto? Son las cualidades internas que deberían fluir naturalmente en las acciones de tu vida. Pablo dio una lista de estas cualidades en Gálatas 5:22-23: amor, gozo, paz, paciencia, benignidad, bondad, fidelidad, mansedumbre y dominio propio.

¿Siempre estás discutiendo con tu cónyuge o tus padres? ¿Te das cuenta de que tienes poco dominio propio con la comida, el alcohol, la pornografía y otras cosas en tu vida? ¿Te falta paz o paciencia en tu vida? ¿Eres constantemente duro en la forma en que tratas a tu familia, amigos o compañeros de trabajo? ¿Estás absorto en tu propio mundo y no sirves a los demás con bondad y amabilidad? Esas podrían ser señales de advertencia de que estás sentado en la tercera silla.

El simple hecho de ir a la iglesia y hablar de Dios no te convierte en su seguidor. Si su Espíritu vive en ti, habrá otras características, o frutos, que serán evidentes para todos. Serán evidentes en las cosas que digas. Serán evidentes en tu forma de actuar. Y serán evidentes en cómo tratas a otras personas.

Una segunda prueba similar es examinar en qué medida tu vida se asemeja a la vida de Jesús. 1 Juan 2:6 dice: «Los que dicen que viven en Dios deben vivir como Jesús vivió» (NTV).

Juan también dice en su primera carta: «Les escribo estas cosas a ustedes, que creen en el nombre del Hijo de Dios, para que sepan que tienen vida eterna» (1 Juan 5:13, NVI). Cuando Juan habla de «estas cosas», se refiere a todo el contenido del libro de 1 Juan. Es uno de los libros más difíciles de las Escrituras, especialmente en lo que se refiere a la obediencia, el amor y el crecimiento espiritual. A menudo presenta a Jesús como nuestro modelo y estándar. Los que siguen a Jesús se parecen cada vez más a Él en su forma de vivir.

La tercera prueba es la convicción de Dios del pecado en tu vida. Pablo dijo en Efesios 1:13-14 que cuando eres cristiano, eres sellado con el Espíritu Santo. Y Romanos 8:16 dice que el Espíritu de Dios se comunica con nuestro espíritu. Por lo tanto, cuando pecamos, el Espíritu de Dios nos hace saber que está afligido (Efesios 4:30). A esto se le llama convicción. Si has estado mintiendo, robando, engañando (en los impuestos, en las tareas escolares o en cualquier otra cosa), chismeando o codiciando, y eso no te molesta, entonces es posible que estés sentado en la tercera silla.

Muchas personas *creen* que la comprensión ortodoxa cristiana de Jesús es verdadera. *Creen que* Jesús es el Hijo de Dios; *creen* que es cien por ciento Dios y cien por ciento hombre; *creen* que murió en una cruz y resucitó de entre los muertos tres días después para proporcionar el perdón de los pecados.

Pero estas son creencias intelectuales, del tipo que pueden desconectarse del resto de la vida de una persona. Son un acuerdo de que algo es factual, similar a decir: «Creo que Abraham Lincoln fue presidente de los Estados Unidos». Puedes creer intelectualmente, o reconocer mentalmente, que Abraham Lincoln fue un presidente, sin permitir que ese hecho influya realmente en tu vida o afecte tus palabras y acciones. Ese no es el tipo de creencia de la que hablaba Juan cuando escribió estas palabras: «Porque tanto amó Dios al mundo que dio a su Hijo único, para que todo el que cree en él no se pierda, sino que tenga vida eterna» (Juan 3:16, NVI).

Juan imaginaba la verdadera creencia que trae la salvación. La salvación no es solo mirar casualmente a Jesús en la cruz y decir que crees. Es desear desesperadamente a Jesús más de lo que deseas el aire. Es correr hacia Su misericordiosa cura para tu pecado, tal como tú correrías por el antídoto para la mordedura de una serpiente venenosa. Eso es lo que significa creer de verdad. Eso es lo que significa ser realmente salvo.

Si no te has dado cuenta de cuánto duele tu pecado a Dios, entonces es posible que estés en la tercera silla. Si no te has vuelto a Jesús con desesperación, sabiendo que no puedes encontrar la cura de tu pecado en ningún otro lugar, entonces es posible que estés en la tercera silla. Si tu fe no ha marcado una diferencia en tu forma de vivir, entonces es posible que estés en la tercera silla. Las apariencias pueden ser engañosas. No te dejes engañar.

LA CUARTA SILLA

Hace varios años, cuando mi hijo Branson tenía cinco años de edad, asistimos a un servicio en el que un predicador invitaba a las personas a acercarse al altar y recibir a Cristo. A mitad de la invitación, Branson me miró y me dijo: «Papá, quiero ser salvo».

No creí que supiera lo que significaba «ser salvo». Pensé que era demasiado pequeño. Quizás me había oído hablar con alguien sobre «ser salvo». Quizás me había oído usar esas palabras y quería hablar como su papá.

«Hablaremos de eso cuando lleguemos a casa, hijo», le dije, pensando que se le olvidaría.

«¡Papá, quiero ser salvo ahora mismo!», dijo con mayor determinación. Parecía sincero, pero yo estaba convencido de que ningún niño de cinco años podía entender algo tan profundo y trascendental como la salvación.

«Está bien, hijo», le respondí. «Cuando lleguemos a casa».

Se quedó callado por un momento y luego me miró con lágrimas en los ojos. «Papá, tengo todos estos pecados en mi mente y quiero deshacerme de ellos. ¡Quiero ser salvo, pero tú no me dejas! ¿Por qué no?».

Me quedé sorprendido. Me di cuenta de que él sabía exactamente lo que tenía que hacer, y esa noche, mi hijo de cinco años se sentó en la primera silla. Si tú estás en la cuarta silla, tú también puedes hacerlo. Es hora de que te sientes en la primera silla.

Si estás en la cuarta silla, estás espiritualmente perdido. No tienes una relación con Jesús y lo sabes. No es una crítica hacia ti. Es solo una realidad que debes afrontar. Quizás nunca te hayan contado la Buena Nueva sobre Jesús y su perdón por tus pecados, o quizás lo hayas oído, pero nunca lo hayas aceptado personalmente.

De cualquier manera, estás vagando por un camino que te llevará a la destrucción, en esta vida y en la eternidad. La Buena Nueva es que hay un camino diferente, pero tienes que reconocer que lo necesitas.

Eso es lo que Branson reconoció, incluso a su corta edad. Sabía que había pecado y sabía que sus pecados habían herido a Dios. Sabía que solo Dios podía borrar la culpa y la vergüenza que sentía. Por eso creí que estaba listo para pedirle perdón a Dios esa noche.

Del mismo modo, si estás sentado en la cuarta silla, no tienes por qué quedarte ahí. Pero tienes que comprender que has pecado contra Dios, y que solo Él puede perdonarte y dar nueva vida a tu espíritu muerto.

Te estás ahogando espiritualmente y necesitas un salvavidas. Un hombre que no sabe que se está ahogando probablemente no pedirá un salvavidas, pero un hombre que sabe que se está ahogando está desesperado. No va a susurrar educadamente: «Disculpe, ¿alguien podría pasarme un salvavidas?».

Va a gritar pidiendo lo único que sabe que lo salvará: «¡Ayuda! ¡Necesito un salvavidas!». Debes comprender tu necesidad de Dios. Lo necesitas desesperadamente. Él es el único que puede perdonar tus pecados y salvarte de la muerte espiritual y la destrucción eterna en el infierno. Él te entregará un salvavidas… si lo invocas. Es hora de que te sientes en la primera silla.

Ahora bien, si estás en la cuarta silla y estás leyendo este libro, es porque eres brillante. Solo una persona brillante, que está en la cuarta silla, podría llegar tan lejos. Estás investigando. Quizás el Espíritu de Dios te está atrayendo. Conoces a las personas que están en la primera silla. Ellos se destacan. También conoces a las masas que están en la segunda y tercera silla. Ellos te desaniman.

Una pausa: quiero pedir disculpas ahora mismo por aquellos de nosotros que hemos estado en la segunda silla. Me he encontrado a mí mismo deslizándome a menudo hacia ella, y lamento haberte desanimado. ¡No hay excusas! Por muy brillante que seas, no estás siendo muy inteligente en este momento. Estás dejando que las personas de la segunda silla (la «silla del vómito», como yo la llamo) estén más cerca de Dios que tú.

Constantemente me encuentro con personas que ocupan la cuarta silla y dicen que no se van a convertir al cristianismo debido a todos los hipócritas (que ocupan el segundo lugar) que ven en la Iglesia. Ese razonamiento me parece bastante erróneo. Me parece más bien una excusa. Es como decir que no vas a coger un chaleco salvavidas porque no te gusta cómo actúan algunas personas después de ponérselo. Estoy de acuerdo: actúan como si todavía se estuvieran ahogando. ¡A mí tampoco me gusta!

Pero no voy a dejar que eso me impida ser rescatado del ahogamiento. Si no agarras el chaleco salvavidas, te ahogarás, independientemente de lo que hagan los demás. Es tan simple como eso.

Cuando mueras y te enfrentes al juicio de Dios, Él no te hará responsable de lo que otros hicieron con los chalecos salvavidas que Él les lanzó. Él te hará responsable de lo que tú hiciste con el chaleco salvavidas que Él te lanzó. ¿Vas a agarrarlo y dejar que Él te salve, o vas a seguir luchando por tu cuenta hasta que finalmente te ahogues?

Si dejas que Dios te salve, entonces puedes llamar a los hipócritas de la segunda silla a vivir como un anticipo del cielo, no del infierno. Puedes llamarlos a actuar como si estuvieran salvados en lugar de actuar como si todavía se estuvieran ahogando. Y, quién sabe, Dios puede terminar usándote para lanzar un chaleco salvavidas a los demás en la tercera silla.

¿Sabes cómo llamo a eso? ¡Avivamiento! Me he dado cuenta de que cuando las personas de la cuarta silla se reconcilian con Dios, a menudo comienzan avivamientos a su alrededor. ¿Por qué? Porque las personas a las que se les ha perdonado mucho aman mucho (Lucas 7:47).

Esta es la decisión más importante que tomarás en tu vida. No dejes que nada te impida agarrar el salvavidas antes de que termine el día.

¡No esperes más! Dios se está moviendo en tu corazón ahora mismo. Es hora de que te sientes en la primera silla.

ENTONCES, ¿EN QUÉ SILLA ESTÁS SENTADO?

Si estás sentado en la primera silla, quiero animarte a que nunca renuncies a tu lugar allí. No dejes que las personas sentadas en otras sillas te hagan sentir anormal. A los ojos de Dios, estás viviendo lo que Él quiere para todas nuestras vidas. Eso te convierte en la persona normal, aunque destaques en este mundo. Recuerda, es fácil enfriarse con el tiempo. Guarda tu corazón.

Si estás en la segunda, tercera o cuarta silla, es hora de que tomes una decisión. Si no estás seguro de en cuál de las dos sillas estás, por lo general significa que estás en la que tiene el número más alto. Es especialmente importante entender esto si estás tratando de averiguar si estás en la segunda o tercera silla. Sin embargo, en realidad no importa. De cualquier manera, Dios te está llamando a pasar a la primera silla.

Es tu elección. Puedes quedarte donde estás o puedes responder al llamado de Dios dando el paso. Si lo haces, será la mejor decisión que hayas tomado jamás. Conocerás la alegría plena del perdón de Dios. Comprenderás tu verdadero propósito en la vida. ¡Vivirás con pasión por la única causa por la que realmente vale la pena vivir! Conocerás lo increíble que es tener una relación profunda e íntima con Dios que se extiende al resto de tu vida. Y vivirás con Dios para siempre en el cielo.

Pero la elección tiene un costo. Requiere que inclines humildemente tu corazón ante Jesús, reconociendo tu desesperada necesidad de Él. Requiere que le confieses tus pecados y creas verdaderamente en Él con toda tu vida. Requiere que entregues tu vida a los caminos y propósitos de Dios, poniendo toda tu confianza en Él para que satisfaga todas tus necesidades espirituales, físicas y emocionales. Eso es lo que significa vivir en la primera silla.

Por eso, hoy te hago una invitación, igual que hago con el público en los eventos en los que predico. La invitación es que pongas toda tu confianza en Dios. En el Antiguo Testamento, la palabra traducida como «*confianza*» es la palabra hebrea *batach*. Literalmente significa «postrarse boca abajo».

Eso es lo que te pido que hagas. Al depositar tu confianza en Dios con tu corazón y con tu boca, te pido que encuentres un lugar donde también puedas confiar en Él con todo tu ser, postrándote boca abajo ante Él. Eso es *el* verdadero *batach*.

Quizás te estés diciendo: «¿Quién se cree que soy? ¿Algún chiflado? ¿Algún bicho raro?».

No, no creo que seas un chiflado, pero tu compromiso con Jesús debe ser tan completo que estés dispuesto a parecerlo por su bien. ¡Eso es lo que significa sentarse en la primera silla! Eres totalmente suyo. ¡Y no te importa lo que piensen los demás! Por eso te pido que te postres humildemente ante Él ahora mismo.

Cuando estaba en el seminario, asistí a muchos servicios religiosos. Pero uno destaca más que la mayoría. Un hombre vestido con un traje muy elegante predicaba con todo su corazón, y era un buen mensaje. Pero no había nada realmente único en él hasta que se puso de rodillas y fingió que besaba el suelo y se postraba ante Dios. Dijo que estaba dispuesto a humillarse tanto ante Dios, y que no le importaba lo que pensaran los demás.

Todo mi ser quería gritarle: «¿Quieres levantarte del suelo? ¡Estás haciendo el ridículo! ¡Me das pena ajena!».

Pausa: Déjenme ayudarles a entender mi punto de vista. Crecí en una familia difícil. Mi papá me enseñó que los hombres no lloran. Y desde luego que no se arrodillan ni se postran ante nadie. Nos dijo a mis tres hermanos y a mí que nunca podíamos empezar una pelea, pero que si alguien la empezaba, era nuestro deber terminarla. Y terminamos muchas peleas, hasta que la gente se dio cuenta de que si se peleaban con uno de nosotros, ¡tendrían que pelear con todos! Ese es el entorno en el que me crecí.

Así que, cuando vi a ese predicador postrado de rodillas, me sentí avergonzado e incluso disgustado. Entonces Dios me habló. No lo hizo con una voz audible. En realidad, fue más fuerte que eso.

Me habló en mi espíritu. *Adrian, ¿te avergüenzas de mí?* Me preguntó. Me sorprendió lo claro que lo «oí». *¿Te postrarías ante mí ahora mismo, delante de toda esta gente?*, continuó, *¿o te importa más lo que piensen estas personas que lo que yo pienso?*

Respondí a Dios en ese mismo momento. Le dije: «Dios, no me importa lo que nadie en este planeta piense de mí. Busco tu gloria y no la alabanza de los hombres. ¡Me postraré ante ti, en cualquier momento y en cualquier lugar!».

Después de esa experiencia, comencé a darme cuenta de cuántas personas en los Evangelios se postraron ante Jesús. Incluso un hombre controlado por espíritus malignos corrió hacia Jesús y se postró ante Él, ¡incluso un grupo de demonios se humillaron ante Dios!

En las Escrituras nunca se nos dice que nos postremos, pero en aquellos tiempos todo el mundo sabía que eso era lo que significaba la palabra hebrea para «confiar». Así que, cuando ponían su confianza en Dios, se postraban ante Él. Y esa es mi invitación para ti: que te postres literalmente ante Dios al poner tu confianza en Él con tu corazón, tu boca y todo tu ser.

Considera en oración en qué silla has estado. Escríbelo aquí y por qué crees que esa es la silla en la que has estado:

Si has estado en la silla 2, 3 o 4, ¿estás listo para pasar a la silla 1? Si es así, tómate un tiempo para escribir una oración de compromiso a continuación. Si no es así, tómate un tiempo para escribir por qué no estás listo para comprometerte a ser un seguidor de Jesús de la «silla 1».

Lleva estas razones a Dios en oración. Te animamos a que tomes esta decisión pronto, no esperes. Aunque tengas temores, Jesús puede ayudarte a superar estas dificultades.

Escribe aquí tu oración de compromiso con Jesús:

Ahora, postra tu rostro en oración declarando tu compromiso y diciéndole a Jesús con tus propias palabras: «Todo lo que soy y todo lo que tengo es tuyo. Te entrego toda mi vida».

Las personas que se encuentran con Jesús suelen experimentar algún tipo de cambio (como una nueva paz, alegría, liberación de un pecado o adicción, hambre de la Palabra de Dios, etc.). Quizás hoy hayas experimentado algunos de estos cambios al comprometerte a convertirte en un cristiano en la «Silla 1». ¡Es importante recordar lo que Dios hace en nuestras vidas!

Teniendo esto en cuenta, escribe algunas formas en las que el encuentro con Jesús ha cambiado tu vida:

A partir de esta semana, ¿qué pasos concretos puedes dar para desarrollar tu corazón ardiente por Jesús y seguir viviendo en la Silla 1?

Si hoy te comprometiste a estar en la Silla 1 y nunca antes te has bautizado, te animamos a que busques un momento para hacerlo. ¡El bautismo es un paso clave de obediencia que Jesús nos llama a dar cuando confiamos en Él!

Si alguien te llevó a entregar tu vida completamente a Jesús, tal vez quieras pedirle a esa persona que sea quien te bautice. Si formas parte de una iglesia local que realiza bautismos regularmente, te animamos a que hables con los líderes de tu iglesia y te inscribas en el calendario de bautismos. Si necesitas encontrar una iglesia, considera buscar opciones utilizando la herramienta de localización de iglesias de la Asociación Evangelística Billy Graham: **Churches.GoingFarther.net**.

Antes de bautizarte, asegúrate de comprender plenamente lo que significa el bautismo:

El bautismo es una declaración pública de que ahora te identificas como seguidor de Jesús, que tu vida de pecado ha sido crucificada y dada muerte con Jesús, y que ahora eres un resucitado con Él y has elegido vivir una nueva vida en Cristo. El bautismo simboliza la muerte y resurrección de Jesús, y que tu vida ha sido lavada del pecado. Repasa Colosenses 2:12, Mateo 28:19 y Romanos 6:3-4.

COMIENZA A APRENDER EL VERSÍCULO PARA MEMORIZAR:

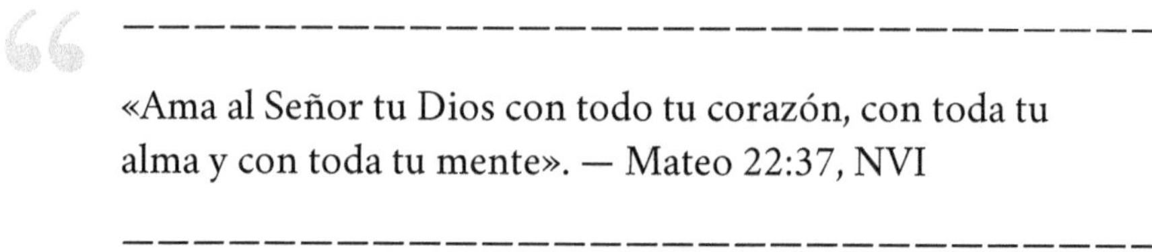

«Ama al Señor tu Dios con todo tu corazón, con toda tu alma y con toda tu mente». — Mateo 22:37, NVI

¿Y SI...?

Escribe los nombres de 5 o 6 personas que aún no conocen a Jesús, personas a las que te encantaría que Dios también encendiera sus corazones (puede que las conozcas bien o puede que ni siquiera sepas aún sus nombres):

Ahora mismo, ora por cada una de ellas. ¿Te comprometes a volver a esta lista y orar por estas personas una vez a la semana?

DISCUSIÓN

1. Compartan cualquier victoria u obstáculo de los pasos de acción de la semana pasada.
2. Oren juntos.
3. Repasen el versículo para memorizar.
4. Lean las escrituras clave: Mateo 22:37; Apocalipsis 2:4-5; Juan 14:15.
5. Repasen los conceptos clave del capítulo. Compartan cómo lo está procesando y cualquier comentario que tengan. ¿Hay algo en particular que le haya llamado la atención? ¿Hay algo con lo que no estén de acuerdo? ¿O hay algo que nunca olvidarán? ¿Tienen alguna pregunta al respecto?
6. Antes de ahora, ¿en qué silla crees que estabas y por qué? ¿Fuiste capaz de entregarlo todo a Jesús, pasando a la silla 1? ¿Cómo fue ese tiempo de oración? ¿Sientes que algo ha cambiado como resultado?
7. A partir de esta semana, ¿qué pasos concretos darás para desarrollar tu corazón ardiente por Jesús y seguir viviendo en la silla 1?
8. Repasa de nuevo la sección «¿Y si...?» y el versículo para memorizar.
9. Compartan todos: ¿cuál es la idea clave o el paso de acción que se llevarán de esta semana?
10. Oren juntos.

OTROS RECURSOS ÚTILES:

8 Marks of a Disciple Bible Study (Folleto y mensajes) de John Vermilya

Para opciones de compra y más recursos, visita:
MultiplyMore.com/es

3

BUSCAR A DIOS ÍNTIMAMENTE

Santiago 4:8 • Juan 15:5 • Génesis 5:24

Uno de los mayores privilegios que tenemos, como hijos de Dios, es disfrutar de Su presencia. De todas las bendiciones celestiales que hemos recibido a través de Jesucristo y de las que disfrutamos mientras estamos en la tierra, tener comunión con Él y conocer Su presencia puede ser la mayor de ellas.

Cuando tenía 18 años, el Señor me salvó. Hasta ese momento de mi vida, la idea de que Dios quisiera tener una relación personal conmigo me resultaba totalmente ajena (lo cual es un poco sorprendente, ya que nací en un hogar cristiano y mi papá era pastor). En mi mente, la Biblia era como una jaula para Dios: Él no existía fuera de ella. Para mí, el cristianismo se reducía a información y a memorizar cosas. Todo era solo un ejercicio intelectual. No tenía ni idea de que disfrutar de la comunión con Jesús fuera siquiera una opción. Eso fue hasta que Él me salvó.

Cuando Jesús me salvó, me enseñó cómo pasar tiempo con Él. Me sorprendió lo divertido que era para mí. ¡Cambió totalmente mi mundo! ¡No podía creer que solo *conocer* a Jesús pudiera ser tan bueno! Pude disfrutar de la presencia de Jesús todos los días, en todas partes. Eso lo cambió todo para mí.

Empecé a darme cuenta de que Dios era más grande que las cuatro paredes de una iglesia. ¡Podía tener comunión con Él dondequiera que fuera! Él me acompañaba a mi casa, a mi escuela, por mi vecindario. Dondequiera que iba, Dios estaba allí. Descubrí que la comunión con Dios no se limitaba a los lugares o prácticas religiosas. Empecé a descubrir que Dios estaba disponible para mí en todo momento. Y lo mismo es cierto para ti.

Dios está disponible todo el tiempo.

El Salmo 27:8 dice: «Mi corazón te ha oído decir: «Ven y conversa conmigo».

Y mi corazón responde: "«Aquí vengo, Señor»"» (NTV). Esta escritura lo deja claro: no solo estamos *invitados* a acercarnos a Dios, sino que se *espera* que lo hagamos. Y no es un nivel normal de expectación... Dios desea fervientemente que te acerques a Él.

He descubierto que pasar tiempo con Dios es la raíz de nuestra vida cristiana. Todo fluye de ahí: el ministerio, el servicio, amar a los demás y compartir el mensaje de Jesús con las personas; todo fluye del tiempo que pasamos con Dios. Este tiempo se puede pasar de muchas maneras: en Su Palabra, en oración, con Su pueblo, ayunando, haciendo todas las cosas que Él nos ha dicho que hagamos, y mucho más.

¡Dios quiere tener una relación profunda contigo!

Esta es la realidad: ¡Dios quiere tener una relación profunda contigo! La pregunta es: ¿qué estás esperando? Si nunca antes has experimentado la bendición de la intimidad con Dios, ¡el mejor momento para empezar es ahora mismo!

Mira el Salmo 42. El autor describe cuán sediento está de Dios. Me encanta la forma en que expresa este profundo anhelo por Dios: «Como ciervo jadeante que busca las corrientes de agua, así te busca, oh Dios, todo mi ser. Tengo sed de Dios, del Dios vivo. ¿Cuándo podré presentarme ante Dios?» (Salmo 42:1-2, NVI). Este salmista tiene *una sed* increíble por Dios. ¿Y tú?

En Éxodo, capítulo tres, cuando Moisés vio la zarza ardiente, se sorprendió por lo que estaba viendo. ¿Cómo era posible que esta zarza en llamas siguiera ardiendo sin consumirse ni quemarse? Cuando Moisés se acercó a la zarza, oyó la voz del Señor que le decía: «Quítate las sandalias, porque el lugar donde estás es santo» (parafraseando Éxodo 3:5).

Moisés no era ajeno a la presencia de Dios.

Ahora, avancemos rápidamente al capítulo 24 del Éxodo. Encontrarás a Moisés acercándose a la nube de la gloria de Dios en el monte Sinaí. Estuvo en medio de la nube durante seis días. Finalmente, al séptimo día, el Señor lo llamó por su nombre. ¿Entiendes lo que eso significa? Significa que durante seis días Moisés estuvo contemplando la gloria de Dios. Estaba disfrutando de la presencia de Dios, la presencia del Dios vivo, tal como lo describe el Salmo 42. ¡Su sed estaba siendo saciada por el Dios vivo!

Fíjate también en María (la María de Betania, hermana de Lázaro). Cuando Jesús apareció, ¿qué hizo ella? Se sentó a sus pies, los pies del Maestro. Pasó tiempo en la presencia de Jesús. ¡Ella entendió la importancia y la bendición de la presencia de Dios en su hogar!

Al leer estas historias de la vida de Moisés y María, queda claro lo que más importa: la presencia de Dios. La mejor manera de pasar nuestro tiempo es con Dios. Y pasar tiempo con Dios es mucho más que asimilar información o aprender nuevos datos sobre la vida de Jesús o las Escrituras. Si bien esas cosas son buenas, lo que Dios más desea es nuestra intimidad con Él, acercarnos y pasar tiempo con Él de corazón a corazón.

Ahora bien, hay un hombre en la Biblia que me inspira a pasar más tiempo con el Señor que cualquier otra persona. Su nombre era Enoc. Génesis 5:21-24 nos introduce en la vida de Enoc:

> Enoc tenía sesenta y cinco años cuando tuvo a su hijo Matusalén. Después del nacimiento de Matusalén, Enoc anduvo fielmente con Dios trescientos años más y tuvo otros hijos y otras hijas. En total, Enoc vivió trescientos sesenta y cinco años, y como anduvo fielmente con Dios, un día desapareció porque Dios se lo llevó. (NVI).

Enoc tenía 65 años cuando comenzó a disfrutar de la comunión con Dios. ¡Imagínate eso! Enoc vivió hasta los 365 años. Eso significa que durante 300 años Enoc caminó con Dios y disfrutó de la presencia del Señor. ¡Qué gran historia de vida!

No sabemos mucho sobre Enoc. Pero una cosa sí sabemos: que pasó tiempo con Dios. Las personas son conocidas por muchas cosas buenas, pero ¡qué maravilloso es ser conocido por «caminar diariamente con Dios»! ¿Sabes que caminar con Dios también podría ser tu legado? ¡De verdad que puede serlo! Estamos llamados a una vida íntima y cercana con Dios, tal como lo fue Enoc. Está ahí para que lo tomemos. La pregunta es: ¿lo tomarás?

A decir verdad, este es el propósito de nuestras vidas: conocer a Dios y amarlo, disfrutar de su presencia, pasar tiempo con él en comunión y, como resultado, dar fruto que impacte a este mundo. Eso es todo. Todo en la vida cristiana fluye de nuestra relación y comunión con Dios. Dwight Robertson lo ha expresado así: «¡El mayor regalo que jamás le darás al mundo es tu intimidad con Dios!». Nuestro tiempo con Dios le agrada a *Él*, pero también es una bendición para *ti* y para el mundo que te rodea.

En Hebreos 11 encontramos información adicional sobre Enoc. El versículo 5 dice: «Por la fe Enoc fue trasladado para no ver la muerte, y no fue hallado, porque Dios lo había trasladado. Porque antes de ser trasladado, fue reconocido como uno que agradaba a Dios». Luego, en el versículo seis leemos: «En realidad, sin fe es imposible agradar a Dios, ya que cualquiera que se acerca a Dios tiene que creer que él existe y que recompensa a quienes lo buscan» (NVI).

En Génesis se dice que Enoc tenía *caminó* con Dios. En Hebreos se dice que Enoc *agradaba* a Dios. Fíjate en lo que está sucediendo aquí. Pasar tiempo con Dios y agradar a Dios son dos caras de la misma moneda. Agrada a Dios y le hace sonreír cada vez que apartamos un tiempo para estar con Él. Para algunos, el mejor momento para pasar tiempo con Dios es temprano por la mañana. Para otros, puede ser a última hora de la noche. Para otros, puede ser a mediodía. La cuestión es que, si queremos agradar a Dios, necesitamos pasar tiempo con Él.

Cuanto más tiempo pasas con Dios, algo interesante sucede. Empiezas a comprender que, aunque los momentos dedicados a Él son cruciales, Dios te acompaña y *está* contigo en todo momento del día. Dios está contigo y mora en ti. Eso significa que dondequiera que vayas, hagas lo que hagas, dondequiera y cuandoquiera que lo hagas, ¡puedes pasar tiempo con Jesús! Dicho de otra manera, la intimidad con Dios se produce cada vez que decides buscar su rostro, orar, leer su Palabra y simplemente reconocer su presencia. Cuanto más lo busques, más profundamente y más íntimamente lo conocerás.

Cuando conoces a alguien por primera vez, lo conoces un poco. Sin embargo, cuanto más tiempo pasas con esa persona, mejor la conoces. El tiempo que pasas intencionalmente con ella es el elemento crucial. Lo mismo ocurre con Dios. Al principio, es posible que solo sepas *cosas sobre* Dios, del mismo modo que sabes algunas cosas sobre un desconocido. Pero cuanto más te relacionas con Dios (tiempo dedicado *a* Dios de forma intencional y sincera), más pasarás de saber *cosas sobre* Dios a conocerlo realmente. Y cuanto más *conozcas* a Dios, más lo *amarás*. Y cuanto más lo ames, más se manifestará Él a través *de ti*, ¡influyendo en los demás!

Dios está siempre presente. Siempre ha estado aquí, está aquí ahora y siempre estará aquí en el futuro. Y Él está especialmente presente con aquellos que lo conocen, lo aman y lo siguen. Jesús lo prometió en Mateo 28:20: «Y les aseguro que estaré con ustedes siempre, hasta el fin del mundo». (NVI). Jesús está diciendo: «Cuando emprendan mi misión, estaré con ustedes todo el tiempo, todos los días, dondequiera que vayan». ¿Lo ves? Cualquiera que lo desee puede disfrutar de la comunión con Dios todos los días, en cualquier lugar.

Vale la pena volver a leer Hebreos 11:6: «En realidad, sin fe es imposible agradar a Dios, ya que cualquiera que se acerca a Dios tiene que creer que él existe y que recompensa a quienes lo buscan» (NVI). Dios recompensa a quienes lo buscan sinceramente. El Dios que siempre está presente desea nuestra presencia con Él. Le encanta cuando nuestro deseo de estar cerca de Él nos lleva a buscarlo. Y aquí está la buena noticia: las Escrituras nos dicen que cuando lo buscamos, lo encontramos y disfrutamos de la comunión con Él que Él siempre quiso.

Una vez escuché la historia de una niña a la que le pidieron que contara la historia de Enoc. Ella la explicó de manera muy sencilla: «Bueno, un día Enoc no era amigo de Dios. Al día siguiente era amigo de Dios. Trescientos años después era tan buen amigo de Dios que Él le dijo: "En lugar de regresar a tu casa, ¿qué tal si vienes a la mía? ¡Disfrutemos de la comunión en mi casa ahora mismo!"». Y Dios llevó a Enoc directamente a su casa en el cielo.

¡Suena increíble! ¿Qué estás esperando? Tú puedes tener ese mismo tipo de comunión con Dios. Igual que Enoc. ¡Y la historia no acaba aquí!

Si vas al pequeño libro de Judas, verás que él habló de Enoc, diciendo en el versículo 14:

También Enoc, el séptimo patriarca a partir de Adán, profetizó acerca de ellos: «Miren, el Señor viene con millares y millares de sus santos, para someter a juicio a todos y para reprender a cada uno de los pecadores impíos por todas las malas obras que han cometido, así como por las injurias que han proferido contra él». (Judas 1:14-15, NVI).

¿Qué le fue revelado a Enoc? Pues bien, la segunda venida de Jesús. A Enoc, que se menciona en el primer libro de la Biblia, se le mostró algo que se menciona en el último libro de la Biblia. Los planes del Señor le fueron revelados a Enoc. Enoc conocía los planes del Señor porque cada día caminaba lo suficientemente cerca de Dios como para escuchar claramente lo que Dios decía y hacía. Dicho de otra manera, Enoc conocía la voluntad de Dios porque buscaba la comunión con Él.

A veces, en nuestras vidas, no sabemos qué decisión tomar o cuál es el siguiente paso correcto. En esos momentos, podemos descubrir a través de la vida de Enoc que debemos acercarnos a Dios y tener comunión con Él. Cuando nos comprometemos a tener comunión con Dios, Él nos guiará por el camino que debemos seguir.

La historia de Enoc revela que disfrutar de la presencia de Dios es crucial para la vida cristiana. La cercanía con Dios puede comenzar lentamente, pero crecerá y crecerá. Cuanto más tiempo pasemos *con* Dios, más profunda será nuestra relación con Él. Y hay muchas maneras increíbles en las que podemos crecer en nuestra relación con Dios.

FORMAS PRÁCTICAS DE DISFRUTAR DIARIAMENTE DE LA PRESENCIA DE DIOS

Aquí hay varias ideas para ayudarte a disfrutar de la presencia del Señor en tu vida diaria:

En primer lugar, comencemos con la oración. La oración no es solo un monólogo. Se supone que es una conversación bidireccional con Dios. Sí, habla con Dios, comparte lo que hay en tu corazón. Además, prepárate para que Dios te responda. Dios habla de muchas maneras. Una de las formas más comunes en que Dios habla es a través de Su Palabra, la Biblia.

Recuerda que la Biblia dice que podemos orar a Dios en cualquier circunstancia y situación. Por ejemplo, Filipenses 4:6 dice: «No se preocupen por nada; en cambio, oren por todo. Díganle a Dios lo que necesitan y denle gracias por todo lo que él ha hecho» (NTV). Ora en *cualquier* circunstancia, en *cualquier* lugar, en *cualquier* momento del día. Dios está contigo. Él te escucha. Ora libremente.

Quizás te preguntes: «Bueno, ¿no es eso agotador?». Puede ser difícil de creer, pero la respuesta es «no». ¡Nuestra intimidad con Dios nos da la energía y la concentración que necesitamos para seguir orando! La oración nos hace conscientes de la presencia de Jesús dondequiera que vayamos. La oración mantiene a Dios ante nosotros y en nuestra mente todo el tiempo.

Por eso, la Biblia dice: «No se preocupen por nada» (Filipenses 4:6, NTV). La preocupación divide nuestra mente. Cuando nos preocupamos, nunca estamos plenamente presentes. Dios nos enseña que podemos entregarle nuestras ansiedades para que la preocupación deje de tener poder sobre nosotros. Esto nos hace más disponibles para todas las personas de nuestra vida y más disponibles para una mayor intimidad con Dios. Podemos orar por todo. Cada circunstancia, cada persona, todo lo que pasa por nuestra mente o cualquier cosa que pesa sobre nuestro corazón puede ser llevado a Dios.

Lo que le digas a Dios no es una novedad para Él. Él *lo* sabe *todo*. La oración no consiste en alertar a Dios sobre las novedades de nuestras vidas. Él ya lo sabe todo sobre ti. Él sabe lo que está pasando. En cambio, la oración sirve para ayudarte a liberarte de tus preocupaciones y conectarte con el corazón, la voluntad y las intenciones de Dios. Por no mencionar que la oración puede ayudar en situaciones en las que tienes pensamientos impuros sobre las personas, te enfrentas a circunstancias difíciles o luchas con deseos pecaminosos. Llévalas *todas* a Dios. ¡Cuéntale libremente a Dios lo que estás pasando y pídele ayuda!

Sabes que Dios incluso cuida de los pájaros, ¿verdad? Él se encarga de su alimento y de su refugio. Eso significa que también se encargará de tus necesidades. Pero, ¿qué hay de tus necesidades espirituales? Esas son aún más importantes. Habla de ello con Dios. Dile cuánto deseas ser como Jesús. Pídele que cambie tu corazón. Dile: «¡Dios, hazme cada vez más como tú! Quiero que obres a través de mí. Usa cada parte de mí. Usa mi "todo": todos mis dones, mis talentos, mis capacidades. Solo tómame, Señor, soy tuyo. Señor, úsame donde estoy. Obra a través de mí en mi lugar de trabajo, en casa, en la escuela».

Y antes de terminar de orar, ¡dale las gracias! No subestimes la importancia de dar gracias a Dios. Imagina por un momento que Dios dijera: «De acuerdo, todo aquello por lo que no me des las gracias hoy desaparecerá mañana». Imagina cómo cambiaría eso nuestra actitud hacia la gratitud. Le daríamos gracias a Dios por todo lo que tenemos, en lugar de olvidar todas las formas en que Dios nos ha provisto y bendecido. Imagino que le daríamos gracias a Dios por cada prenda de ropa, cada bocado de comida, el lugar donde vivimos, todas las personas que amamos y cuidamos, y mucho más. Considera tomarte un momento ahora mismo y ponerlo en práctica. Dale gracias a Dios por todo lo que tienes.

1 Pedro 5:7 dice: «Pongan todas sus preocupaciones y ansiedades en las manos de Dios, porque él cuida de ustedes» (NTV). La cuestión es que Dios realmente se preocupa por ti. Cuando llevas tus necesidades a Dios, no lo estás molestando. De hecho, a Dios le encanta escuchar tu voz. Le encanta que le hablen.

Tengo una hija, y es una niña increíble. Cuando era bebé, a veces lloraba mucho. No me molestaba en absoluto. Ni siquiera cuando lloraba durante largos períodos de tiempo. Nunca me molestaba porque la amo con todo mi corazón. Simplemente me alegraba que me estuviera diciendo que tenía una necesidad. Por supuesto, Dios es un padre mucho mejor que yo. Le encanta escuchar nuestras voces en oración, incluso en nuestra desesperación.

Otra forma de pasar tiempo con Dios es leyendo la Biblia. El Señor nos invita a conocerlo leyendo Su Palabra. Muchos de ustedes pueden sentir que la Biblia es demasiado difícil de entender o que no saben por dónde empezar. No quiero que se preocupen por eso.

Permítanme darles algunos consejos e ideas para adentrarse en la Biblia.

CONSEJOS PARA ADENTRARSE EN LA BIBLIA

Primero, pide ayuda al Señor. Él te ayudará a entender Su Palabra.

En segundo lugar, busca una traducción de la Biblia que puedas entender. Algunos idiomas tienen más opciones que otros. Busca una traducción que puedas entender fácilmente.

En tercer lugar, comienza a leer el Nuevo Testamento. Te recomiendo los Evangelios. Los Evangelios son la historia de la vida y el ministerio de Jesús. Como cristianos, leer sobre Jesús puede ser lo más importante que hacemos. Después de todo, decir que eres cristiano significa que afirmas seguir a Cristo.

Cuarto, si te cuesta entender un pasaje, pide ayuda. Puedes encontrar ayuda en tu pastor, un mentor o alguien con más experiencia en la fe. También puedes encontrar ayuda en tu estudio bíblico o incluso en sitios web bíblicos confiables.

Quinto, usa un bolígrafo o un marcador para tomar notas y recordar ciertos pasajes. A algunos les puede resultar difícil escribir en sus Biblias. Si ese es tu caso, te recomiendo las notas adhesivas. Lo importante es que te involucres con el texto a un nivel profundo.

Sexto, memoriza las Escrituras. Esta es una práctica muy importante y útil. El proceso de memorizar las Escrituras puede ayudar a grabar el significado de los pasajes en nuestros corazones y mentes. Cuanto más meditemos en las Escrituras, más las comprenderemos. Cada nuevo descubrimiento en las Escrituras te llevará a tener más hambre de Dios en Su Palabra.

Tengo una cosa más que compartir contigo sobre la comunión íntima con Dios. Lo aprendí hace muchos años y lo he estado practicando desde entonces. Se llama «Un día a solas con Dios» o «Una día a solas con

Dios» (DAWG, por sus siglas en inglés). Durante un DAWG más largo, a veces paso de seis a ocho horas a solas con el Señor. Quizás pienses: *«Eso es mucho tiempo. ¡Ni siquiera sé cómo llenaría tanto tiempo a solas con Dios!*

La primera vez que tuve la oportunidad de hacer un viaje por carretera con mi esposa, fuimos de la Ciudad de México a otro lugar lejano de México. El viaje duró seis horas completas. En ese momento, ya llevábamos bastante tiempo casados. Algunos podrían pensar que no nos quedaba nada por aprender o descubrir el uno del otro. ¿De qué íbamos a hablar? Pero en esas horas, empezamos a hablar y a sacar a relucir cosas de las que nunca habíamos hablado antes. No porque tuviéramos secretos o estuviéramos ocultando algo, sino simplemente porque por fin teníamos tiempo para hablar de esas cosas. Tiempo sin prisas.

Lo mismo ocurre cuando pasas tanto tiempo con el Señor. Te encontrarás hablando de cosas que nunca habías considerado. ¡El tiempo sin prisas con el Señor te abrirá una nueva dimensión de intimidad!

CONSEJOS PARA UNA CITA A SOLAS CON DIOS (DAWG)

Si te interesa tener tu propio DAWG, aquí tienes algunos consejos:

Primero, prográmalo. Te recomiendo encarecidamente que busques un día en tu agenda ahora mismo. Todo el mundo está ocupado. Si queremos que algo suceda, tenemos que anotarlo en el calendario. Te animo a que no esperes a *encontrar* tiempo. Tienes que *hacer* tiempo. Busca un día en el que puedas pasar entre cuatro y ocho horas sin distracciones con el Señor. Es una inversión que vale la pena y de la que no te arrepentirás.

Segundo, aquí hay algunas cosas que necesitarás para tu DAWG. Necesitarás tu Biblia, un diario o cuaderno para escribir, algo de música de adoración podría ser útil y algunos bocadillos, si no estás ayunando (¿a quién no le gustan los bocadillos en una reunión?).

Tercero, planifica tu tiempo (¡pero deja que Dios establezca la agenda!). Puedes dedicar tu tiempo al DAWG haciendo lo que quieras. A mí me gusta leer grandes secciones de las Escrituras, orar, cantar canciones de adoración, alabar a Dios y pasar tiempo en silencio escuchando para ver si Dios tiene algo que poner en mi corazón o decirme al meditar en su palabra. Lo importante es que pases tiempo intencionalmente con Dios.

Cuarto, encuentra un lugar adecuado para tu DAWG. A mí me gusta buscar un lugar privado donde pueda adorar libremente al Señor. Algunas iglesias pueden tener espacios libres durante la semana que puedes utilizar. Quizás te convenga más un espacio al aire libre. Quizás pasar tiempo en un lugar público, como un restaurante o una cafetería, sea lo que te resulte más cómodo para tener un encuentro con Dios. Dondequiera que te reúnas con Dios, lo más probable es que te resulte útil salir de tu espacio de trabajo o de tu hogar, ya que las cosas que hay que hacer pueden convertirse rápidamente en distracciones evidentes en estos lugares.

Este es tu siguiente paso: ¡prográmalo ahora mismo! Saca tu teléfono, calendario, agenda, lo que sea que uses, y hazlo realidad ahora mismo. Reserva un día completo, medio día, quizás dos o tres horas una tarde o temprano por la mañana. Recuerda que el primer paso suele ser el más difícil. Programa tu DAWG y reserva la fecha; de lo contrario, probablemente no sucederá.

¡Te va a encantar! ¡Llevo 26 años haciendo DAWG! Lo hago porque me encanta pasar tiempo a solas con Dios. Sé que a ti también te encantará.

Buscar tener comunión con Dios se convertirá en lo más importante que hagas.

Recuerda, ¡el mayor regalo que le darás al mundo es tu intimidad con Dios!

¿Y AHORA QUÉ?

A menudo programamos citas importantes y momentos para reunirnos con amigos, pero no damos prioridad a reunirnos con Dios. ¿Qué tal si te tomas un momento ahora mismo para programar una cita prolongada a solas con Dios (DAWG)? Te prometemos que no te arrepentirás.

Anota la fecha, la hora y el lugar en el que planeas pasar tiempo con Dios:

Fecha:

Hora:

Lugar:

Es fundamental para nuestra vida espiritual pasar tiempo a solas con Dios todos los días. ¿A qué hora te comprometerás a buscar a Jesús cada día? ¿Cómo te gustaría que fuera tu tiempo diario con Dios?

Aunque es crucial pasar tiempo a solas con Dios, Él nos acompaña en nuestra vida diaria. A partir de hoy, empieza a relacionarte con Jesús y a disfrutar de Él a lo largo de tu ajetreada agenda diaria. Piensa y escribe algunas formas en las que puedes recordar la presencia de Dios a lo largo del día

COMIENZA A MEMORIZAR EL VERSÍCULO:

« Acérquense a Dios, y Dios se acercará a ustedes.». — Santiago 4:8, NTV

¿Y SI...?

¿Estás dónde estás en tu camino de fe porque otras personas te han acompañado en tu vida? ¿Crees que esas personas han orado por ti? ¿Te han animado de alguna manera? ¿Te han presentado oportunidades, recursos o personas que te han ayudado a crecer?

¿Crees que algunas de las personas en tu vida también necesitan que alguien las acompañe y las anime? ¿Estarías dispuesto a considerar ser esa persona para ellas?

De los nombres que escribiste durante las últimas dos semanas (en las secciones «¿Y si...?» del capítulo 1 y el capítulo 2), pregúntale a Dios si hay al menos uno o dos a los que podrías enviarles un mensaje para decirles: «¡Hoy oré por ti!».

Ora por ellos y envíales un mensaje ahora mismo.

DISCUSIÓN

1. Comparte cualquier victoria u obstáculo de los pasos de acción de la semana pasada.
2. Oren juntos.
3. Repasen el versículo para memorizar.
4. Lee los pasajes bíblicos clave: Santiago 4:8; Juan 15:5; Génesis 5:24.
5. Repasa los conceptos clave del capítulo. Comparte cómo lo estás procesando y cualquier comentario que tengas. ¿Hay algo en particular que te haya llamado la atención? ¿Hay algo con lo que no estás de acuerdo? ¿O hay algo que nunca olvidarás? ¿Tienes alguna pregunta al respecto?
6. «El mayor regalo que jamás le darás al mundo es tu intimidad con Dios». ¿Cómo cambia esta verdad tu forma de abordar tu vida cotidiana?
7. ¿Cuándo y dónde planeas tu próximo DAWG?

8. ¿Qué te impide pasar tiempo regularmente con Dios? ¿Cómo puedes mejorar en la búsqueda diaria de Dios?
9. Comparte tus ideas creativas para recordar la presencia de Dios a lo largo del día.
10. Repasa de nuevo la sección «¿Y si...?» y el versículo para memorizar.
11. Compartan todos: ¿cuál es la idea clave o pasos siguientes que van a tomar esta semana?
12. Oren juntos.

OTROS RECURSOS ÚTILES:

¿Está Dios esperando una cita contigo? (Folleto) por Dwight Robertson

De cerca: un cuaderno de vida espiritual para impulsar tu crecimiento en Cristo, de Forge

Forged by Fire (Libro y audio) por Dwight Robertson

Practicando la presencia de Dios: El hermano Lorenzo para el lector de hoy, de Robert Elmer

Para ver las opciones de compra y más recursos, visita:
MultiplyMore.com/es

4

ADENTRARSE EN LA PALABRA DE DIOS

2 Timoteo 3:16-17 • Mateo 4:4 • 2 Pedro 1:20-21

L o recuerdo como si fuera ayer. Era el día de mi boda, el día para el que llevaba preparándome desde hacía bastante tiempo. Estaba en el escenario, al frente. Estaba emocionado. Estaba listo. Estaba allí de pie, moviéndome de un lado a otro y pensando: *«¡Es la hora! Sí, estoy listo.* Y en lugar de que el papá de mi novia la llevara al altar, yo iba a ir a buscarla, para representar a Cristo viniendo a buscar a la Iglesia. Queríamos que esto apuntara a Jesús tanto como fuera posible.

Y de repente, cuando se abrieron las puertas para que entrara mi novia, di el primer paso fuera del escenario para ir a buscarla y se me saltaron las lágrimas. Empecé a sollozar y a moquear. Sí, estaba «moqueando y sollozando» por todas partes. Y cuando estaba a punto de llegar a ella al final del pasillo, me dijo: «¡Más te vale controlarte, o no voy a poder hacerlo!».

«De acuerdo», respondí con un gesto de asentimiento mientras me limpiaba los mocos y las lágrimas. Nos recompusimos, avanzamos hacia el frente y comenzamos a seguir adelante con nuestra ceremonia nupcial y nuestra vida juntos.

Ese día fue muy especial porque comprometí mi vida con una persona; a aprender sus costumbres, a escucharla y a prestar atención a cada palabra que dice. Ahora, después de 18 años de matrimonio y cinco hijos, puedo decirles que conocerla y amarla, aprender sus costumbres y disfrutar de quién es y de quién Dios la hizo ser es un proceso diario.

Pinto este cuadro porque, si vivo así con mi esposa, imaginen las posibilidades y el potencial que tendríamos si buscáramos a Dios de esta manera en Su Palabra todos los días.

¿Qué pasaría si nos comprometiéramos diariamente con la Palabra de Dios?

¿Qué pasaría si, durante toda nuestra vida, nos comprometiéramos cada día a aprender la Palabra de Dios y Sus caminos, memorizándolos? ¿Qué pasaría si Su Palabra se convirtiera en la principal autoridad en la que basamos y construimos nuestras vidas? Me pregunto cuáles serían las posibilidades. Me pregunto qué pasaría. Bueno, creo que hay al menos algunas cosas que podrían suceder.

Para empezar, creceríamos en una amistad directa con Dios. Tengo lo que llamo un diario de oración, donde tomo notas de Dios mientras leo Su Palabra y oro. También resalto y guardo notas en mi Biblia; para memorizar y registrar las cosas que Dios me ha estado enseñando, de modo que pueda recordarlas cuando las necesite más adelante. Tú también puedes hacer esto. Puedes recordar y evocar todo lo que Dios ha hecho por ti y te ha dicho para seguir poniéndolo en práctica y tener Sus palabras, pensamientos y acciones a mano cuando los quieras y los necesites.

Como te dije, tengo cinco hijos. Y a lo largo de sus jóvenes vidas, mis hijas solían coger mi diario de oración, hojear unas cuantas páginas y escribirme una pequeña nota o hacerme un dibujo. Así que, cuando llegaba a esa página, lo veía. Un día, estaba escribiendo en mi diario y, al pasar la página, vi lo que Dios (a través de mi hija) me estaba mostrando. Había un dibujo y una pequeña nota que decía algo así como: «Hola, papá, te quiero. Tu barba brilla. Gracias por ponerte aceite para la barba».

En ese momento, recuerdo que sucedieron dos cosas al mismo tiempo: alegría y asombro. Un pensamiento fue*: «Dios mío, soy papá. Esto es genial. Tengo una hija y me deja notas. ¡Es muy tierno!».* Y al momento siguiente, me invadió el asombro con el pensamiento*: «Dios mío. Soy papá. Soy responsable de otro ser humano... ¡Esto es una locura!* La alegría y el asombro chocaron en ese momento.

A menudo me pregunto si eso es lo que Jesús nos dice en Juan 15. Parafraseando, Él dice: «No los llamo siervos. Los llamo amigos. Vine para que pudiéramos estar juntos. Y voy a compartir con ustedes algunas cosas que hay en mi corazón. Les voy a hacer algunos dibujos, por así decirlo, y les voy a dar algunas notas a través de la Biblia». Y hay una alegría al pensar *soy hijo de Dios. ¡Soy su hijo! ¡Es increíble!* Y en ese mismo momento nos invade el asombro al darnos cuenta de que *Dios, el creador del mundo, el Rey del universo, me llama su hijo y su amigo. ¿Es una broma? ¡Es una locura!* Sentimos alegría y asombro al descubrir que podemos crecer en una amistad y una relación reales, cercanas y de primera mano con Dios.

Cuando se trata de relaciones, *la palabra amor* se escribe realmente con las letras T-I-E-M-P-O. Es una locura que Dios quiera pasar *tiempo* con nosotros todos los días para que podamos aprender y memorizar Su Palabra y Sus caminos.

En el capítulo cuatro del Evangelio de Juan, había una mujer samaritana que se acercó a Jesús y descubrió la verdad de quién era Él mientras Él compartía con ella. Y eso cambió su vida.

La mujer samaritana lo pensó. Llegó al fondo de su corazón y cambió su vida. Entonces hizo algo al respecto. Se marchó, dejó su cántaro y hizo lo que todo el mundo hace con las buenas noticias: las compartió. Los pies de esta mujer la llevaron de vuelta al pueblo para compartirlo con todos. Y fíjate en lo que dice la gente: «Ya no creemos solo por lo que tú dijiste —decían a la mujer—; ahora lo hemos oído nosotros mismos y sabemos que verdaderamente este es el Salvador del mundo» (Juan 4:42, NVI).

¿Qué pasó? La gente llegó a conocer a Dios por sí misma, de primera mano. Eso es exactamente lo que Jesús busca en nuestras vidas: una amistad real y de primera mano.

CONOCER A DIOS DE PRIMERA MANO, EN SU PALABRA

Ahora bien, no pretendo ofenderte con esto, pero me temo que muchos de nosotros hemos basado nuestra relación con Dios principalmente en podcasts, sermones, libros y canciones. No estoy diciendo que esas cosas sean malas. Todas ellas son herramientas estupendas. Pero, ¿es posible que estemos basando nuestra relación con Dios en la estrecha relación que *otra persona* tiene con Él?

¿Y si ese paradigma se invirtiera? ¿Y si esos podcasts y sermones tuvieran simplemente el propósito de llevarnos al mismo Jesús, para que experimentáramos *a Jesús* en cualquier mensaje o canción? ¿Y si esas cosas te llevaran a abrir la Palabra de Dios por ti mismo, donde tienes un encuentro real, día tras día, con el Dios vivo en la verdad de Su Palabra? ¿Cómo se llama eso? Amistad. Y eso es exactamente lo que Dios quiere. Si eso sucediera y creciéramos en nuestra amistad con Dios, día tras día, entonces aprenderíamos a escuchar, conocer y obedecer Su voz.

Una vez vi una serie documental sobre pingüinos. Era fascinante. Y lo que descubrí es que las mamás pingüinos llevan el huevo, lo dejan en algún lugar y luego desaparecen durante meses para ir a buscar comida. En ese momento, el papá pingüino se sienta sobre el huevo. Curiosamente, el papá pingüino tiene una aleta gruesa que cubre el huevo para calentarlo. ¡El papá se sienta sobre el huevo hasta que eclosiona y nace el bebé pingüino!

Pero eso no es todo lo que ocurre durante ese periodo de tiempo. En ese tiempo, el papá pingüino está siempre hablando en voz alta.

Siempre está haciendo ruido. Siempre está diciendo algo en el idioma de los pingüinos. No tengo ni idea de cómo suena eso. Pero se está comunicando todo el tiempo.

¿Por qué lo hace? Bueno, durante todo el tiempo que el pingüino bebé crece en el huevo, está aprendiendo la voz de su papá. Y después de que el pingüino bebé nace, el papá y el pingüino bebé se separan por muchas razones. Y mientras el papá está en un lugar y el bebé en otro, otros papás pingüinos intentan imitar la voz del papá pingüino real para alejar al bebé pingüino de su papá y convertirlo en suyo. Básicamente, ¡lo que está ocurriendo aquí es un secuestro de pingüinos! Y la única forma de que el pingüino bebé no sea engañado, la única forma, es que el papá hable desde la distancia y el pingüino bebé reconozca la voz de su papá. Al oír la voz de su papá, el pingüino bebé la sigue hasta la casa de su papá.

VOCES EN COMPETENCIA

Ahora bien, he aquí por qué eso es importante. Creo que seguir a Jesús y la vida cristiana está llena de voces en competencia. Vemos esto desde el principio, en el capítulo tres del Génesis, con nuestros primeros padres, Adán y Eva. ¿Qué sucedió allí? Dios le había hablado a Adán. Él conocía Su voz. Y de repente, tenemos un enemigo real: Satanás, el acusador y el adversario. Él estaba allí en el jardín con nuestros primeros padres.

Y de repente, Satanás tentó a Eva. Eva escuchó a Satanás. Adán escuchó a Eva, y nadie escuchó a Dios. Y por eso nos encontramos en la situación en la que estamos hoy en día en nuestro mundo. Ese pecado está ahora en nuestro ADN. Está en nuestra sangre desde ese mismo momento. Y como nuestros padres originales no escucharon a Dios, nosotros hemos seguido su ejemplo desde entonces.

Pero, ¿qué pasaría si nos comprometiéramos diariamente a pasar toda nuestra vida con Dios en Su Palabra, aprendiendo a memorizarla y a escuchar y obedecer Su voz por encima de todas las demás? ¿No cambiaría algo?

En Juan 10:27, Jesús dijo: «Mis ovejas [Mis hijos, Mi pueblo] oyen mi voz, y yo las conozco, y me siguen...» (RV60). ¿Ves la diferencia que eso supondría?

Seamos honestos. Seamos realistas. Desde la naturaleza pecaminosa, pasando por el ego, la cultura actual y el enemigo, hay muchas otras cosas que compiten por nuestros corazones y nuestras vidas, nuestra atención y nuestro afecto. Pero si no nos adentramos en la Palabra de Dios, me temo que seguiremos desviándonos del camino. A veces parece algo muy pequeño. Otras veces es algo grande y nos alejamos mucho. Pero nunca lo sabremos si no nos mantenemos firmes en la verdad de la Palabra de Dios y escuchamos *Su* voz.

Es casi como una vía de tren. Piénsalo de esta manera... La Palabra de Dios es Su verdad. Si no entendemos Su voz y no conocemos Su verdad; si no la escuchamos diariamente, día tras día, como lo hizo ese pingüino bebé con su padre; si no nos ponemos diariamente en posición de escuchar lo que nuestro Padre dice, entonces esto es lo que va a pasar... nuestro tren se desviará por el camino equivocado. Nuestros sentimientos y nuestras emociones conducirán el tren. Tendremos fe, pero Su verdad estará en la parte trasera del tren, en el furgón de cola. ¿Y adivina qué? ¡Esa es la dirección equivocada! ¡Ese tren necesita dar la vuelta! La verdad y la voz de Dios deben ponerse al frente, impulsando nuestra vida, con la fe en el medio y luego las emociones y las experiencias al final. Y si no lo hacemos, al final nos llevará a nuestra destrucción y nuestra muerte, y estaremos lejos de casa y de nuestro Padre. Pero eso no es lo que Dios quiere. Él quiere que estemos en casa con Él.

Si vivimos de esta manera, no solo creceremos en nuestra amistad con Dios, no solo aprenderemos a conocer y obedecer Su voz, sino que aprenderemos que Su palabra es un arma.

La Palabra de Dios es un arma contra el enemigo.

Déjame decirte que necesitarás esa arma porque la vida es una guerra. En este momento estamos en una batalla. Y es una batalla por nuestras almas, una batalla por nuestras vidas, una batalla por nuestros afectos, una batalla por nuestra atención. Mira lo que hizo Jesús en el capítulo cuatro de Mateo, cuando el mismo Satanás se le acercó y lo tentó con cosas muy similares a las que nos tientan a nosotros...

Jesús simplemente miró a Satanás y le dijo: «Está escrito».

Déjame traducirte eso: «Mi Padre dijo...».

Y Satanás, derrotado una vez más, dejó a Jesús para otro momento oportuno. Desde que Jesús era niño hasta que llegó a los treinta años, reconoció que la voz y la palabra de su Padre iban a ser la principal autoridad en su propia vida. ¡Y cuánto más para nosotros, que tenemos todas estas voces rivales que tratan de alejarnos de nuestro Padre! Tenemos que volver a su Palabra. Tenemos que volver a nuestra autoridad: ¡Él!

¿Por qué? Porque Satanás sigue haciendo y diciendo exactamente lo mismo que hizo en el jardín... «*¿De verdad* dijo Dios esto? *¿De verdad* dijo esto sobre tu cuerpo? *¿De verdad* dijo esto sobre la iglesia? *¿De verdad* dijo esto sobre el matrimonio? *¿De verdad* dijo esto sobre alcanzar al mundo?». Y así sucesivamente.

¿Cómo sabemos lo que es correcto? Tenemos que volver a la Palabra de Dios y a Dios como la máxima autoridad. «Tú palabra [de Dios] es verdad», como dice Juan 17:17 (RV60), y a menudo me pregunto: *¿Cómo se vería eso en relación con las cosas con las que luchamos?*

¿Qué hay de la pureza, por ejemplo? Bueno, el Salmo 119:11 dice que si guardas la Palabra de Dios en tu corazón, Él te guardará y te preservará de pecar contra Él.

¿Y la guía? Todo el mundo quiere guía. Puede que sea incluso lo primero con lo que la gente lucha y busca. Bueno, está escrito en el Salmo 23:1: «El Señor es [tu] pastor», y Él es bueno (Juan 10:11). Y Él «me *guía* por sendas de justicia por amor a su nombre» (Salmo 23:3, NVI, énfasis mío).

¿Qué hay del miedo y la ansiedad que a menudo sentimos? ¿Qué dice la Palabra de Dios? ¿Qué hace Su autoridad en nuestras vidas al respecto? Bueno, está escrito: «En el amor no hay temor, sino que el perfecto amor echa fuera el temor» (1 Juan 4:18, RV60). Él dice: busquen primero Su Reino y Sus caminos, y Él cuidará de ustedes (Mateo 6:33). No se preocupen por eso.

Pablo lo expresa así, en 2 Corintios 10:3-5: no libramos la guerra según la carne. No tenemos una ametralladora para librar nuestra guerra. Él dice que nuestras armas son muy diferentes. Las armas de nuestra guerra son poderosas en Dios. Tenemos el poder divino para derribar los argumentos que circulan a nuestro alrededor y en nuestras cabezas, y para derribar las fortalezas, las cosas que nos impiden seguir a Dios.

Cuando escuchamos tantas opiniones orgullosas circulando a nuestro alrededor, Pablo dice que volvamos a Dios. Todo se trata de Su Palabra y Su autoridad. No solo cambiará nuestras vidas, sino que también cambiará el mundo y a las personas que nos rodean. La Palabra de Dios es nuestra arma.

Bueno, ¿qué sucede si nos comprometemos a cultivar una amistad diaria y creciente con Dios? ¿Qué sucede si nos comprometemos a aprender y escuchar Su voz y a obedecerle? ¿Qué sucede cuando nos damos cuenta de que Su palabra es nuestra arma?

LA PALABRA DE DIOS: VALE LA PENA CONOCERLA, MEMORIZARLA Y UTILIZARLA A DIARIO.

Mi pregunta sería: si la Palabra de Dios es tan poderosa, ¿por qué no memorizamos Sus palabras? ¿Por qué no las tomamos en serio cada día? ¿Es posible que Dios nos haya dado ejemplos naturales de esto?

Por ejemplo, pensemos en las canciones. Desde que somos niños hasta que llegamos a la edad adulta, hemos memorizado miles y miles de melodías y canciones que nos han moldeado. Si empezara a cantar la melodía de una canción que escucharon de niños, les garantizo que la mayoría de ustedes sería capaz de terminarla. ¿Por qué? Porque esto es lo que hacen las canciones, piénsalo conmigo: las canciones nos atraen, por lo que las reproducimos una y otra vez, grabándolas en nuestra mente.

A menudo escuchamos una canción hasta que la memorizamos. Luego, reducimos un poco el ritmo para reflexionar sobre la letra y las partes que realmente nos llegan al corazón. Y cuando eso empieza a suceder, comenzamos a vivir de manera diferente, ya que ponemos nuestras manos en acción. Las canciones que memorizamos nos moldean. Y luego nuestros pies nos llevan hacia otros, ¡y no podemos evitar compartirlo con ellos!

Si hacemos esto con las canciones, ¿por qué no lo haríamos con la Palabra viva de Dios? ¿Por qué no aprenderíamos a memorizarla, a reproducirla en «repetición» en nuestras mentes? Puedes escuchar la Biblia en tu teléfono, puedes descargarla en tu iPad, puedes leer una copia física. Puedes hacer todas esas cosas. Pero la clave es que estés recibiendo la Palabra de Dios en tu mente una y otra vez para meditarla y rumiarla.

Pablo dijo en Colosenses 3:2 que fijáramos nuestra mente en las cosas de arriba, donde Cristo está sentado, y no en las cosas de abajo. ¿Es posible estar tan centrado en lo celestial que no puedas ser de ninguna utilidad en lo terrenal? Bueno, creo que Pablo diría que no. Cuanto más centrado en lo celestial estés, más bueno serás en lo terrenal. Como una canción en repetición, recibes la Palabra de Dios y lo que Dios está cantando sobre ti (Sofonías 3:17) en todo tu ser. Y la Palabra de Dios *en* ti comenzará a fluir *de* todo tu ser. De esa manera, te vuelves más bueno en lo terrenal.

Una vez, cuando mi hijo era mucho más pequeño, nos alojábamos cerca de una playa para pasar las vacaciones. Cuando entramos en una tienda en particular, un chico que llevaba 13 años trabajando allí nos invitó rápidamente y con entusiasmo a ver algo: «¡Tienen que venir a ver esto! Es como si el cielo estuviera cantando una canción. He visto todas las puestas de sol de los últimos 13 años, todas y cada una de ellas. ¡Pero nunca había visto nada como esto! ¡Tienen que venir a verlo!».

Así que todos nos acercamos rápidamente a la ventana por la que él miraba para echar un vistazo. Y, literalmente, parecía la canción más increíble que se hubiera plasmado en forma de pintura. Era como si las calles de oro se derramaran por el cielo. Dije: «Me encantan las puestas de sol, ¡y nunca había visto nada igual!».

Entonces me di cuenta de que mi hijo no estaba mirando la puesta de sol. «¡Hijo, tienes que ver esto!». Tenía un pequeño juguete que había comprado por 25 centavos. Y respondió con indiferencia: «Ajá, está bien, papá, ajá», sin apartar la vista del juguete.

Le volví a decir: «Hijo, presta atención. Mira la gloria de Dios. ¡Escucha lo que Dios te está tratando de decir sobre lo grande que es a través de esta puesta de sol!».

Y mi hijo seguía diciendo: «Sí, está bien, papá», sin apenas levantar la vista para mirarme.

Al final, mi hijo se lo perdió. ¡Se perdió la belleza de una impresionante puesta de sol y la gloria de Dios por un juguete de 25 centavos que se rompió cinco minutos después! Su principal interés en ese momento era una pequeña baratija, un juguetito que estaba allí hoy y que cinco minutos después ya no existía. Y se perdió la gloria de Dios. Se perdió lo que la creación le estaba cantando a su alma acerca de Dios. Espero y oro para que esto no nos suceda con las cosas que ponemos en nuestra vida, las cosas que ponemos ante nosotros y las cosas que ponemos en nuestra mente todo el tiempo.

La pregunta es: ¿qué importancia, tiempo y reverencia le damos a la Palabra de Dios? ¿La tratamos como a la música, permitiendo que llene todo nuestro ser? ¿Nos comprometemos con Dios con toda nuestra persona? Creo que eso es lo que hicieron los discípulos. Creo que pasaron tiempo con Jesús y crecieron en amistad con Él, escuchando Sus palabras, dejando que eso se convirtiera en lo principal. Y luego aprendieron a escuchar Su Palabra y a comprometerse con Dios con Su Palabra, haciendo preguntas sobre ella y reflexionando sobre ella. Y sabían que era un arma. Por eso, la memorizaron. Y sus vidas eran una canción que el mundo necesitaba desesperadamente escuchar. Y al final, todo el mundo la escuchó.

Me pregunto qué pasaría si tú y yo hiciéramos lo mismo con la Palabra de Dios todos los días durante el resto de nuestras vidas. Me pregunto si nuestras vidas podrían convertirse en una canción que muchos escucharían y pondrían su confianza en Dios. Me pregunto si, al unirnos a Jesús en esta relación y amistad, ¿el mundo también cambiaría a través de nuestra relación? Ese es por *qué*... por qué estudiamos la Palabra de Dios y por qué la memorizamos. Pero veamos *cómo*...

CÓMO COMPROMETERNOS DIARIAMENTE CON LA PALABRA DE DIOS: CABEZA, CORAZÓN, MANOS, PIES.

Veamos algunas formas en las que podemos enfocar nuestra mente en la Palabra de Dios, llevarla a nuestro corazón y permitir que impulse nuestras manos y nuestros pies a la acción. Toma tu Biblia ahora mismo y ábrela en Marcos, capítulo dos. Veremos juntos los versículos 1-12. Adelante, lee Marcos 2:1-12 ahora mismo. Luego, vuelve a leer aquí.

¿No es una historia maravillosa?

Entonces, ¿cómo podemos tomar esto y aplicarlo a toda nuestra vida? Quiero compartir con ustedes una herramienta sencilla que les ayudará a adentrarse en el pasaje y ver qué sucede: se llama «**Cabeza, corazón, manos, pies**».

Cabeza

Entonces, la primera parte: cabeza. *Cabeza* significa: *¿qué dice el pasaje?* Por ejemplo, ¿qué te enseña este pasaje sobre Dios, sobre Jesús? ¿Qué ves que Él hacía o decía? ¿O qué te enseña sobre las personas, ya que vemos a varios individuos y grupos en este pasaje? ¿Te enseña algo sobre el pecado? ¿O sobre la vida? En general, ¿qué intenta enseñar o decir el pasaje? Toma unos minutos y escribe tus observaciones en esta categoría *de la cabeza*:

Quizás hayas notado que Jesús enseñaba a la gente la Palabra de Dios. Quizás también hayas notado las cosas que Jesús no hizo: no les dijo que se fueran de su casa porque estaba cansado. No, los recibió. ¿No es interesante que la Palabra de Dios y las personas vayan de la mano? Y Jesús lo sabe. ¿Por qué? Porque Él busca la amistad de primera mano. Él quiere que conozcas su voz. Él quiere que comprendas que su Palabra es un arma. Y tú la estás incorporando a tu corazón, mente y alma, y está cambiando tu vida.

¿Qué más viste que Jesús decía o hacía, o qué más aprendiste sobre Él? ¿Te diste cuenta de que dijo que tiene autoridad en la tierra para perdonar los pecados? No sé tú, pero para mí eso es algo bueno. Te lo digo porque he cometido bastantes pecados a lo largo de mi vida. Descubrimos que solo Él tiene la autoridad para darnos lo que todos y cada uno de nuestros corazones anhelan: el perdón.

¿Qué observaste sobre las personas que estaban allí? ¿Y sobre los amigos? ¿Qué estaban haciendo? ¡Eran buenos amigos! ¡Quiero tener amigos así, y quiero ser un amigo así! ¿Y el paralítico? ¿Qué le viste haciendo? Solo lo llevaban en camilla. Y, en última instancia, necesitaba perdón. ¿Qué hay de los escribas y los religiosos? ¿Qué notaste en ellos? Bueno, tal vez viste que se enojaron con Jesús. No les gustaba lo que Jesús decía. Parece que tal vez Él no encajaba en su molde o algo así. Pero está claro que no estaban contentos con Él, ¿verdad? En medio de todo eso, Jesús siguió revelándose como Dios, ¡siendo el que sana y perdona los pecados!

Corazón

Ahora, llevemos esto a nuestro *corazón y* reflexionemos juntos un poco sobre ello. *Corazón* significa: *¿qué te está diciendo Dios en este momento a través de este pasaje? ¿Hay algo en mi vida que deba cambiar basándome en este pasaje?* ¿Hay algo que te esté conmoviendo el corazón? Tómate unos minutos y escribe lo que quizá Dios te esté revelando o diciéndote personalmente en esta categoría *del corazón*:

Aquí hay una pregunta importante: si Jesús tiene la autoridad para perdonar los pecados, ¿hay algún pecado que Él te esté recordando en este momento? Quizás haya un pecado que necesites confesarle a Dios ahora mismo, poniéndote de acuerdo con Él al respecto: *Señor, lo siento. Tú tienes razón, yo estoy equivocado. Recibo tu perdón en este momento.* Quizás necesites hablar con Él sobre eso ahora mismo.

¿Hay alguna verdad que Él está tratando de enseñarte? Quizás lees el pasaje y piensas: «*Yo no soy un amigo como los de la historia. Y Dios me está pidiendo que sea ese tipo de persona con Él. Pero yo aún no soy así*». Entonces ora ahora en estos términos: «*Dios, lo siento. Quiero seguirte y seguir ese ejemplo.* ¿Hay alguna otra cosa en este sentido que Dios te esté enseñando? ¿Hay algún ejemplo de este pasaje que quieras seguir?

Manos

¿Qué hay de *las manos*? *Las manos* significan: *¿Qué vas a hacer específicamente al respecto esta misma semana?* ¿Hay algo esta semana que puedas poner en práctica para obedecer lo que Dios te ha mostrado? Tal vez haya algún tipo de cambio requerido en tu corazón o mentalidad. Tal vez estés pensando: «*Yo no pienso así, pero Señor, quiero empezar a pensar como Tú y hacer las cosas a Tu manera. Si esto es lo que Tú estás haciendo, entonces quiero seguirte allí*». Quizás necesites considerar algunos pasos prácticos para caminar en la libertad del perdón esta semana. Quizás haya algunos amigos a los que necesites «levantar y llevar» a los pies de Jesús, bajando tu ritmo de vida para animarlos u orar por ellos. ¿Cómo sería para ti hacer algunos ajustes y cambios ante Dios cada día basándote en este pasaje? Tómate unos minutos y escribe qué pasos prácticos y específicos podrías dar esta semana en obediencia a Jesús de esta categoría de *manos*:

Pies

¿Qué hay de *los pies*? *Los pies* significan: *¿Hay alguien en tu vida con quien Dios quiera que compartas la verdad de este pasaje?* ¿Hay alguien que sabes que ha estado cargando con el peso de su pecado y no sabe qué hacer al respecto? Pero tú sí lo sabes. Puedes decir: «Oye, hoy he leído esta historia. Esto es lo que Jesús me ha enseñado. Creo que si lo hizo por mí, también puede hacerlo por ti».

¿Hay alguien que necesite el consuelo de saber que Dios perdona los pecados? ¿Hay alguien que necesite ser llevado a Jesús de cualquier manera que sea posible, por fe, para decirle: «Oye, ¡sé dónde puedes acudir!»?

¿Hay alguien que necesite algo que Dios te ha enseñado aquí esta semana y que estarías dispuesto a compartir? Tómate unos minutos y escribe con quién Dios podría querer que compartieras o animaras a partir de lo que Dios te mostró en esta categoría de *los pies*:

Ahora bien, este método de la cabeza, el corazón, las manos y los pies es una herramienta para ayudarte. A medida que tomes estos conceptos y los apliques a cualquier pasaje que leas, comenzarás a ver cómo las Escrituras se graban en tu memoria. Y a medida que comprendas el pasaje, comenzará a tocar tu corazón de manera muy similar a una canción, y de repente te darás cuenta de lo que Dios te está enseñando y de lo que debes hacer al respecto. Y podrás compartirlo con otras personas para impactar también en sus vidas.

Cabeza, corazón, manos, pies: todo tu ser comprometido con la Palabra de Dios, para la gloria de Dios, cada día que Dios te da con Él.

La Palabra de Dios es una aventura de toda la vida, un día a la vez, un paso a la vez.

Ahora bien, quiero animarte con esto. Por favor, no veas el compromiso con la Palabra de Dios —leer Su Palabra, estar con Dios en Su Palabra, memorizarla diariamente, vivir en relación con Dios, aprender a escuchar Su voz y usar la Palabra de Dios como un arma— como una cirugía a corazón abierto.

Lo que quiero decir con esto es lo siguiente: a menudo, las personas que se someten a una cirugía a corazón abierto entran, les operan y se recuperan un poco. Pero, al cabo de unos días, piensan: *«Ya estoy bien. Vamos a comer. ¡Vamos a comer tocino!»*. Pero esto no es así. Se parece mucho más a la quimioterapia... está pensada para ser una gota a gota diaria, semanal. Y esa medicina se acumula gota a gota, cada día, con el tiempo. Se acumula hasta el punto de limpiar todas las impurezas y cosas que no deben estar en tu cuerpo con el fin de restaurar tu salud, tu integridad y tu diseño original.

Esa es la clave. Considera cada día, uno a uno, como un paso en el camino con Dios. Y recuerda que Dios no tiene prisa. Él te está haciendo crecer. Así que disfruta de una gran aventura con Dios mientras vives un día a la vez. Sal con Él para crecer en la amistad, para escuchar Su voz, para seguirlo y obedecerlo, para usar Su Palabra como arma, para memorizarla y para que tu vida sea una canción para la gloria de Dios en este mundo. ¡Él te llevará en el viaje a tu hogar eterno con Él!

para escuchar Su voz, para seguirlo y obedecerlo, para usar Su Palabra como arma, para memorizarla y para que tu vida sea una canción para la gloria de Dios en este mundo. ¡Él te llevará en el viaje a tu hogar eterno con Él!

¿Y AHORA QUÉ?

Evalúa honestamente el tiempo que dedicas a la Biblia y selecciona en qué punto te encuentras actualmente:

_____ Leo la Biblia todos los días.

_____ Leo la Biblia cuatro o más veces por semana.

_____ Leo la Biblia de 1 a 3 veces por semana.

_____ Leo la Biblia dos veces al mes.

_____ Leo la Biblia una vez al mes o menos.

¿Qué te impide acercarte a la Palabra de Dios con más frecuencia?

Considera esta increíble realidad: un estudio reciente del Centro para el Compromiso con la Biblia [Centre for Bible Engagemente, en inglés, nota del editor] que aquellos que leen la Biblia cuatro o más veces por semana (en comparación con aquellos que la leen menos de cuatro veces por semana) han reducido significativamente su soledad, han aumentado significativamente su victoria sobre las luchas contra el pecado (como la ira, la amargura en las relaciones, la pornografía, la embriaguez, las relaciones sexuales fuera del matrimonio, etc.) y han aumentado significativamente el compartir el Evangelio y discipular a otros.

Ora ahora y pide: «Señor, ¿podrías aumentar mi hambre por tu Palabra, por favor?».

Elige un libro de la Biblia y, por tu cuenta, lee el primer pasaje, practicando con *la cabeza, el corazón, las manos y los pies* ahora mismo. Comprométete a continuar esta práctica en tu tiempo diario con Dios.

PASO:

CABEZA: ¿Qué dice este pasaje?

(¿Cuál es el mensaje principal? ¿Qué aprendo sobre Dios Padre, Jesús, el Espíritu Santo, o las personas, la creación, el mal, etc.)?

CORAZÓN: ¿Qué me está diciendo Dios, o cómo me ha impactado esto personalmente?

(¿Qué parte me llama la atención? ¿Qué cambios necesito hacer en mis creencias, actitudes y acciones?)

MANOS: Esta misma semana, ¿cómo obedeceré lo que Dios me ha mostrado?

(¿Qué pasos concretos daré?)

PIES: ¿Con quién lo compartiré?

(¿Hay alguien en mi vida a quien necesite contarle lo que he aprendido para animarlo?)

Si aún no lo has hecho, considera comenzar a leer toda la Biblia.

Te recomendamos que comiences con el libro de Marcos (el libro más sencillo sobre la vida de Jesús), luego el libro de los Hechos (cómo vivían los primeros seguidores de Jesús) y luego Efesios (el Evangelio sencillo, tu identidad en Cristo y la batalla espiritual que enfrentamos a diario). Luego continúa hasta terminar la Biblia, libro por libro. Incluso puedes utilizar la tabla de lectura de la Biblia del libro de Forge *Up-Close: A Spiritual Life Notebook (De cerca: un cuaderno de vida espiritual)* para ayudarte a llevar un registro de tu lectura. Y, por si te lo preguntas, no, no tienes que empezar por la página uno con el Génesis. La Biblia no es solo un libro grande, ¡es una colección de 66 libros! Por lo tanto, puedes empezar por cualquiera de esos 66 libros, tal y como te hemos recomendado.

COMIENZA A APRENDER EL VERSÍCULO PARA MEMORIZAR:

«Toda la Escritura es inspirada por Dios y útil...» — 2 Timoteo 3:16a, NVI

¿Y SI...?

¿Cuál es un pasaje de las Escrituras que te ha impactado realmente a lo largo de *Movimientos Multiplicadores* hasta ahora? Escríbelo aquí:

Mucho más que tus palabras u opiniones personales, cuando compartes la Palabra viva y activa de Dios con otros, ¡estás compartiendo un gran regalo con ellos!

Entonces, ¿compartirás ahora este versículo con alguien para animarlo también en su camino de fe? Compártelo con una o dos personas de tus listas de las últimas semanas mediante un mensaje de texto, una carta, un correo electrónico o unas palabras de aliento. ¡No lo pospongas! ¡Hazlo hoy mismo!

Considera compartir brevemente cómo te ha impactado esta Escritura y hazles saber que también has orado este versículo por su vida hoy.

DISCUSIÓN

1. Comparte cualquier victoria u obstáculo de los pasos de acción de la semana pasada.
2. Oren juntos.
3. Repasen el versículo para memorizar.
4. Lee las escrituras clave: 2 Timoteo 3:16-17; Mateo 4:4; 2 Pedro 1:20-21.
5. Repasa los conceptos clave del capítulo. Comparte cómo lo estás procesando y cualquier comentario que tengas. ¿Hay algo en particular que te haya llamado la atención? ¿Hay algo con lo que no estás de acuerdo? ¿O hay algo que nunca olvidarás? ¿Tienes alguna pregunta al respecto?
6. ¿En qué punto te encuentras actualmente en cuanto a la evaluación de tu tiempo en la Palabra de Dios? ¿Qué te impide acercarte a la Palabra de Dios con más frecuencia?
7. ¿Cómo vas a seguir adentrándote en la Palabra de Dios y dejando que moldee tu vida?
8. Repasa de nuevo la sección «¿Y si...?» y el versículo para memorizar.
9. Compartan todos: ¿cuál es la idea clave o el paso de acción que se llevarán de esta semana?
10. Oren juntos.

OTROS RECURSOS ÚTILES:

Up-Close: Un cuaderno de vida espiritual para impulsar tu crecimiento en Cristo, de Forge (busca la sección «Estudio bíblico»).

Para opciones de compra y más recursos, visita:
MultiplyMore.com/es

5

BUSCAR UNA ORACIÓN EFICAZ

1 Tesalonicenses 5:17 • Filipenses 4:6-7 • Mateo 6:9-13

Al crecer en Stillwater, Oklahoma, todas las mañanas en la escuela primaria recitábamos el juramento de lealtad a la bandera. Era una práctica muy tradicional. Acababa de llegar a Estados Unidos desde Etiopía a los seis años, así que no entendía muy bien lo que estaba pasando. No tenía nada que ver con lo que íbamos a hacer durante la jornada escolar; sin embargo, cada mañana nos levantábamos y recitábamos el juramento de lealtad. Por muy buena que fuera, era una tradición que se transmitía independientemente de que todos conociéramos su significado o no.

Me doy cuenta de que, como creyentes cristianos, muchos de nosotros tratamos la oración como una especie de tradición que seguimos. Es como el himno nacional antes de un evento deportivo. No tiene nada que ver con lo que está a punto de suceder en el campo, pero es algo que se nos ha modelado y que nos han enseñado a hacer. Con demasiada frecuencia, hemos considerado la oración no como un estilo de vida por el que nos regimos, sino como un acto rápido que tachamos de la lista. Oramos antes de comer. Oramos antes de acostarnos. A menudo, muchos abordan la oración como un amuleto de buena suerte, algo que *hacemos* porque se nos ha transmitido como una buena tradición.

VIVIR COMO PERSONAS DE ORACIÓN

Pero cuando Jesús enseñó sobre la oración y cuando Jesús dio ejemplo de oración, lo hizo como un estilo de vida, como una conversación continua; comunicándose con el Padre siempre que podía; todos los días, en todas partes. Dios quiere tener comunión con nosotros en la oración. Y quiere que pasemos de ser simplemente personas que dicen algunas oraciones a vivir como personas *de* oración. Por eso, quiero profundizar en cómo hacemos ese cambio.

¿Cómo hacemos la transición en nuestra vida desde ser personas que lanzan oraciones desesperadas, *Dios, si te manifiestas en mi vida, nunca volveré a hacerlo*, y desde llevar la oración como un amuleto de buena suerte, a vivir como personas de oración? ¿Cómo vivimos de tal manera que la oración abarque toda nuestra vida y seamos un ejemplo de lo que vemos en las Escrituras? Dios nos ha dado acceso al depósito del cielo, a lo sobrenatural, a todo lo que Él quiere para nosotros. Y lo único que espera de nosotros es que entremos y se lo pidamos.

Creo que Dios tiene una voluntad condicional y una voluntad incondicional. Cuando se trata de su voluntad *incondicional*, no hay nada que puedas hacer para influir en ella. Dios la ha establecido en el tiempo y espscio, y no importa lo que hagamos, ni cómo interactuemos con Dios, no podemos cambiarla. Pero cuando se trata de su voluntad *condicional*, Dios busca que nos asociemos con Él. Busca que nos comprometamos y le pidamos. Él tiene cosas almacenadas en el cielo, respuestas a nuestras oraciones, obras que quiere hacer en nuestra vida, y lo único que espera de nosotros es que vengamos y se lo pidamos (Mateo 7:11). Y la oración es el mecanismo que Dios nos ha dado a ti y a mí para conectarnos con Él y con todo lo que ha almacenado para nosotros en el depósito del cielo; ¡la oración lo trae a la tierra para las personas que lo necesitan!

En Lucas 11, los discípulos ven cómo Jesús vive su vida. Ven lo que está sucediendo gracias a cómo Él vive su vida, y comienzan a hacerle preguntas. Justo después de presenciar la oración de Jesús, los discípulos deseaban aprender lo mismo. Lee Lucas 11:1-5 ahora mismo:

> "Un día estaba Jesús orando en cierto lugar. Cuando terminó, le dijo uno de sus discípulos: —Señor, enséñanos a orar, así como Juan enseñó a sus discípulos. Él les dijo: —Cuando oren, digan: "Padre, santificado sea tu nombre. Venga tu reino. Danos cada día nuestro pan cotidiano. Perdónanos nuestros pecados, porque también nosotros perdonamos a todos los que nos ofenden. Y no nos metas en tentación". (NVI).

Así que los discípulos se acercaron a Jesús y le dijeron, en esencia: «Oye, queremos aprender cómo haces todo lo que haces. Porque vemos cómo vives, vemos tu estilo de vida, ¡y queremos vivir así también!».

Los discípulos estaban ansiosos por aprender la esencia de *¿De dónde viene el poder de este estilo de vida? ¿De dónde viene la autoridad de este estilo de vida?* Y no solo en este pasaje, sino que muchas veces fueron testigos de cómo Jesús modelaba un estilo de vida de ir a un lugar solitario, orar y salir, haciendo la obra de Dios. Por eso, expresan: «¡Queremos aprender cómo hacerlo!».

Tenía un amigo que era, literalmente, el mejor jugador de dominó del país. Iba a Las Vegas y ganaba torneos. ¡Estaba clasificado como el número uno por ESPN! Y daba la casualidad de que también era un predicador fantástico. Una vez, vino a predicar a una conferencia juvenil con nosotros en Denver, Colorado. Y los estudiantes lo conocieron, y algunos le dijeron con entusiasmo: «¡Queremos aprender a jugar al dominó como tú!».

Así que mi amigo preparó una mesa de dominó para nosotros. Sacó las fichas y las acomodó. Y empezó a enseñarnos todas las diferentes estrategias para conseguir el mayor número de puntos posible en cada mano.

Una de las cosas más destacadas que nos dijo fue: «No llegarán a mi nivel solo con aprender a jugar. Tienen que practicar regularmente».

UN ESTILO DE VIDA DE PRÁCTICA DE LA ORACIÓN

Creo que eso es exactamente lo que Jesús estaba modelando a sus discípulos: un estilo de vida de práctica de la oración. Lo hacía con regularidad. No lo hizo solo una vez. Volvía a hacerlo una y otra vez, por sí mismo y como modelo para sus discípulos.

Es como ir al gimnasio. Cuanto más entrenes y hagas ejercicio de forma constante, más resultados verás en tu vida. Y Jesús lo ejemplificó al practicar la oración con regularidad, levantándose temprano por la mañana para ir a un lugar solitario y reunirse con su Padre (Lucas 6:12). Comulgaban y conversaban, y luego Jesús volvía a la vida cotidiana, sanando a los enfermos, expulsando demonios, calmando tormentas, multiplicando alimentos para miles de personas y enseñando sobre el Reino de Dios todos los días, en todas partes. Luego volvía a pasar tiempo con el Padre y a tener comunión con Él. Lo hacía una y otra vez. Jesús practicaba la oración.

Y con su ejemplo, Jesús enseñó a sus discípulos que así es como se ora: haciéndolo de forma regular. Incluso refleja esta regularidad con las palabras «Danos nuestro pan de cada día». Ritmo diario. La oración no necesita pruebas, necesita práctica. Cada vez que Jesús hablaba con su Padre celestial, era capaz de sacar de la reserva, de las riquezas espirituales que Dios tiene para su pueblo, y entregarlas a los necesitados.

P.R.A.Y. – UNA HERRAMIENTA ÚTIL PARA LA ORACIÓN

Quizás estés pensando: «*Me encantaría practicar la oración, pero a menudo no sé qué orar*». Por eso, quiero darte una herramienta útil que yo utilizo para orar. Utilizo el acrónimo P.R.A.Y. [Orar, en Español] Me ayuda a preparar mi corazón para la oración cuando me presento ante Dios tal y como Jesús enseñó.

Alabanza

La primera letra, P, significa *alabanza [Praise, en inglés]*. «Santificado sea tu nombre» (Mateo 6:9). Su nombre recibe alabanza de todos los rincones de la tierra, incluyendo nuestros propios labios. Me gusta pensar en la alabanza como un depósito. Si creo que Dios es quien sana, le digo: *Dios, tú eres el sanador. Tú eres quien restaura. Tú eres quien lo hace todo. Tú eres soberano en mi vida*». La alabanza deposita la verdad de quién es Dios en tu corazón y te recuerda quién es Dios en tu vida. La alabanza consiste en dar a conocer a Dios *y, en realidad,* en recordarnos quién es Él, lo grande que es y lo que ha hecho en nuestras vidas.

Ahora bien, algunos se habrán preguntado: «*¿Es Dios egocéntrico, sentado ahí arriba diciendo: "¡Denme elogios! Díganme lo maravilloso que soy"*».

¡No, en absoluto! Déjame compartirte por qué...

Lo que disfrutas en la vida fluye naturalmente en alabanza espontánea. Por ejemplo, mis amigos y yo somos grandes cinéfilos. Nos encanta ir al cine, especialmente a ver películas de Marvel. Y después de disfrutar juntos de una película, mis amigos y yo nos quedamos en el vestíbulo y hablamos sobre la trama. Hablamos sobre la cinematografía, los personajes y la profundidad de la película. Y mientras hablamos de lo que nos ha gustado de la película, en realidad la estamos alabando.

Verás, la alabanza no solo aumenta nuestro gozo, sino que lo *completa*. Cuando alabamos a Dios, nuestro gozo es más pleno y nuestro disfrute de Él es mayor. Además, cuando aprendemos a alabar a Dios y a exaltarlo, Él nos saca de la perspectiva negativa de la situación en la que nos encontramos, sea cual sea el problema al que nos enfrentemos o la dificultad con la que estemos luchando. Al alabar a Dios, exaltándolo en tu corazón y en tu vida, ves destellos desde el punto de vista de Dios, y tu disfrute de Él se vuelve mayor que cualquier circunstancia a la que te enfrentes.

El gran autor y teólogo C. S. Lewis comentó lo siguiente sobre la alabanza:

El hecho más obvio sobre la alabanza, ya sea a Dios o a cualquier otra cosa, se me había escapado extrañamente. Lo consideraba en términos de un cumplido, una aprobación o un homenaje. Nunca me había dado cuenta de que todo disfrute se desborda espontáneamente en alabanza. El mundo resuena con alabanzas: los amantes alaban a sus seres queridos, los lectores alaban a su poeta favorito, los caminantes alaban el campo, los jugadores alaban su juego favorito. No me había dado cuenta de que las mentes más humildes y, al mismo tiempo, más equilibradas y amplias, eran las que menos alababan. Tampoco me había dado cuenta de que, al igual que los hombres elogian espontáneamente todo lo que valoran, también nos instan espontáneamente a unirnos a ellos para elogiarlo: «¿No es encantadora? ¿No fue glorioso? ¿No te parece magnífico?». Los salmistas, al decirle a todo el mundo que alabe a Dios, están haciendo lo que todos los hombres hacen cuando hablan de lo que les importa. Creo que nos deleitamos en alabar lo que disfrutamos porque la alabanza no solo expresa, *sino que completa* el disfrute. No es por halagarse que los amantes se repiten constantemente lo hermosos que son; ¡su deleite es incompleto hasta que lo expresan! Disfrutar plenamente es comunicar nuestro amor. Al ordenarnos que comuniquemos nuestro amor por Él, Dios nos invita a disfrutar de Él. *

Arrepentirse

La segunda letra del acrónimo, R, significa *arrepentirse [Repent, en inglés]*. Dios quiere que nos presentemos ante Él con la conciencia tranquila y los ojos abiertos... «Y perdónanos nuestras deudas, como también nosotros perdonamos a nuestros deudores. Y no nos metas en tentación, mas líbranos del mal;» (Mateo 6:12-13, RV60). Cuando nos presentamos ante Dios con humildad y recordamos quién es Él, de repente, Él ilumina nuestra vida con su luz. Y debemos ser honestos con nosotros mismos cuando Dios nos convence y nos damos cuenta de *que tenemos que cambiar. Necesito cambiar esto. Necesito marcar la diferencia en esta área de mi vida.* Dios quiere iluminar con su luz todas las áreas de tu vida.

Cuando me mudé de Dallas a Denver, tuve que hacer una limpieza a fondo en mi casa antes de poder venderla. Así que revisé todas las áreas que nunca había limpiado antes, y una en particular me llamó la atención: debajo del fregadero. En los cinco años que viví en ese departamento, creo que nunca había limpiado debajo del fregadero. Usé una linterna mientras limpiaba para poder ver realmente lo que estaba haciendo. La linterna iluminó asquerosas cucarachas e insectos muertos que habían estado escondidos en ese lugar durante quién sabe cuánto tiempo. No podía creer que hubiera vivido en esa casa durante años sin darme cuenta de la cantidad de cosas muertas que había allí conmigo todo ese tiempo.

Cuando nos presentamos ante Dios y Él ilumina nuestra vida con Su luz, expone las cosas muertas. Expone la descomposición, las heridas y el dolor, y comienza a limpiar todo eso. Él quiere que nos refresquemos y renovemos. Cuando se trata del dolor y el sufrimiento

---

* Lewis, C. S. *Reflexiones sobre los Salmos*. Londres: Collins Fontana Books. 1964. Páginas 19-20.

que podemos estar cargando por culpa de otra persona, Jesús dice: «Afróntalo trayéndomelo a Mí, perdona, y Yo lo limpiaré». Al tener esta conversación en oración y volver a la rutina de la vida cotidiana, podemos participar con manos limpias y un corazón puro.

Pedir

La tercera letra del acrónimo, A, es para *pedir [Ask, en inglés]*. Cuando piensas en orar «danos hoy nuestro pan de cada día» (Mateo 6:11), puedes empezar a orar por las cosas que necesitas o, a veces, también por las cosas que deseas. Dios quiere que le pidas. A medida que has ido haciendo depósitos de alabanza, declarando quién ha dicho Dios que es y, por lo tanto, lo que está dispuesto a hacer en tu vida, ahora acudes a Él para recibir la verdad de quién es Él en tu vida.

Y cuando le pides a Dios, hay una abundancia de provisión, una reserva de provisión espiritual para ti en el cielo. Dios tiene mucho reservado para ti; cosas que Él quiere y desea para ti. No se trata de que tú obligues a Dios a hacer nada. Es Su herencia para ti como Su hijo. Es como si Dios te hubiera dejado una herencia de propósito, de destino, de llamado, y tú estuvieras buscando retirar lo que Dios ya ha reservado para ti. Pero no puedes obtenerlo hasta que lo pidas.

En un momento dado, Jesús dice: «...no tenéis lo que deseáis, porque no pedís». (Santiago 4:2-3, RV60). Hay cosas que no tenemos en nuestras vidas porque aún no hemos tenido una conversación con Dios. Ahora bien, esto no significa que Él nos vaya a dar todo lo que queremos. Debemos rendirnos a Su voluntad, sea cual sea.

Rendirse

Y eso nos lleva a la cuarta letra del acrónimo, Y, que significa *rendirse (Yield, en inglés]*. Es cuando oramos: «Venga tu reino. Hágase *tu* voluntad, como en el cielo, así también en la tierra.» (Mateo 6:10 RV60, énfasis mío).

No es «*mi voluntad, sino la tuya*, Dios, hágase tu voluntad». Una vez que hemos pasado por este proceso de alabanza, arrepentimiento, confesión y petición, dejamos el resto en Sus manos. Puede que no entiendas lo que está pasando en una situación a la que te enfrentas, pero en algún momento, solo tienes que decir: «Dios, tú sabes lo que es mejor. Y después de haber luchado contigo, y después de haber hablado contigo, y después de haber hecho todo el trabajo de buscar en las Escrituras, me rindo a ti. No se haga mi voluntad, sino la tuya».

Hay cosas que le vas a pedir a Dios, y Él te dirá «No», o tal vez te diga: «Ahora no». Y cuando intentamos obligar a Dios a hacer cosas fuera de Su tiempo, nos metemos en problemas.

Me encanta la historia que cuenta Pablo en 2 Corintios 12:7-9. ¡Imagina esto! A lo largo de su ministerio, Pablo ve cómo se sanan personas, comienzan movimientos y suceden cosas increíbles. Sin embargo, aquí Pablo se enfrenta a su propia prueba. Oró tres veces para que Dios se la quitara, y Dios le dijo que no: «Mi gracia es todo lo que necesitas; mi poder actúa mejor en la debilidad» (2 Corintios 12:9, NTV). Pablo tuvo que rendirse a la voluntad de Dios y al propósito de Dios para su vida.

Dios siempre tiene un plan, pero puede que nosotros no lo entendamos. Dios siempre tiene una intención que quizá nosotros no conozcamos. Y sus caminos son más elevados que los nuestros. Por eso, en algún momento, miramos lo que Dios está haciendo y decimos: «Está bien, Dios, me rindo ante ti. Descanso en ti. Confío en ti. Porque sé que eres un buen Padre y que quieres cuidar de mí».

Y al rendirnos a Dios, debemos comprender que parte de nuestra rendición en la oración es escuchar; simplemente estar en silencio ante Dios y esperar a que Él hable (Juan 10:27; 14:26; 16:13). A veces estamos tan ocupados hablando *con* Dios, que no nos tomamos el tiempo para escucharlo y así poder rendirle nuestras vidas en obediencia (Gálatas 5:25).

¿Cómo serían nuestras amistades si habláramos con nuestros amigos de la misma manera en que tan a menudo hablamos con Dios?

Imagínate: «Hola, James, oye, solo quiero decirte que eres increíble. Y que eres genial. Y que me gusta mucho lo que estás haciendo. Y que realmente necesito ayuda en mi vida. ¿Puedes ayudarme con eso? Déjame contarte todo... Ah, y además, lo que tú quieras hacer, lo podemos hacer. Pero bueno, tengo que dejarte. Muy bien, adiós».

¿Qué tipo de relación construirías con alguien si la única forma de comunicarte con él fuera *hablándole* y no escuchándolo? Parte de orar regularmente es sintonizar nuestros oídos con la guía de Dios. Podemos escucharlo y oírlo a lo largo del día, permitiendo que el Espíritu Santo nos hable y nos guíe. Queremos que Dios nos guíe: en el trabajo, con los amigos y la familia, en espacios y lugares con personas que no lo conocen. No dejes de hablar con Dios y de escucharlo cuando salgas de tu «lugar de oración». Llevas su presencia contigo a dondequiera que vayas.

Así es como podemos seguir un patrón sencillo, orando como Jesús nos enseñó... Alabar. Arrepentirse. Pedir. Rendirse... O.R.A. [PRAY, en Inglés]

CUÁNDO ORAR

Jesús nos ha estado enseñando *cómo* orar y nos ha dado ejemplo. Y en el capítulo cinco de Santiago, descubrimos *cuándo* debemos orar. Tómate un momento para leer Santiago 5:13-18 ahora.

¿Estás sufriendo? ¿Estás pasando por dificultades? ¿Hay dolor en tu vida? Santiago dice que este es un momento en el que realmente necesitas orar. Este es un momento para invocar al cielo en tu nombre. Cada vez que comenzamos a sufrir o sentir dolor, debería haber señales de ambulancia. Es una «emergencia». Es como necesitar acudir a urgencias porque algo va mal y hay que arreglarlo. Cuando estás sufriendo, no hay nada mejor que hacer que orar. Una vez más, me encanta lo que dice C. S. Lewis: «Dios nos susurra en nuestros placeres, pero nos grita a través de nuestros dolores»[*].

Así que, si estás sufriendo, si sientes dolor, si estás pasando por dificultades, si te encuentras en medio de una lucha, si llevas una carga pesada, es una invitación de Dios a entrar en su lugar secreto de oración. Cuando comenzamos a orar, el Espíritu Santo obra, nos transforma, nos sana, nos repara y nos da alegría completa en medio de cualquier situación o sufrimiento que enfrentemos.

Luego, en el mismo texto, Santiago dice que si las cosas te van bien, alaba a Dios. Este es un momento en el que podemos exaltarlo y agradecerle por lo que ha hecho. Como personas de oración, necesitamos orar con regularidad. No solo cuando las cosas van mal, ni solo cuando las cosas van bien. Santiago dice que nunca hay un momento inapropiado para conversar con Dios. Nunca hay un momento en el que no podamos comunicarnos con Él y hablar con Él, porque las personas de oración oran con regularidad. No es un evento. No es algo a lo que simplemente se asiste. No es algo que se hace solo cuando hay comida en la mesa. Es parte de nuestra vida cotidiana. Las Escrituras nos dicen que oremos en todas las ocasiones y que oremos sin cesar.

ORAR EN COMUNIDAD CON OTROS CREYENTES

También escuchaste a Santiago decir que hay momentos en los que debes llamar a los ancianos de la Iglesia para que se reúnan y oren por ti. Puede que necesites encontrar a otras personas que oren por ti. Quizás te sientes cansado, como si la vida te hubiera derrotado. Quizás te sientes frustrado y lleno de ansiedad, y hay tanto dolor y sufrimiento que has perdido tu ritmo de oración. Las personas de oración no solo oran solas; buscan a otras personas que oren por ellas y las sostengan en la brecha.

---

[*] Lewis, C. S. El problema del dolor. HarperOne, 2001. Página 91.

Me encanta la historia de Lucas 5:17-26, en la que cuatro amigos llevan a su amigo paralítico a la azotea y hacen un agujero para bajarlo hasta la presencia de Jesús. Déjame decirte que Dios ha traído a tu vida personas que están ahí para llevarte a la presencia de Jesús, ¡para interceder por ti en oración!

ORAR CON PASIÓN Y DE MANERA ESPECÍFICA

Santiago también declara que «La oración eficaz del justo puede mucho». (Santiago 5:16b, RV60). Las personas de oración oran con pasión. Hay un nivel de entusiasmo y pasión detrás de lo que perseguimos como personas de oración porque significa algo para nosotros.

Con demasiada frecuencia, muchos de nosotros oramos sin pasión. ¿Y sabes por qué? Porque oramos oraciones generales. No somos específicos. No oramos con intencionalidad. Oramos de manera tan general y vaga que no sabríamos si Dios respondió a una oración o si fue simplemente una coincidencia.

Cuando oramos con generalidades básicas como «Dios bendiga a nuestra nación» o «Dios mueva nuestra ciudad» o «Dios se manifieste en este lugar», nunca sabemos cómo responde Dios realmente.

Cuando no hacemos oraciones específicas, perdemos la pasión y la desesperación por ver a Dios actuar.

Las personas que oran lo hacen con pasión. Elías era un hombre como nosotros. Tenía una naturaleza como la nuestra. Sin embargo, su oración ferviente y eficaz marcó la diferencia (Santiago 5:17). Y se dará cuenta de que él hacía oraciones específicas. Es difícil orar *con pasión* si no se ora *de manera específica*.

Cuando oras por algo específico, ¡puedes celebrar la respuesta a tu oración! Eso fortalece tu fe y da gloria a Dios. Nuestra pasión depende de que oremos por algo específico, algo único, algo que diga: «Dios, creo que tú harás esto, y confío en que te manifestarás de esta manera». Y cuanto más específico es, más apasionado te vuelves. Y Dios responde a las oraciones apasionadas.

Echa un vistazo a Lucas 11:5-10. Me encanta la palabra de ese pasaje, «impertinencia» (NVI). Esa es la pasión y el fervor de los que habla Santiago cuando se refiere a la oración poderosa y eficaz... La «impertinencia» de seguir llamando, de seguir pidiendo. ¿Por qué? Porque hay algo específico que estás pidiendo.

Así que, cuando empieces a orar de manera específica, escribe tus peticiones. Escribe los nombres de las personas por las que estás orando. ¡Pídele al Espíritu Santo que te guíe en lo que debes orar específicamente! Ora de manera específica y, cuando Dios responda, ¡dale gloria! Esto fortalecerá tu fe.

Cuando veas que Dios responde a tus oraciones, podrás mirar atrás y decir: «Dios, gracias por escucharme cuando oro».

ORAR CON FE

Las personas que oran lo hacen con regularidad, con pasión *y* con fe, creyendo que Dios se manifestará. Me encanta cómo Santiago dice que Elías era un hombre como nosotros, que no era diferente a ti y a mí. Y dice que él oró específicamente para que *no* lloviera, y no llovió. Y luego también oró para que lloviera, y llovió. Elías era un hombre que oraba de manera específica y estaba lleno de fe. ¿De dónde venía esa fe? ¿De dónde venía esa sustancia? Venía de la misma Palabra de Dios. Dios le indicó a Elías por qué debía orar. Así, Elías pudo apoyarse en la sustancia de la Palabra de Dios y orar de manera específica y apasionada, confiando en que Dios lo haría. Tú también puedes orar con valentía en la fe y con especificidad, confiando en que Dios cumplirá lo que claramente ha prometido que desea hacer.

ORACIONES GUIADAS POR EL ESPÍRITU Y ALIMENTADAS POR LAS ESCRITURAS

Me encanta orar con las Escrituras. Lo llamo tiempo de oración guiado por el Espíritu y alimentado por las Escrituras. Oro con las mismas palabras de las promesas de Dios que se encuentran en las páginas de las Escrituras porque puedo apoyarme en la fe, sabiendo que lo que Dios ha dicho, lo hará. Él responderá y la puerta se abrirá. Obtendrás la respuesta que pides cuando oras con las Escrituras y cuando oras lo que Dios mismo ha declarado y está guiando. Anímate y pruébalo: ora con pasajes de la Biblia, convirtiéndolos en tus oraciones a Dios. ¡Los Salmos son uno de los mejores lugares para empezar! Incluso puedes cambiar el lenguaje de tercera persona («Dios dijo» y «Él hizo») a segunda persona («Dios, Tú dijiste» y «Tú hiciste»), no para cambiar nada en la Biblia, sino simplemente para orar directamente a Dios en una relación personal.

Como personas de oración, queremos poner nuestro corazón y posicionarnos para orar *como* Dios nos ha pedido que oremos y *cuando* Él nos ha pedido que oremos. Y que podamos ser testigos de cómo Dios responde a nuestras oraciones cuando oramos con regularidad, con pasión y con fe.

¿Y AHORA QUÉ?

Tómate un tiempo para hablar con Dios utilizando el **acrónimo P.R.A.Y.** (alabar, arrepentirse, pedir, rendirse). Comprométete a practicar la oración en tu tiempo diario con Dios. Y recuerda, en pocas palabras, la oración es una conversación con Dios.

Consejos para la oración que escucha: La oración es una conversación que incluye tanto hablar como escuchar. Considera estas formas comunes en las que vemos a Dios hablándonos a lo largo de las Escrituras.

La Biblia: Dios siempre se comunica con nosotros a través del significado claro de las Escrituras y también a través de las Escrituras que penetran en nuestros corazones en función de nuestras circunstancias específicas (2 Timoteo 3:16; Salmo 19:10-12).

Susurros: La voz suave y apacible de Dios a menudo llega a través de un suave empujón interior, algo que se activa en tu espíritu como una suave alarma sonora, o pensamientos que no son nuestros, sino del Espíritu Santo (Marcos 13:11; Hechos 8:29; Hechos 13:2; Hechos 20:23).

Imágenes: Los sueños que tenemos mientras dormimos o las visiones que vemos mientras estamos despiertos, casi como si fueran producto de nuestra imaginación, pueden provenir de Dios (Hechos 16:9-10; Hechos 2:17; Hechos 10:9-18).

Cargas: Es posible que sientas una compasión abrumadora, un peso en el corazón o que Dios te impulse a hacer algo (Hechos 20:22; Jeremías 20:9; Mateo 9:36; Lucas 19:41-46).

En este momento, ora y pide al Señor, en el nombre de Jesús, que silencie tu carne y al enemigo. Pídele a Dios que te hable y que puedas escuchar solo su voz. Tal vez tengas una pregunta específica, o tal vez solo quieras preguntarle si Dios tiene algo que decirte. Escucha. Escribe todo lo que te venga a la mente:

Puedes asegurarte de que realmente es Dios quien te habla con esta rápida prueba:

1. ¿Coincide con las enseñanzas de la Biblia?

2. ¿Glorifica a Dios y promueve Su Reino (en lugar de mis propios planes)?

Mientras escuchas y evalúas lo que oyes con las Escrituras, recibe todo lo que Dios te diga. Y, cuando sea aplicable, comprométete a obedecerlo. ¡Haz de esto una práctica habitual en tu vida!

Empieza a orar de manera específica, buscando a Dios y Su Palabra para descubrir las formas en que Él podría estar guiándote para que le presentes peticiones específicas. En tu diario, dibuja una línea vertical en el centro de la página: en el lado izquierdo escribe «peticiones de oración» y en el lado derecho escribe «respuestas».

Anota regularmente tus peticiones a la izquierda junto con la fecha. Sigue volviendo a esta lista y orando por esas cosas, anotando la respuesta en la columna de la derecha cuando seas testigo de que Dios resuelve tu petición. Considera la posibilidad de utilizar el diario de oración *Acércate: Un Cuaderno de Vida Espiritual para Impulsar tu Crecimiento en Cristo* para ello.

Además, sigue orando específicamente por TODAS las personas de tu vida que aún no conocen a Jesús, tanto las personas que sigues conociendo como las de tu lista del capítulo 2.

COMIENZA A APRENDER EL VERSÍCULO PARA MEMORIZAR:

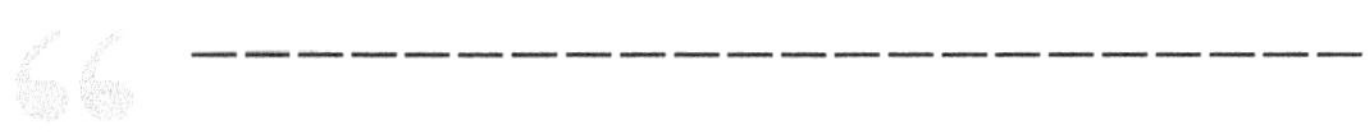

«No se preocupen por nada; en cambio, oren por todo. Díganle a Dios lo que necesitan y denle gracias por todo lo que él ha hecho». — Filipenses 4:6, NTV

Versículo EXTRA: «Así experimentarán la paz de Dios, que supera todo lo que podemos entender. La paz de Dios cuidará su corazón y su mente mientras vivan en Cristo Jesús». — Filipenses 4:7, NTV

¿Y SI...?

La semana pasada se te desafió a compartir las Escrituras con otra persona para animarla en su camino de fe (una palabra de aliento, un mensaje de texto, una carta, un correo electrónico, etc.). Esta semana, ora específicamente por esa persona. Ora por las esperanzas y los sueños específicos que Dios ponga en su corazón para esa persona.

Ahora, ponte en contacto con esa persona de nuevo y hazle saber que has orado por él o ella. Comparte cualquier esperanza o sueño específico que hayas llevado a Dios en oración por su vida. Y si tienes algún pasaje de las Escrituras que te gustaría compartir, ¡envíalo también!

DISCUSIÓN

1. Comparte cualquier victoria u obstáculo de los pasos de acción de la semana pasada.
2. Oren juntos.
3. Repasen el versículo para memorizar.
4. Lee las escrituras clave: 1 Tesalonicenses 5:17; Filipenses 4:6-7; Mateo 6:9-13.
5. Repasa los conceptos clave del capítulo. Comparte cómo lo estás procesando y cualquier comentario que tengas. ¿Hay algo en particular que te haya llamado la atención? ¿Hay algo con lo que no estés de acuerdo? ¿O hay algo que nunca olvidarás? ¿Tienes alguna pregunta al respecto?

6. ¿En qué aspecto necesitas crecer más en la oración: en alguna de las categorías de P.R.A.Y. (alabar, arrepentirse, pedir, rendirse)? ¿En escuchar Su voz y ser guiado por el Espíritu Santo? ¿En orar de manera específica? ¿En orar constantemente? ¿Cómo empezarás a crecer en la oración esta semana?

7. ¿Qué crees que Dios te estaba diciendo mientras orabas esta semana en la sección «¿Y ahora qué?».

8. ¿Qué cosas anotaste en la sección «¿Y ahora qué?» que sientes que te han llevado a empezar a orar específicamente?

9. Repasa de nuevo la sección «¿Y si...?» y el versículo para memorizar.

10. Compartan todos: ¿cuál es la idea clave o el paso a seguir para esta semana?

11. Oren juntos.

OTROS RECURSOS ÚTILES:

Acércate: Un Cuaderno de Vida Espiritual para Impulsar tu Crecimiento en Cristo, de Forge (busca la sección «Prayer Requests» [Peticiones de oración]).

Ten-Finger Prayers (Libro), de Agnes Robertson

Para opciones de compra y más recursos, visita:
MultiplyMore.com/es

6

PARTICIPAR EN LA IGLESIA LOCAL

Hechos 2:42 • 1 Corintios 14:26 • Efesios 4:12

Mientras Jesús viajaba y enseñaba, consiguió muchos seguidores. Tenía discípulos que llevaban varios años con él. Luego, en Mateo 16:13-15, cuando Jesús llegó al distrito de Cesarea de Filipo, «preguntó a sus discípulos: "¿Quién dice la gente que es el Hijo del Hombre?". Ellos respondieron: "Unos dicen que es Juan el Bautista; otros, que es Elías; y otros, que es Jeremías o alguno de los otros profetas". Él les dijo: "Pero ¿quién dicen ustedes que soy yo?".

Todos tienen ideas diferentes sobre quién es Jesús. Todos quieren que Él sea lo que ellos creen que debe ser.

Y Jesús va directo al grano con: «¿Y ustedes, quién dicen que soy *yo*?».

Y «Respondiendo Simón Pedro, dijo: Tú eres el Cristo, el Hijo del Dios viviente. Entonces le respondió Jesús: Bienaventurado eres, Simón, hijo de Jonás, porque no te lo reveló carne ni sangre, sino mi Padre que está en los cielos» (Mateo 16:16-17, RV60).

Pedro, en esencia, se arriesga y declara, parafraseando: «Creo que tú eres el Mesías. Creo que tú eres aquel sobre quien profetizó todo el Antiguo Testamento, que tú eres el Hijo de Dios». Si Pedro se equivoca, esto es herejía. Si Pedro se equivoca, puede ser lapidado hasta la muerte. Pero si Pedro tiene razón, ¡esto es algo muy grande!

Pedro lo declara, y la respuesta de Jesús es: «Sí, has acertado, Pedro», al afirmar que «esto te lo ha revelado Dios que está en el cielo» (Mateo 16:17).

Jesús continúa en el versículo 18, y esto es en lo que quiero centrarme. Él dice: «Y yo también te digo, que tú eres Pedro, y sobre esta roca edificaré mi iglesia;» (RV60). ¿Mi qué? Mi iglesia. Es la primera vez en las Escrituras que vemos la palabra «iglesia». Proviene de los propios labios de Jesús, y Él dice: «Edificaré mi iglesia... Y a ti te daré las llaves del reino de los cielos; y todo lo que atares en la tierra será atado en los cielos; y todo lo que desatares en la tierra será desatado en los cielos» (Mateo 16:18-19, RV60).

Con solo esas pocas palabras, todo cambió. Primero, está la declaración de que Jesús es el Cristo, el Hijo del Dios viviente. Y Jesús lo afirma. Y luego anuncia que va a ser el fundamento de algo nuevo. Él dice, parafraseando: «Pedro, tienes razón. Sobre esta roca edificaré mi iglesia».

Hay algunos cristianos que tienen la idea de que, de alguna manera, Pedro es la roca central de la Iglesia. Pero no, Pedro no lo es. Y eso se ve a lo largo del resto de las Escrituras con su vida. A veces se equivoca. A veces acierta. Pero no se puede confiar en eso.

Jesús está diciendo efectivamente: «El hecho de que yo sea el Cristo, el Hijo del Dios viviente, que yo sea el Mesías, que yo sea el Gran Yo Soy, que existo eternamente con el Padre y el Espíritu, sobre *esta* roca de quien soy, edificaré mi Iglesia». En una de sus cartas, el propio Pedro dice que Jesús es la piedra angular (1 Pedro 2:6). Ese es el tipo de roca que es Jesús.

LA IGLESIA PERTENECE A JESÚS: ES SU IGLESIA

Creo que no hay palabras innecesarias en las Escrituras, que cada una de ellas cuenta. Si no hay palabras innecesarias en las Escrituras, y consideramos lo que Jesús dijo a sus discípulos, Él dijo: «*Mi* Iglesia», y eso me encanta, porque cuando dice «*Mi* Iglesia», está reclamando la propiedad. Está diciendo: «La Iglesia me pertenece». He observado que cuando alguien empieza a asistir a una iglesia, al cabo de un tiempo dice: «Esto es genial, por fin he encontrado *mi* iglesia».

Y entiendo lo que quieren decir, que esta es la iglesia con la que se identifican. Pero no cometamos un error aquí. Las iglesias, al menos las iglesias que siguen a Jesús, pertenecen a Jesús. Él es el dueño de la Iglesia.

Él está declarando la propiedad de algo: algo que está comenzando en este momento con quién es Él, lo que ha hecho y lo que va a hacer, es decir, su muerte en la cruz, su sepultura, su resurrección y su ascensión; venciendo a Satanás, al pecado y a la muerte. Sobre todo esto, Él dice que va a construir algo. Una Iglesia. La palabra griega para iglesia, *Ekklesia*, significa simplemente una *reunión* o *asamblea* de hombres y mujeres.

Pero si piensas que todo esto se trata de ti y no de Él, empiezas a creer que lo que sea que sea la «iglesia» fue creada por las personas y que fue una idea social para mantener a las personas controladas, en lugar de recordar que la Iglesia fue idea de Jesús. Él ideó este plan. Él es la piedra angular del mismo. Y quiere construirla con nosotros. Y cuando dice: «Edificaré mi iglesia» (Mateo 16.18), Jesús está diciendo que Él es responsable de edificar su iglesia.

Por lo tanto, una iglesia que sirve a Jesús, ama a Jesús, adora a Jesús y predica a Jesús a partir de Su Palabra, esa iglesia es propiedad de Jesús. Y lo hermoso es que cuando una iglesia crece, es porque Jesús está construyendo Su Iglesia. Hacemos planes y tenemos métodos como organización de personas imperfectas que se unen. Pero el impulsor, el motor, el constructor, si se trata de una iglesia que honra a Dios, es

Jesús. Y personalmente creo que cuando las iglesias comienzan a equivocarse y se desvían del camino, Jesús también puede cerrar una iglesia. Y eso no significa que todas las iglesias que cierran lo hagan porque alguien pecó o porque alguien perdió el rumbo, por así decirlo. Pero la conclusión es que la Iglesia pertenece a Jesús.

LA IGLESIA ES LA NOVIA VICTORIOSA Y AMADA DE CRISTO.

Después de que Jesús anuncia: «Sobre esta roca edificaré mi Iglesia», proclama: «Las puertas del hades no prevalecerán contra ella» (Mateo 16:18, RV60). ¿Te das cuenta de que la gente ha estado tratando de acabar con la Iglesia durante más de 2000 años? Dictadores, césares, filósofos, científicos y otros lo han intentado.

La gente dice: «La Iglesia es irrelevante. La Iglesia no nos entiende. ¿Para qué necesitamos la Iglesia?». Sin embargo, todos ellos han fracasado en su intento de prevalecer contra la Iglesia de Cristo.

Curiosamente, cuando Jesús pronunció estas palabras a sus discípulos, se encontraba en Cesarea de Filipo, que tenía una enorme pared de roca donde se cometían horribles actos de culto pagano; incluso había un canal acuático que llamaban «las puertas del infierno». Así que, mientras estaba en ese lugar de oscuridad espiritual, Jesús declaró esencialmente: «Nada detendrá la construcción de mi Iglesia. Incluso en los lugares más oscuros de nuestro planeta, incluida esta roca de Cesarea de Filipo, ustedes pasarán a la ofensiva en la oscuridad... ¡y prevalecerán mientras yo construyo mi Iglesia!».

Claramente, Jesús estableció la Iglesia y continúa construyéndola a través de su pueblo. Si eres cristiano, vas a la iglesia, no para ganar puntos extra o la gracia de Jesús, sino porque necesitamos la Iglesia para nuestras almas. La Iglesia fue una idea de Jesús. Él es la piedra angular de la Iglesia. ¿Puedes ser cristiano y no ir a la iglesia? Sí. Pero ¿por qué querrías hacer tal cosa? ¿Por qué querrías ser cristiano y no formar parte de lo que Él inventó, de lo que creó para tu bien y para su gloria? Jesús tenía un plan específico y una razón específica para la Iglesia.

La Iglesia, dice la Escritura, es su novia, y Él es el novio (Apocalipsis 19:7; Efesios 5:25-32). Sé que las iglesias no siempre son lo mejor que pueden ser. Pero quiero que veamos que la Iglesia es verdaderamente la novia de Cristo. Y eso significa que no es un edificio. ¡Es una reunión de su pueblo, su novia! ¡Y debemos honrar y exaltar a la novia de Jesús! Las Escrituras dicen que la Iglesia global colectiva, no solo la iglesia local, que todos los hombres y mujeres, jóvenes y ancianos, que componen Su Iglesia son Su novia (1 Corintios 1:2) y Cristo es el novio, y estaremos con Él para siempre en la eternidad.

LA IGLESIA ESTÁ LLAMADA A CUMPLIR SU MISIÓN.

Y luego, lo último que Jesús dice en este pasaje de Mateo es: «... te daré las llaves del reino de los cielos» (Mateo 16:19, RV60), y esto es bastante interesante. Él está hablando a Sus discípulos. Y, por lo tanto, implícitamente, nos está hablando a nosotros. A aquellos de nosotros que somos cristianos, les está diciendo: «A ustedes les doy las llaves del Reino de los Cielos; todo lo que aten en la tierra quedará atado en el cielo, y todo lo que desaten en la tierra quedará desatado en el cielo». Con las llaves se pueden cerrar puertas. Con las llaves se pueden abrir puertas. Y esta fue su analogía, su ilustración. Jesús dice que nos da las llaves a nosotros como su Iglesia, y que estas llaves abrirían la vida de las personas al Reino de Dios. Él nos ha llamado como su Iglesia para cumplir su misión: ¡abrir más corazones y vidas a la Buena Nueva!

Aunque los cristianos suelen reunirse para adorar una vez a la semana, Dios ha dispuesto que se dispersen para ejercer su ministerio en lugares cotidianos y ordinarios, llevando consigo las llaves del Reino y cumpliendo su misión. Vemos este diseño a lo largo de todo el libro de los Hechos (Hechos 8:4). De hecho, en Mateo 9, Jesús dijo que la mayor necesidad del mundo es más obreros en más campos de cosecha. Y no se refiere solo a pastores y misioneros. Se refiere a hombres y mujeres comunes, estudiantes y niños.

En Efesios 4, se nos enseña que todas las diferentes partes de la Iglesia tienen un propósito para ser parte del «Cuerpo de Cristo». De hecho, dice que Dios nos dio «apóstoles, profetas, evangelistas, pastores y maestros», ¿para hacer qué? «a fin de perfeccionar a los santos» —a los cristianos comunes, no solo a los líderes de la iglesia, los misioneros o los que están en el ministerio vocacional—. «Para la obra del ministerio» (Efesios 4:11, RV60). Todos estamos llamados a una vida de ministerio, una vida de impacto. Vemos que después de la muerte, sepultura, resurrección y ascensión de Jesús, los discípulos creen esto y lo aceptan.

¿Qué es lo fundamental en la reunión de los creyentes?

En Hechos 2, Pedro predica su primer sermón y miles de personas se convierten a Cristo ese mismo día. Así que, cuando estos miles de personas se convirtieron al cristianismo en un solo día, al instante se formó una gran congregación. Más adelante, al final de ese capítulo, en Hechos 2:42, se dice: «Se dedicaban a la enseñanza de los apóstoles y a la comunión, al partimiento del pan y a las oraciones» (NVI). Y con esto, empezamos a hacernos una idea del propósito de las reuniones de la iglesia.

En primer lugar, vemos que se reunían para «enseñar». Cabe destacar que esto es lo primero que se menciona en Hechos 2:42. Creo que es la parte más importante, la parte central de la Iglesia. La razón por la que la predicación de la Palabra de Dios es fundamental es porque la Palabra de Dios da sentido a todo lo demás. ¿Por qué canto en la iglesia? ¿Por qué doy en la iglesia? ¿De qué se trata la comunión? No entiendo estas cosas y muchas otras si no conozco la Palabra de Dios. Y Sus palabras siempre son más importantes que las nuestras.

Luego, Hechos dice que se reunían para tener «comunión». Una de las mejores partes de la iglesia es la comunidad de personas: personas que me conocen y a las que yo conozco. Esta es la comunidad; es la comunión. No tiene por qué significar que seas el mejor amigo de todas las personas de tu iglesia. Está bien si no es así. Pero es importante encontrar relaciones más profundas dentro de la Iglesia. Dios nos creó para tener relaciones y, como familia de Dios, nos fortaleceremos, animaremos, desafiaremos y uniremos nuestros brazos para Su misión. Realmente somos mejores juntos.

En tercer lugar, dice: «el partimiento del pan». Las relaciones se forman a menudo alrededor de la mesa, especialmente en la cultura y la época del Nuevo Testamento, en la que compartir la mesa significaba compartir la vida. Y el mismo Jesús nos invita a compartir la vida con Él a través de la cruz y la resurrección. Es precisamente esta relación y su muerte en la cruz lo que recordamos y proclamamos cada vez que participamos en la comunión en nuestras reuniones (1 Corintios 11:23-25): «Pues, cada vez que coman este pan y beban de esta copa, anuncian la muerte del Señor hasta que él vuelva» (1 Corintios 11:26, NTV). Al hacerlo, estás teniendo comunión con Dios y también con los que te rodean. Esta es una hermosa imagen de la Iglesia.

Por último, encontramos la «oración». ¡Toda la obra cristiana es fruto de la oración! Sin oración estamos sin vida, estancados y sin poder. Puedes orar solo, pero las Escrituras nos enseñan que también debemos orar unos por otros y orar juntos. ¡Es evidente que Dios ha llamado a su pueblo a ser un pueblo de oración en todas las ocasiones (Santiago 5:13-18)!

No importa lo que enfrentes, ¡no dejes de reunirte con los demás!

Dios nos ha diseñado para ser *juntos* su Iglesia. En 1 Corintios 14:26, se nos da una imagen de cómo podría ser esto cuando nos reunimos: Cuando se reúnan, uno cantará, otro enseñará, otro contará alguna revelación especial que Dios le haya dado, uno hablará en lenguas y otro interpretará lo que se dice. Pero todo lo que se haga debe fortalecerlos a todos (mi paráfrasis).

Hay muchas personas que se llaman a sí mismas cristianas, pero no están unidas al Cuerpo. Y las Escrituras son muy claras al respecto. Dicen: «El ojo nunca puede decirle a la mano: "No te necesito". La cabeza tampoco puede decirle al pie: "No te necesito"» (1 Corintios 12:21, NTV). Compara a la Iglesia con un cuerpo humano. Y cada parte, ya sea «importante» o «insignificante», forma parte del mismo cuerpo y todas son importantes.

Si aún no lo has hecho, en algún momento te sentirás decepcionado o herido por una iglesia o por los miembros de una iglesia. Te animo a que no huyas. Resuelve el problema en la relación. Y si es irresoluble o descubres que se trata de una iglesia completamente insalubre, no huyas de todas las iglesias. Seguramente en algún momento de tu vida has comido comida en mal estado en un restaurante y has pasado mal esa noche. ¿Ahora evitas todos los restaurantes? ¡No! Te diste cuenta de que esa comida, o tal vez ese restaurante, no era como debía ser. Pero eso no empañó tu percepción del para qué existen los restaurantes ni te alejó de todos ellos.

Que sea lo mismo con la familia de Dios, la Iglesia. Sé rápido para perdonar y comprometerte. Una familia sana no deja de reunirse: «no dejando de congregarnos, como algunos tienen por costumbre, sino exhortándonos; y tanto más, cuanto veis que aquel día se acerca» (Hebreos 10:25, CEV). Busca participar, amar, servir y cuidar a los miembros de la familia de Dios... porque, como seguidor de Jesús, ¡es tu familia!

La Iglesia de Jesús se manifiesta en muchas formas, tamaños y estilos.

En las buenas iglesias no son todos iguales. No son todos del mismo color. No tienen todos ahí la misma edad. No visten todos igual. Pero cuando tú y yo creemos en toda la belleza y la gloria que Jesús diseñó cuando estableció su Iglesia, empezamos a verlas de otra manera. Y tal vez Dios te ha puesto con personas que son diferentes a ti porque hay un área en la que necesitas crecer. O tal vez vas a una iglesia con personas un poco diferentes a ti porque es una oportunidad para que tú les ayudes a crecer. Pero eso no sucede si estás aislado. Solo sucede en comunidad.

Quizás pienses: «*Bueno, en realidad solo hay una iglesia en mi región, y realmente desearía que mi iglesia tuviera este programa en particular o tuviera otro ministerio o se preocupara más por un tema concreto*». Bueno, tal vez deberías formar parte de hacer que eso suceda en tu iglesia. O si Dios te está dando una visión fuerte para una iglesia, tal vez Dios te está llamando a comenzar una reunión de iglesia en tu área. O, si no hay reuniones de iglesia en tu región del mundo, entonces comienza una, reuniéndote con otros creyentes para la enseñanza de las Escrituras, la comunión, el partimiento del pan y la oración.

La Iglesia está establecida sobre Cristo y el Evangelio. Y cuando nos reunimos para adorar a Dios, somos equipados, animados y empoderados. La Iglesia ha existido durante más de 2,000 años. Estará aquí todo el tiempo que sea necesario, hasta que Jesús regrese. Jesús nos ha dado a ti y a mí las llaves para abrir las puertas a las personas que están lejos de Dios. Él lo dijo en serio cuando dijo que las llaves del Reino son para nosotros. ¿Qué harás con las llaves que Él te ha dado? ¿Serás parte del cambio, involucrándote en tu iglesia? No estamos destinados a vivir aislados. Estamos destinados a vivir en comunidad, al igual que los primeros doce discípulos que siguieron a Jesús, juntos.

La Iglesia es la novia, la gloriosa novia de Cristo. A lo largo de toda la Escritura, Él la llama su gloriosa novia. Y un día, al final de todas las cosas, habrá la gloriosa cena de las bodas del Cordero. Su Iglesia perdurará más allá de este mundo y de esta creación, hasta el siguiente. La Iglesia es eterna porque Cristo es la cabeza. Él es la piedra angular, la roca sobre la que se edifica su Iglesia. ¡No querrás perderte la oportunidad de ser parte de todo lo que Jesús está haciendo entre su pueblo!

¿Y AHORA QUÉ?

¿Participas en una iglesia local? ¿Por qué sí o por qué no?

Jesús te llama a participar y comprometerte con la iglesia local. Si aún no estás comprometido con una iglesia local, necesitas encontrar una.

ENCUENTRA UNA IGLESIA

Qué buscar al encontrar una iglesia:

- Centrada en Jesús por encima de todo (Hebreos 12:2).

- Que se comprometa activamente con la Palabra de Dios (la Biblia) para equipar a todos los creyentes (Efesios 4:12).

- Centrados en participar en la misión de Dios/la Gran Comisión (Mateo 28:18-20).

- Incluye las prácticas de Hechos 2:42: enseñar la Palabra de Dios, tener comunión, partir el pan y orar.

- Considera buscar opciones utilizando la herramienta de localización de iglesias de la Asociación Evangelística Billy Graham: Churches.GoingFarther.net.

Fundar una iglesia

Quizás no haya iglesias en tu zona y Dios te esté guiando para que fundes una. Echa un vistazo al Apéndice B para obtener consejos adicionales sobre cómo iniciar una reunión eclesiástica.

¿Has criticado a la novia de Cristo en lugar de edificarla? ¿De qué manera?

Ora y pide perdón a Dios si has sido crítico por tener un corazón quejumbroso. En lugar de quejarte y criticar desde fuera, ¿cómo puedes empezar a servir y ser parte de la solución a los posibles problemas que ves?

¿Cuáles son tus dones espirituales?

Lee los dones espirituales enumerados en Romanos 12:6-8; 1 Corintios 12:7-11, 28; y Éxodo 31:3-5.

Esta semana, realiza la **evaluación de dones espirituales aquí: ForgeForward.org/Spiritual-Gifts-Test**

Después de estudiar estas Escrituras en oración y realizar la evaluación de dones espirituales, enumera tus dones espirituales aquí:

Después de completar lo anterior, pregúntale a Dios cómo te ha creado para servir a Su Reino y, en oración, piensa en cómo puedes usar tus dones para servir a tu iglesia local. Mientras oras, escribe tus ideas aquí:

Después de reflexionar en oración, considera reunirte con los líderes o mentores apropiados de tu iglesia y pregúntales cómo puedes usar tus dones para servir y ser de bendición.

COMIENZA A MEMORIZAR EL VERSÍCULO PARA MEMORIZAR:

————————————————————————————————

«... no dejando de congregarnos, como algunos tienen por costumbre, sino exhortándonos...» — Hebreos 10:25a, RV60

————————————————————————————————

¿Y SI...?

Al participar en tu iglesia local, recuerda que Dios no te ha llamado a ser un mero espectador, sino a ser un participante. Así que, mira a tu alrededor. ¿Hay personas que aún no han tenido la oportunidad de recibir inversión espiritual y ánimo, y están esperando que alguien lo haga? ¿Hay vidas que Dios quiere que acompañes para que también puedan descubrir cómo participar mucho más allá de sentarse y escuchar en una reunión semanal, y aprender finalmente a vivir una vida de búsqueda vibrante de Dios y de vivir para Sus propósitos las 24 horas del día, los 7 días de la semana? Recuerda, esto no requiere un título o un cargo. ¡Dios desea que todo Su cuerpo participe activamente, viviendo Su vida resucitada!

¿Qué pasaría si te unieras a Dios para acompañar a otras personas que aún esperan una oportunidad para recibir todo lo que ofrece *Movimientos Multiplicadores*? Esta herramienta está pensada para ti, ¡pero no solo para ti! Dios desea multiplicar tu impacto a través de otros. Todavía hay personas en todo tipo de «campos de cosecha» esperando que los obreros del Reino les acerquen a Jesús, ¡y *tú* podrías ser la respuesta para ver cómo el movimiento de Dios comienza a expandirse!

Has estado considerando y orando por varias personas durante las últimas semanas, e incluso animando a algunas. Probablemente sean personas con las que Dios quiere que consideres acompañar utilizando *Movimientos Multiplicadores* (una vez que lo hayas terminado). Es hora de decidir en oración: «¿A quién invitaré a participar en Movimientos Multiplicadores conmigo?». Puede ser una persona o varias. ¡Nunca subestimes una sola vida!

Es probable que en este momento no te sientas preparado para ello. No pasa nada. Ahora es simplemente el momento de empezar a orar por otras personas que Dios pondrá (o ya ha puesto) en tu camino. Mientras piensas en quiénes podrían ser, escribe su nombre (o nombres) aquí y luego empieza a orar por ellos diariamente durante esta semana:

DISCUSIÓN

1. Comparte cualquier victoria u obstáculo de los pasos de acción de la semana pasada.
2. Oren juntos.
3. Repasen el versículo para memorizar.

4. Lee las escrituras clave: Hechos 2:42; 1 Corintios 14:26; Efesios 4:12.
5. Repasa los conceptos clave del capítulo. Comparte cómo lo estás procesando y cualquier comentario que tengas. ¿Hay algo en particular que le haya impactado? ¿Hay algo con lo que no estás de acuerdo? ¿O hay algo que nunca olvidarás? ¿Tienes alguna pregunta al respecto?
6. Describe cómo es tu participación actual en la iglesia local.
7. ¿Cuáles crees que son tus dones espirituales?
8. ¿Ves alguna deficiencia potencial en tu iglesia? ¿Crees que Dios te reveló algo en oración esta semana acerca de tus dones? ¿Qué surgió en tu lluvia de ideas? Basándote en estos factores, ¿cómo puedes servir a tu iglesia y a otros creyentes con tus dones en el futuro?
9. Repasa de nuevo la sección «¿Y si...?» y el versículo para memorizar.
10. Compartan todos: ¿cuál es la idea clave o el paso a seguir para esta semana?
11. Oren juntos.

OTROS RECURSOS ÚTILES:

¿Y ahora qué? Consejos prácticos para alimentar tu fe (folleto) «Capítulo 5: Salir con otros cristianos», por Forge

Para opciones de compra y más recursos, visita:
MultiplyMore.com/es

7

REDESCUBRIR LAS BUENAS NUEVAS

1 Corintios 15:1, 3-4 • 1 Pedro 3:18 • Marcos 1:14-15

Amo a mi esposa. Una de las cosas que más me gustan de ella es lo creativa que es. Y es creativa en muchos sentidos. Literalmente, puede tomar un ovillo de lana y tejerlo para convertirlo en un peluche o en una manta muy cálida. También es muy creativa intelectualmente. Ve el mundo desde una perspectiva verdaderamente única. Una de las formas en que demuestra su creatividad intelectual es planteando preguntas increíbles para iniciar conversaciones con la gente.

Una de sus preguntas favoritas es: «Si pudieras crear un agujero de gusano o un dispositivo de teletransporte entre dos lugares del planeta Tierra, ¿qué dos lugares elegirías?». Me encanta esta pregunta porque revela los lugares más importantes para las personas.

Otra pregunta que le encanta hacer es: «Si pudieras tener cualquier condimento —catsup, salsa picante, mayonesa, mostaza o cualquier otro— saliendo de tu ombligo, y fuera higiénico y limpio, ¿qué condimento elegirías?».

Otra pregunta que le he oído hacer recientemente es: «Si pudieras tener un superpoder, pero no pudiera ser un superpoder tradicional, como la superfuerza, volar o la visión de rayos X, sino que tuviera que ser un superpoder mundano, ¿cuál elegirías? Por ejemplo, cada vez que metieras la mano en el bolsillo, sacarías la cantidad exacta de cambio; o cada vez que intentaras sacar una grapa de un papel, lo harías perfectamente; o cada vez que fueras a raspar el papel tapiz, lo harías exactamente bien».

Me encanta una de las respuestas que le oí dar a alguien a esta pregunta. Dijo: «Me gustaría que mi superpoder mundano fuera la tolerancia a la lactosa». Y me identifico totalmente con eso. Me encanta el helado y la pizza. Pero a veces mi estómago no lo soporta.

Mi esposa me ha inspirado a hacer una pregunta propia. Así que tengo una pregunta para ti. Y te animo a que la respondas. Sé que probablemente nunca escucharé tu respuesta. Pero piénsalo de verdad.

Aquí va: si estuvieras en tu casa y esta se incendiara, y solo pudieras llevarte un objeto, ¿cuál sería?

He hecho esta pregunta a mucha gente a lo largo de mi vida. Y he recibido un montón de respuestas diferentes. Estas tienden a dividirse en tres categorías diferentes. La primera categoría es la de *los seres vivos*. Las personas que tienen mascotas, o personas que tienen niños pequeños, o personas que tienen familiares mayores, siempre los eligen, diciendo cosas como: «Sí, me aseguraría de que la abuela saliera de la casa», o «Me aseguraría de que mi sobrina o mi sobrino salieran de la casa», o «Me aseguraría de que mi gato, mi perro o mi hámster salieran de la casa».

Luego están las personas a las que les importan mucho *los recuerdos*. Y cuando piensan en lo que se llevarían, siempre dicen: «Bueno, me llevaría el álbum de fotos familiar» o «Me llevaría el disco duro con todas las fotos y vídeos familiares», o «Me llevaría esa reliquia familiar de valor incalculable con la foto de la abuela y el abuelo de principios del siglo XX», o «Me llevaría esta joya irremplazable que se transmite de madre a hija y de hija a madre en nuestra familia».»

Y luego, por supuesto, siempre hay personas *prácticas*; aquellas que dicen: «Si pudiera elegir cualquier cosa, me llevaría el dinero que tengo guardado en el colchón», o «Me llevaría la maleta que contiene mi pasaporte y todos mis documentos importantes», o «Me llevaría mi kit de supervivencia».

¿QUÉ ES LO MÁS IMPORTANTE PARA TI?

Es muy interesante hacer esta pregunta porque revela lo que es más importante para las personas. Como seres humanos, sabemos lo que es más importante para nosotros. Y si no sabes lo que es importante para ti, solo tienes que fijarte en cómo gastas tu tiempo, tu energía y tu dinero. Eso te dirá lo que es importante para ti.

Por ejemplo, si eres padre y miras tu estado de cuenta al final del mes, apuesto a que la gran mayoría de lo que gastas es en comida para tus hijos, ropa para tus hijos, útiles escolares para tus hijos y un hogar para tus hijos. Te preocupas por las *personas* que forman parte de tu vida. Las personas que forman parte de nuestras vidas son una de nuestras principales prioridades.

Para muchos de nosotros, nuestro *trabajo* es una prioridad muy importante. Es allí donde pasamos todo nuestro tiempo o una gran parte de él, algunos de nosotros trabajando 40, 50 o 60 horas a la semana. Probablemente te apasione tu trabajo o te apasionen las oportunidades que te brinda gracias al dinero que ganas con él.

Para otros, la religión es muy importante, y eso se refleja en cómo invertimos nuestro tiempo, energía y dinero. Para otros, la política es muy importante. Tan importante que algunos incluso estaríamos dispuestos a morir por nuestras creencias. Y para otros, los deportes, los pasatiempos y las actividades son realmente importantes.

La realidad es que, como seres humanos, hay cosas que son realmente importantes. Y sabemos cuáles son esas cosas. Y como cristianos, creo que eso debería impulsarnos a hacernos esta pregunta: ¿Qué dice la Escritura que debería ser lo más importante para nosotros?

LO QUE LA ESCRITURA DICE QUE ES MÁS IMPORTANTE

Para que se hagan una idea, 1 Corintios es una carta escrita por el apóstol Pablo a la iglesia de un lugar llamado Corinto, a los «corintios». Por eso se llama Corintios. En esta carta, Pablo establece verdades fundamentales para los corintios, desde la moral cristiana hasta cómo debemos vivir juntos como Cuerpo de Cristo. Y luego llega a este punto en 1 Corintios 15, donde habla de este mensaje tan importante. Adelante, léanlo: 1 Corintios 15:3-4: «Porque *primeramente* os he enseñado lo que asimismo recibí: Que Cristo murió por nuestros pecados, conforme a las Escrituras; 4 y que fue sepultado, y que resucitó al tercer día, conforme a las Escrituras;» (RV60, énfasis mío).

¡Es una declaración poderosa! Son solo un par de líneas en la Biblia. Pero en estas dos líneas, Pablo proclama los mensajes más importantes de toda la Biblia. De hecho, eso es lo que dice. Dice: «Porque *primeramente*». Ahora bien, ¿qué es «lo primero»? ¿Qué está diciendo? Creo que está diciendo: «Saben, podría haberles dicho todo tipo de cosas. Podría haberles dicho cualquier número de verdades espirituales, cualquier número de verdades bíblicas. Pero el mensaje en el que me centré, el mensaje al que di prioridad fue este: que Cristo murió por vuestros pecados, fue sepultado y, tres días después, resucitó».

Ahora bien, la palabra que usamos para describir este mensaje es una palabra especial. Es la palabra «Evangelio». De hecho, esa es la palabra que Pablo usa para describirlo en 1 Corintios 15:1. Probablemente hayan oído antes la palabra «Evangelio». Pero a través de muchas conversaciones, he descubierto que muy pocos de nosotros sabemos realmente lo que significa esta palabra.

No hace mucho, estaba predicando en un campamento. El último día, uno de los campistas se me acercó y me dijo: «¡Estoy muy emocionado! Quiero contarte que voy a ir a un viaje misionero».

Y yo le respondí: «Vaya, eso es fantástico. Es increíble. Me alegro mucho por ti. ¿A dónde vas?».

Y él me respondió: «Voy a Perú».

Y yo le dije: «¡Perú! ¡qué genial! Eres un estudiante de secundaria y vas a ir a otro país a hacer lo que Jesús dice que debemos hacer. Eso es increíble. ¿Puedo hacerte una pregunta? ¿Qué piensas hacer allí?».

Y él respondió: «Compartir el Evangelio».

Y eso fue como música para mis oídos: «¡Me encanta! ¡Es una idea estupenda!».

Me encanta escuchar a la gente decir, especialmente en el contexto de las misiones a corto plazo, que planean compartir el Evangelio, porque creo que así es como se tiene un impacto eterno en un viaje a corto plazo.

Mi curiosidad me llevó a preguntarle a este estudiante: «Si yo fuera un hombre peruano y estuviera frente a ti listo para escuchar el Evangelio, ¿qué me compartirías?».

Él sonrió ampliamente, pero se quedó como paralizado. Sé que lo estaba poniendo en una situación incómoda. Y sé que yo era el predicador del campamento. Así que tal vez se sentía un poco nervioso. Pero no estaba muy seguro. Así que comencé a ayudarlo. Me centré en estos tres aspectos en los que Pablo se enfoca en su carta a los corintios: que Cristo murió, que fue sepultado y que tres días después resucitó. Después de repetirlo varias veces, este estudiante fue capaz de recitármelo.

Lamentablemente, creo que la palabra «Evangelio» ha caído casi en el ámbito del «cristiañol», una palabra que nosotros, como cristianos, decimos mucho, pero que muy pocos de nosotros entendemos realmente. Por lo tanto, si realmente queremos entender el Evangelio, un buen punto de partida es la propia palabra «Evangelio».

La palabra griega que traducimos como Evangelio es *Euangelion*. Si tradujéramos literalmente esa palabra del griego al español, la frase que obtendríamos sería «Buenas Noticias». Y me encanta esa frase. Me encanta esa descripción del Evangelio porque es exactamente lo que es. Son las Buenas Noticias de Jesús; son las Buenas Noticias de lo que Él logró.

En el antiguo mundo de habla griega de Pablo y Jesús, esta palabra *Euangelion* se utilizaba casi exclusivamente en el contexto del anuncio de un nuevo rey tras una gran victoria militar. Sabiendo esto, Pablo utiliza esta palabra, «Evangelio» o «Buenas Noticias», para describir la obra de Jesús en su muerte en la cruz, en su sepultura y en su resurrección. Está anunciando un nuevo rey y dice: «¡Aquí está nuestro Rey! Y las Buenas Noticias son la victoria de lo que Él logró en su muerte, sepultura y resurrección». ¡Son realmente *unas Buenas Noticias* increíbles!

Así que, analicémoslo para recordar la profundidad de la Buena Nueva, asegurándonos de aceptar plenamente este mensaje y sus implicaciones para nuestras vidas. Y qué mejor manera de analizarlo que la forma en que lo hace Pablo.

La primera forma en que Pablo comienza a explicar el Evangelio es con esta sencilla frase: Cristo murió por nuestros pecados. Son solo cinco palabras. Pero en estas cinco palabras, Pablo concentra un enorme significado. Ahora bien, para comprender realmente la gravedad de lo que Pablo está diciendo aquí, primero tenemos que comprender nuestro pecado.

Me recuerda a una vez que estuve en África Oriental con un grupo de personas llamadas los masái. Los masái son una tribu que vive en Kenia y Tanzania. Cuando llegamos a una aldea, un grupo de niños se acercó y se quedó con nosotros. Pensamos: «*¿Saben qué? Aprovechemos cada momento, aprovechemos esta oportunidad para hacer una pequeña «escuela bíblica de vacaciones» improvisada*». ¿Y qué tiene toda escuela bíblica de vacaciones? Un juego.

Los masái son famosos por sus saltos. Así que pensamos: *«Juguemos a un juego de saltos»*. Encontramos dos palos, colocamos uno en el suelo y, a unos metros de distancia, colocamos el otro. Así que este era nuestro juego: todos se ponían en fila y, uno por uno, intentaban saltar la distancia entre los dos palos. Si lo conseguían, pasaban a la siguiente ronda. Si no lo conseguían, quedaban «eliminados».

Después de que cada persona saltara una vez, aumentábamos la distancia y todos volvían a saltar. Algunos avanzaban y otros quedaban eliminados. Los que seguían en el juego iban disminuyendo a medida que aumentaba la distancia.

Hicimos ronda tras ronda hasta que quedamos los tres últimos niños. Una vez más, extendimos los palos un poco más. Recuerdo muy vívidamente lo que sucedió a continuación. El primer niño corrió y saltó tan lejos como pudo, pero no logró cruzar el espacio. Así que quedó eliminado. Luego, la segunda finalista, una joven de unos 13 o 14 años, tomó impulso y saltó, pero tampoco pudo cruzar el espacio. Quedó eliminada. Y luego, el último niño, el mayor, de unos 14 o 15 años, tomó impulso y saltó. Para su disgusto y el de todos los demás, tampoco logró cruzar. Nadie ganó el juego.

Esta es una gran ilustración de la realidad en la que nacemos como seres humanos. Si uno de estos palos representa el lugar donde está Dios, y el otro representa el lugar donde están los seres humanos, el espacio entre ambos representa el pecado. Y esta es una imagen de la realidad en la que nacemos. Nacemos separados de Dios debido a nuestro pecado. Isaías 59:2 dice que nuestros pecados nos separan de Dios. Y el pecado tiene todo tipo de consecuencias terribles.

No solo nos separa de Dios, sino que también nos lleva a la muerte. Según Romanos 6:23, «la paga del pecado es muerte» (RV60). Una forma sencilla de entender la palabra «paga» es lo que ganamos. Es lo que merecemos. Lo que merecemos es la muerte eterna. No solo la muerte física, sino la eternidad en el infierno separados de Dios. Eso es lo que merecemos.

El pecado tiene todo tipo de consecuencias horribles. Y esta separación es un aspecto importante de ello. Pero esta es la realidad. La verdad bíblica es muy diferente a nuestro juego con los masái. En nuestro juego con los masái, la distancia máxima entre estos dos palos no era más de dos metros y medio. Pero la verdad bíblica es que estos palos están realmente muy lejos el uno del otro. El abismo del pecado es demasiado ancho para cruzarlo. Es demasiado lejos. No importa lo bueno que seas, no importa cuántas cosas buenas hagas, no importa cuántas veces cometas un error, no importa lo bien que hables, no importa lo fuerte que seas... no importa qué, según las Escrituras, no hay forma posible de que podamos cruzar esta brecha. Y esa es una noticia terrible. No hay forma de que lleguemos a Dios.

Entonces, entra la Buena Nueva. Entonces, entra el Evangelio. Porque el mensaje del Evangelio es este: «Que Cristo murió por nuestros pecados» (1 Corintios 15:3, RV60). Dios sabía que nunca podríamos salvar la brecha del pecado, así que Dios vino a nosotros.

Por eso es tan importante la muerte de Jesús en la cruz. Porque, según Romanos 3:24, Él paga el precio por nuestro pecado. Merecemos pasar la eternidad separados de Dios en el infierno. Eso es lo que merecemos. Pero Jesús asumió ese castigo por nosotros. Y no solo eso, sino que, según 1 Pedro 3:18, murió para poder llevarnos a Dios. Las dos terribles consecuencias del pecado —el hecho de que merezcamos ir al infierno por toda la eternidad y el hecho de que estemos totalmente separados de Dios— se pagan con la muerte de Jesús en la cruz. Por eso es tan importante. Por eso es una noticia tan buena. Porque Él paga el precio por nuestros pecados.

Creo que esta realidad debería invocarnos casi un sentido de injusticia. Porque la imagen bíblica que obtenemos es casi como si estuvieras siendo juzgado. Y estás sentado en la silla del acusado. Tú eres la persona juzgada y sentado ante ti, en el estrado, está el juez. Y el juez es perfecto, bueno y justo.

Cuando comienza el juicio, empiezan a presentar una montaña de pruebas en tu contra. Estás sentado allí pensando para ti mismo, mientras escuchas todo lo que presentan en tu contra: *«Realmente he hecho todas estas cosas. Realmente soy culpable»*. Empiezas a preocuparte y te preguntas: *«¿Qué va a pasar conmigo?»*.

Al llegar al final del juicio, el juez bueno y justo golpea el martillo y dice: «¡Eres culpable, y el castigo por tu pecado es la muerte!». La realidad de ese momento cala hondo.

Mientras el alguacil se acerca a ti, piensas para ti mismo: *«¿Qué va a pasar?»*.

Todos en la sala murmuran: «Se lo merece. Debería ir a la cárcel. ¡Deberían ejecutarlo!».

Entonces, justo cuando el alguacil está a punto de encadenarte, te das cuenta de que el juez ha bajado de su pedestal y está de pie cerca de ti, justo entre tú y el alguacil. El juez le dice al alguacil: «No lo encadene. Encadéneme a mí en su lugar».

Y eso es exactamente lo que hace el alguacil. Encadenó al juez bueno y justo, al que no había hecho nada malo. Y se lo llevó, y el juez fue condenado a muerte. Eso es lo que Jesús hizo por nosotros. Es increíble que este juez justo y bueno ocupara nuestro lugar.

Esto nos lleva a la siguiente parte del Evangelio: Jesús fue sepultado. Ahora bien, esta parte del Evangelio parece casi fuera de lugar, ¿no es así? ¿Por qué Pablo se tomaría la molestia de mencionar que fue sepultado? Por supuesto que fue sepultado; Jesús estaba muerto. Bueno, creo que eso es precisamente lo que él quiere señalar.

Desde los primeros días después de la resurrección de Jesús, incluso hasta hoy, la gente ha negado que Jesús realmente resucitó de entre los muertos. Y una de las formas en que lo niegan es diciendo que en realidad no murió, que Jesús solo estaba muy gravemente herido, pero no estaba realmente muerto. O tal vez estaba en una especie de estado comatoso muy cercano a la muerte, pero que Jesús no estaba en verdad «completamente» muerto.

Cuando Pablo dice que Jesús fue sepultado, está afirmando que Jesús estaba muerto. No sepultamos a personas que están *parcialmente* enfermas o *parcialmente* muertas. No sepultamos a personas que están *casi* muertas. ¡Sepultamos a personas que están *completamente* muertas!

Históricamente hablando, los romanos eran muy hábiles en la tortura y la ejecución mediante la crucifixión, y fueron ellos quienes dieron muerte a Jesús. Por lo tanto, hay argumentos sólidos para afirmar que sería imposible que Jesús hubiera sobrevivido a esta horrible y traumática experiencia. De hecho, escuchen todo lo que tuvo que sufrir a manos de los romanos:

- Fue azotado con un látigo romano, hecho de varias correas de cuero.
- Cada una de estas correas tenía incrustadas arcilla, bolas de metal, huesos afilados y fragmentos de vidrio, diseñados para clavarse en la piel y los músculos, desgarrándolos.
- Al golpear la piel, esos segmentos se hundían profundamente.
- Al retirar el látigo, este arrancaba la piel del cuerpo y desgarraba los músculos, lo que acababa por dejar la piel de la espalda de la persona como largas cintas. Isaías 52:14 dice que fue una tortura tan horrible, terrible y espantosa que Jesús ni siquiera parecía humano después.
- Los romanos no se limitaron a azotarlo. Crearon una corona con espinas terriblemente largas y se la clavaron en el cráneo.
- Luego, además de ser golpeado, burlado y escupido, Jesús fue colgado de unas vigas de madera en forma de cruz.
- Para crucificar a alguien, los romanos clavaban un clavo en los pies y dos clavos en las muñecas.
- Y al clavar los clavos, atravesaban el nervio mediano, causando un dolor insoportable.
- No solo le clavaron clavos en las muñecas, sino que, para poder extenderlo en la cruz, probablemente también le dislocaron los hombros.

Jesús sufrió un dolor terrible y espantoso. Por ti y por mí.

A menudo pensamos en la cruz como una posición estática en la que no te mueves mucho. Pero, en realidad, para poder respirar en una cruz, tienes que empujar hacia arriba los clavos de tus pies y tirar hacia arriba de los clavos de tus muñecas para poder respirar. Después de horas y horas de este ejercicio, acabarías agotado. Y cuando ya no pudieras hacerlo, morirías asfixiado. Y si los crucificados no morían asfixiados, a menudo morían de insuficiencia cardíaca debido a todo el estrés al que se sometía al cuerpo. El proceso de crucifixión era una muerte horrible y terrible que los romanos habían perfeccionado. Jesús realmente estaba muerto. No hay forma de negarlo.

Y eso nos lleva a la siguiente parte del Evangelio. El hecho de que Jesús estuviera muerto, realmente muerto, nos prepara perfectamente para lo que viene a continuación: Jesús resucitó de entre los muertos. El punto final del mensaje del Evangelio de Pablo es que Jesús realmente resucitó de entre los muertos. Esa realidad significa que Jesús ya no está muerto en la tumba. Está vivo, y no solo vivo hace 2,000 años, ¡sino que está vivo hoy! Por lo tanto, podemos tener una relación personal con Él. En mi opinión, este es, con mucho, el momento más importante de toda la historia de la humanidad. El hecho de que Jesús realmente resucitara de entre los muertos lo cambia todo.

La resurrección ha sido llamada el pasador del cristianismo. Y tal vez te preguntes: *¿qué es un pasador?* Bueno, en aquellos tiempos, cuando la gente solía desplazarse en carruajes tirados por caballos, calesas y carretas, las ruedas se mantenían en los ejes con un pasador.

Imagina esto por un momento: tienes un eje cilíndrico y colocas la rueda sobre él. Si empiezas a avanzar, la rueda se caerá; tienes que sujetarla de alguna manera. Por eso, en aquella época, perforaban un agujero en el eje y le colocaban un pequeño punzón, llamado pasador. Eso lo mantenía todo unido. Eso es la resurrección. mantiene todo unido. Sin la resurrección, como eje punzón del cristianismo, todo se desmorona.

En realidad, sin la resurrección, no tenemos cristianismo. En 1 Corintios 15:14, Pablo proclama la verdad de que, si Jesús no resucitó realmente de entre los muertos, entonces toda nuestra predicación es inútil, junto con toda nuestra fe, y seguimos estando en nuestros pecados. Si Jesús no resucitó de entre los muertos, significa que no es realmente Dios y, por lo tanto, no puede realmente borrar nuestros pecados.

Y no solo eso, si Jesús no resucitó de entre los muertos, no tenemos esperanza de resucitar nosotros mismos. Si *Jesús* no resucitó, definitivamente nosotros tampoco resucitaremos. Y luego Pablo lleva este pensamiento a su culminación diciendo que, si Jesús no resucitó de entre los muertos, entonces los cristianos son los más dignos de lástima. Básicamente, somos las personas más dignas de lástima que existen, ya que creemos en un dios falso y en una Buena Nueva falsa (1 Corintios 15:19).

¿Alguna vez has jugado al Jenga? Es un juego en el que hay pequeños bloques rectangulares en filas de tres que se apilan unos encima de otros en direcciones alternas y que, en conjunto, forman una torre. El objetivo del juego es turnarse para quitar un bloque cada vez sin que la torre se derrumbe. En algún momento, la torre se derrumba inevitablemente cuando se retira el último bloque. Quien retire ese bloque pierde el juego. Ese último bloque es como la resurrección. La resurrección lo cambia todo, y sin ella, todo se derrumba. Pero con ella, ¡tenemos la noticia más increíble jamás contada!

Si Jesús realmente resucitó de entre los muertos, todo lo contrario, es cierto: toda nuestra predicación vale la pena, nuestra fe se basa en la roca que es Jesús, podemos tener la confianza de que la muerte de Jesús realmente pagó el precio por nuestros pecados, podemos tener la confianza de la resurrección de Jesús, ¡y también de nuestra resurrección! Y, en última instancia, podemos estar llenos de alegría y paz, felicidad y satisfacción, porque eso es lo que Jesús nos trae. La resurrección lo cambia todo.

Si me preguntaras: «¿Por qué sigo a Jesús? ¿Por qué participo en el cristianismo?», señalaría dos cosas.

La primera sería todos los cambios que Jesús ha hecho en mi vida. Y la segunda sería que creo que Jesús realmente resucitó de entre los muertos.

De hecho, creo que hay pruebas increíbles que lo respaldan. Pablo incluso menciona algunas de esas pruebas en 1 Corintios 15:5. Escribe que después de que Jesús resucitó de entre los muertos, se apareció primero a Cefas, es decir, a Pedro, luego a los doce apóstoles y después a más de quinientas personas al mismo tiempo. Y luego Pablo continúa diciendo que algunas de estas personas han muerto, pero la mayoría de ellas siguen vivas. Y con esto, está comunicando este mensaje a la iglesia de Corinto: «No tienen que creerme cuando digo que Jesús realmente resucitó de entre los muertos. Pregunten a cualquiera de estas personas y les dirán exactamente lo mismo». Jesús realmente resucitó de entre los muertos, y eso lo cambia todo.

Esta es la Buena Nueva, el Evangelio: Jesús murió en la cruz por nuestros pecados y pagó el precio de la pena que merecíamos, la muerte eterna. Él tomó nuestro lugar para que pudiéramos establecer una relación cercana con Dios. Él *realmente* fue sepultado; *realmente* murió. Nadie podría haber sobrevivido a eso. Y el hecho de que realmente resucitara de entre los muertos tres días después demuestra que todo lo que dijo era digno de confianza, que realmente es Dios, que realmente puede pagar el castigo por nuestros pecados y que podemos tener esperanza de una nueva vida en Él. Si Jesús resucitó de entre los muertos, nosotros también resucitaremos de entre los muertos cuando Él regrese. Esta es una noticia increíble y maravillosa. Y no es solo para la iglesia de Corinto, ¡es para todas las personas de todos los tiempos!

Esta realidad puede brotar dentro de nosotros como ríos de agua viva, tal como dijo Jesús: «El que cree en mí, como dice la Escritura, de su interior correrán ríos de agua viva» (Juan 7:38, RV60). Debe desbordarse de nosotros. Esto es lo más importante. Como declaró Pablo, este es el mensaje que les transmito, que es de «primera importancia» y, por lo tanto, creo que debería afectar todos los aspectos de nuestra vida.

En primer lugar, necesitamos conocerlo. Necesitamos conocerlo tan bien que podamos explicárselo incluso a un niño pequeño o a alguien que no entiende el español como lengua materna. Necesitamos saber que el Evangelio es más que unas simples palabras, «Buenas Noticias». Lo es todo. Es el hecho de que Jesús murió por nuestros pecados, fue sepultado y resucitó al tercer día. Esta realidad debería influir en todos los aspectos de nuestra vida.

Esta noticia debería cambiarlo todo. Debería influir en nuestras relaciones: las relaciones entre maridos y esposas, las relaciones entre padres e hijos, las relaciones entre creyentes y las relaciones entre creyentes y no creyentes... tal y como explica Pablo en Efesios 5.

Esta noticia debería influir en la forma en que gastamos nuestro dinero. ¿Estás invirtiendo tu riqueza para ver avanzar el Reino de Dios? ¿Estás invirtiendo tu dinero para que más personas en más lugares escuchen las Buenas Nuevas de Jesús? ¡El lugar donde gastamos nuestro dinero a menudo revela lo que más valoramos!

Esta noticia también debería afectar la forma en que empleamos nuestro tiempo. ¿Estás usando tu tiempo sabiamente? ¿Estás usando tu tiempo para que más personas en más lugares escuchen las Buenas Nuevas de Jesús? ¿Estás tomando decisiones que promueven el Reino de Dios? ¿Estás permitiendo que las Buenas Nuevas de Jesús impacten cada aspecto de tu vida?

¡Esta es LA Buena Nueva! Y no es solo una buena noticia para los domingos por la mañana, los miércoles por la noche o los viernes por la noche. Es una buena noticia para todos los días de la semana, para cada momento, para cada respiro, ¡para todo!

Es una Buena Nueva, y debería moldearnos e impactarnos a todos... el hecho de que Jesús murió por nuestros pecados, que fue sepultado y que tres días después resucitó de entre los muertos, demostrando que realmente es Dios, que realmente es *el* Rey, que realmente es *Aquel* que tiene toda la autoridad.

¿Y AHORA QUÉ?

Antes de esta enseñanza, ¿cómo habrías descrito el «Evangelio» o la «Buena Nueva»? ¿Ha cambiado algo en función de este mensaje? ¿De qué manera?

¿Qué aspecto de las Buenas Nuevas necesitas profundizar más? ¿Cómo puedes involucrarte más plenamente en ese aspecto?

¿Ha tenido la Buena Nueva un impacto total en todos los aspectos de tu vida? ¿En qué áreas necesitas permitir que Dios te influya más plenamente: en alguna relación importante? ¿En tus finanzas? ¿En tus decisiones en esta etapa de tu vida? ¿En cómo inviertes tu tiempo?

COMIENZA A APRENDER EL VERSÍCULO PARA MEMORIZAR:

«... os declaro, hermanos, el evangelio que os he predicado... Porque primeramente os he enseñado lo que asimismo recibí: Que Cristo murió *por nuestros pecados*, conforme a las Escrituras; y que fue sepultado, y *que resucitó al tercer día*, conforme a las Escrituras» — 1 Corintios 15:1-4, énfasis mío

¿Y SI... ?

¡Las Buenas Nuevas impactan todas nuestras relaciones! Somos bendecidos para ser una bendición (Génesis 12:2). Lo que Jesús hizo es para nosotros, pero no solo para nosotros. Como afirma el versículo para memorizar, ¡está destinado a ser «transmitido»! No podemos permitirnos adoptar una postura egoísta en nuestras acciones, *centrada* solo *en nosotros mismos*, recibiendo siempre y sin dar nunca nada a cambio. Jesús murió por todo el mundo (1 Juan 2:2) y anhela que las personas no solo acepten la salvación, sino que también lo sigan en una vida de compromiso e impacto cotidianos (Mateo 4:19).

Y, tal como Jesús mismo modeló y llamó a cada uno de sus seguidores a vivir, la mayoría de las veces se requiere acompañar a otros para ayudarlos a descubrir no solo la salvación, sino también todas las implicaciones de las Buenas Nuevas, permitiendo que la luz de Jesús impregne cada aspecto de sus vidas y relaciones.

Así que, adelante, escribe un breve párrafo sobre lo que Jesús ha estado haciendo en tu vida a través de *Movimientos Multiplicadores*, para que puedas enviárselo a aquellos a quienes has estado animando y por quienes has estado orando durante las últimas semanas, compartiendo el impacto de lo que has recibido:

Cuando lo envíes, incluye un mensaje como este:

«Me gustaría invitar a otras personas a participar conmigo en esta oportunidad de 12 semanas, para hablar sobre el plan de Dios para nuestras vidas y crecer espiritualmente mientras utilizamos un recurso llamado *Movimientos Multiplicadores*. Tengo pensado empezar dentro de unas seis semanas. ¿Te interesaría unirte a mí?».

Tómate unos minutos ahora para enviar esto a las personas que anotaste la semana pasada y a cualquier otra persona que Dios haya puesto en tu corazón. También puedes compartir esto en una conversación con las personas que Dios te presente esta semana o incluso publicarlo en las redes sociales si lo deseas. Entonces comenzarás a ver a quiénes Dios quiere que acompañes utilizando *Movimientos Multiplicadores*.

DISCUSIÓN

1. Comparte cualquier victoria u obstáculo de los pasos de acción de la semana pasada.
2. Oren juntos.
3. Repasen el versículo para memorizar.
4. Lee las escrituras clave: 1 Corintios 15:1-4; 1 Pedro 3:18; Marcos 1:14-15.
5. Repasa los conceptos clave del capítulo. Comparte cómo lo estás procesando y cualquier comentario que tengas. ¿Hay algo en particular que te haya llamado la atención? ¿Hay algo con lo que no estés de acuerdo? ¿O hay algo que nunca olvidarás? ¿Tienes alguna pregunta al respecto?
6. Antes de este mensaje, ¿entendías completamente el Evangelio y sus implicaciones para toda la vida? ¿Alguna parte te trajo una perspectiva renovada? ¿Cómo?
7. ¿En qué parte de tu vida necesitas permitir que la Buena Nueva de Jesús tenga un impacto más completo?

8. Repasa de nuevo la sección «¿Y si...?» y el versículo para memorizar.

9. Compartan todos: ¿cuál es la idea clave o la medida que van a tomar esta semana?

10. Oren juntos.

OTROS RECURSOS ÚTILES:

¿Y ahora qué?: Consejos prácticos para alimentar tu fe (folleto) de Forge

Para opciones de compra y más recursos, visita:

MultiplyMore.com/es

SUPERAR LOS OBSTÁCULOS

Hebreos 12:1-2 • Gálatas 5:1 • Hebreos 4:16

Me encanta la libertad. Imagino que a ti también te encanta: la libertad de actuar y moverte, de pensar y hablar, de no tener a alguien encima controlando cada uno de tus movimientos. Como seres humanos, nos encanta la libertad.

De niño, yo era un poco testarudo y terco. De hecho, mis papás a menudo tenían que castigarme. Muchas veces incluso colocaban una silla frente a la esquina de una pared y me decían: «Tienes que sentarte aquí durante «x» minutos», porque era muy irrespetuoso y desobediente.

¡Y cómo anhelaba mi libertad para salir de esa silla! Tanto es así que, en lugar de ser un niño obediente y aceptar las consecuencias, lo convertía en un juego. Pensaba: *«Bien, allá vamos. Solo tengo que actuar como un agente secreto y luchar de alguna manera por mi libertad (una vez más)»*. Entonces, intentaba escabullirme de la silla y luchar por mi libertad.

Creo que la libertad está innata en nosotros. La anhelamos. La deseamos. Muchas naciones celebran su libertad en su respectivo «Día de la Independencia». Los estadounidenses celebran la libertad el 4 de Julio, fecha de nacimiento de los Estados Unidos. De hecho, hay un comediante que dice: «Sabes, normalmente no como hamburguesas, salchichas *ni* filetes... ¡pero hoy es 4 de julio!». Los estadounidenses disfrutan de la diversión, la comida y los fuegos artificiales para celebrar lo que resuena en nuestras almas: la libertad.

2 Corintios 3:17 declara: «...donde está el Espíritu del Señor, allí hay libertad» (RV60). La Biblia habla de la libertad una y otra vez.

Pero, ¿tienes esa libertad? Quizás digas: «¡Claro que sí! Soy cristiano, seguidor de Jesús».

Pero, ¿realmente tienes la *plenitud* de la libertad? No solo en teoría, sino en la realidad. ¿Tienes todo lo que Jesús ha comprado para ti?

¿Y si hoy descubrieras que hay más? ¿Lo tomarías? ¿Lo perseguirías? Es de vital importancia, como obreros del Reino de Dios, que comprendamos la plenitud de la libertad que Jesús ha comprado para nosotros a través de su muerte y resurrección.

Hace poco leí un artículo sobre tres estadounidenses que fueron detenidos en Irán. Los retuvieron y los encarcelaron, pero Estados Unidos negoció su libertad y los liberaron. Consiguieron salir. A cada uno de ellos se le concedió la libertad.

Sin embargo, por alguna razón, uno de ellos decidió quedarse en Irán. Y el artículo decía lo siguiente sobre este hombre: «Este hombre parece dispuesto a someterse a un nuevo arresto, en lugar de regresar a casa después de que Estados Unidos negociara su libertad».

¿Por qué haría eso? Me cuesta mucho comprenderlo. Es libre, pero no va a disfrutar plenamente de su libertad. ¿Qué razón puede ser suficientemente poderosa para hacer eso? ¡Parece una locura! Pero, ¿podría ser que esto se parezca más a ti y a mí de lo que pensamos?

Hebreos 12:1 nos instruye a luchar contra cualquier cosa que pueda obstaculizar nuestra libertad: «Por tanto, nosotros también, teniendo en derredor nuestro tan grande nube de testigos, *despojémonos* de todo *peso y del pecado que nos asedia*, y corramos con paciencia la carrera que tenemos por delante,» (RV60, énfasis mío). Dios ha puesto una carrera delante de nosotros. Ha puesto una carrera delante de ti, un propósito único para tu vida. Una carrera para amarlo con todo tu ser. Una carrera que implica amar a cada persona que se te presenta y hacer avanzar el Reino de Dios al hablarles a todos acerca de Jesús. ¡Dios tiene una carrera única para que corras!

Todo corredor serio sabe lo importante que es deshacerse de los pesos y los obstáculos para correr bien. Quieren ser libres para correr y correr bien. Cuando trabajamos por el Reino de Dios, es muy importante comprender, descubrir y caminar en la plenitud de la libertad que Jesús nos ofrece, para no correr nuestras carreras con cargas o impedimentos.

Quizás estés corriendo con lastre. En este momento, es probable que haya cosas que te estén obstaculizando y frenando en la carrera que Dios tiene para tu vida. Puede ser que estés lleno de *vergüenza* por tu pasado... por las luchas que has tenido... por las cosas que has hecho. Quizás *el miedo* y *la ansiedad* a menudo brotan dentro de ti. En los últimos tiempos, parece que *la ansiedad* está en su punto más alto. *La depresión* está en su punto más alto. *Los suicidios* están en su punto más alto. Quizás has estado luchando contra algunas de estas cosas, y la oscuridad te agobia día tras día tras día.

Quizás estás lleno de *ira* y *amargura* hacia aquellos que te han hecho daño, y parece que no puedes librarte de ello. Quizás simplemente *no puedes amar* bien *a los demás*. Lo intentas. Te esfuerzas por hacerlo. Pero fracasas una y otra vez. O quizás sientes que *no puedes conectar con Dios*. Es como si hubiera un muro entre tú y Él. Sigues intentando llegar a Jesús, pero sientes que te topas con un muro de ladrillos.

¿Podría ser que algo te esté obstaculizando? ¿Que te falte paz y alegría? Dios tiene un gran propósito para tu vida, un propósito de trabajo y aventura para Su Reino. Pero imagino que algunas de estas cosas te están impidiendo alcanzar la plenitud de ese propósito.

Por eso, tengo que preguntar: si Dios nos ha liberado, como cristianos, ¿por qué estamos tan estancados? ¿Por qué estamos tan obstaculizados y frenados? ¿Qué causa estos obstáculos y cómo podemos lidiar con ellos?

Es como si estuviéramos corriendo una carrera con pesadas cadenas que nos hacen tropezar y nos mantienen atados. Hebreos 12 dice que hay pesados cargamentos que pueden enredarnos y atraparnos. Hay cosas que pueden estar enredándote e impidiéndote correr la carrera que Dios tiene para ti, impidiéndote correr bien y correr victoriosamente. Y Dios quiere lidiar con esas cosas ahora mismo, hoy.

Entonces, ¿cuáles son estos obstáculos, estas cadenas?

La primera cadena es el pecado no confesado.

La Biblia dice en 1 Juan 1:9: «Si confesamos nuestros pecados, Él es fiel y justo para perdonar nuestros pecados...». Y Santiago 5:16 dice: «Confesaos vuestras ofensas unos a otros... para que seáis sanados». Pero en lugar de confesar nuestro pecado, preferimos vivir en la oscuridad. Preferimos escondernos, vivir vidas de aislamiento. Y cuando vivimos así, quedamos atrapados. Nos atamos con la cadena del pecado no confesado. Quizás puedas correr un poco, por un tiempo. Pero no te sentirás muy bien. No podrás correr como Dios quiere que corras.

¿Qué tipo de pecado debemos confesar a Dios o a los demás? Cualquier pecado. Y el pecado es cualquier cosa que se aleja del objetivo que Dios tiene para nosotros. Dios tiene un objetivo para tu vida. Y si te alejas de él, es pecado. Cualquier cosa que se haga sin fe o sin confianza en Cristo es pecado.

Lee Gálatas 5:19-21 y Marcos 7:14-23, donde se enumeran muchas cosas que son pecaminosas, como: el odio, el adulterio, la mentira, el robo, la división y el caos, el abuso de sustancias, las quejas y las murmuraciones. Me sorprendió el día que descubrí que murmurar y las quejarse se encuentran entre los mayores pecados de la Biblia, ya que revelan un corazón que se coloca a sí mismo en el lugar de máxima prioridad.

Al observar estas listas de pecados, realmente se reducen al orgullo (ponerse a uno mismo en primer lugar), los deseos pecaminosos, la rebelión y la división (dividir a las personas entre sí). Necesitamos confesarle a Dios: «Señor, lo siento. Por favor, perdóname por mis malas acciones». Es posible que tengamos que confesar nuestro pecado a los hermanos y hermanas a quienes hemos hecho daño, pidiéndoles perdón. O tal vez tengamos que confesar nuestro pecado a hermanos y hermanas de confianza, buscando que nos ayuden a superar un área en la que seguimos teniendo dificultades.

Si no confesamos nuestro pecado, seguiremos viviendo en la oscuridad en lugar de en la luz. Quedaremos encadenados.

Cuando estaba en la universidad, tenía un compañero de clase muy molesto. Ya saben, siempre hay *un* chico así en clase... que levanta la mano en cada pregunta, siempre quiere dar su opinión o siempre hace preguntas extrañas al profesor. A menudo lo miraba y pensaba: *«Amigo, cállate. ¿Qué te pasa? ¿Por qué eres tan molesto?»*. Era muy arrogante.

Un día, estaba en la cafetería del campus leyendo mi Biblia. Mientras leía, me encontré con estas palabras: «No sean egoístas; no traten de impresionar a nadie. Sean humildes, es decir, *considerando* a los demás como mejores que ustedes.» (Filipenses 2:3, NTV, énfasis mío). Inmediatamente sentí que el Espíritu de Dios me convencía de mi pecado.

Mientras estaba allí sentado, sentí que el Señor me planteaba esta pregunta: *Charlie, ¿realmente consideras a los demás más importantes que a ti mismo?* Y pensé: *Bueno, sí, Señor, creo que en general lo hago, en la medida de lo posible.* Y su respuesta no se hizo esperar: *No. A menudo actúas así exteriormente, pero interiormente no consideras ni piensas en los demás como más importantes que tú mismo.*

Dios inmediatamente me llevó a confesarle mi pecado en esa mesa de la cafetería: «*Señor, lo siento mucho. Te confieso mi pecado de arrogancia y orgullo. ¡Por favor, perdóname!*».

Cuando levanté la vista después de orar, vi por casualidad a ese chico de clase sentado en una mesa al otro lado de la cafetería. Al instante me sentí convencido y empujado por Dios a ir a pedirle perdón directamente. Oré: «*Señor, ¿en serio? Si tú lo dices, lo haré. Pero va a ser raro e incómodo. Pero si tú lo dices, lo haré*».

Así que me levanté y me acerqué a su mesa. Le dije: «Hola, soy Charlie. Sé que nunca nos hemos presentado oficialmente, pero estamos juntos en esa clase».

«Ah, sí. Encantado de conocerte», respondió amablemente.

Fui directo al grano. «Sentí que Dios me convencía de que tenía que pedirte perdón. He sido arrogante y he pensado cosas negativas sobre ti. ¿Me perdonas, por favor?».

Afortunadamente, él dijo: «Sí, te perdono».

Intercambiamos algunas palabras más y luego ambos continuamos con nuestro día.

El Señor me estaba guiando para que le confesara mi pecado a él y a aquellos a quienes había ofendido. Dios quería que caminara en libertad. Si no lo hubiera confesado, ese pecado habría seguido siendo una cadena que me impedía correr la carrera que Dios tiene para mi vida.

¿Qué más podría estar obstaculizándonos en esta carrera?

La segunda cadena es creer en mentiras.

Juan 8:32 dice: «...y conocerán la verdad, y la verdad los hará libres» (NTV). Pero, ¿qué pasa si no conocemos la verdad? Nos resultará difícil volar libremente hacia los propósitos de Dios, esclavizados por las constantes mentiras que nos atacan desde todos los ángulos, como soldados rodeados que se agachan en trincheras con la cabeza abajo mientras las balas les llueven desde todas las direcciones.

Al orar con innumerables personas, he sido testigo del impacto de las mentiras que corren desenfrenadas, penetrando en los corazones y las mentes. Las mentiras están impregnando nuestras culturas en todo el mundo. Hay mentiras interminables sobre quién es Dios y para qué nos ha creado. Estas mentiras nos destruirán si no conocemos, abrazamos y vivimos la verdad de la Palabra de Dios.

Necesitamos adentrarnos en la Palabra de Dios, la Biblia. Y necesitamos que la Biblia se adentre en nosotros. Necesitamos memorizarla. Necesitamos meditar en ella. Necesitamos estudiarla. Si no nos adentramos en la Palabra de Dios, abrazaremos mentiras paralizantes por todas partes.

Un estudio reciente del Centro para el Compromiso con la Biblia [Center for Bible Engagement, nota del editor] descubrió que aquellos que leen la Biblia cuatro o más veces a la semana (en comparación con aquellos que la leen menos de cuatro veces a la semana) han disminuido significativamente la soledad, han aumentado significativamente la victoria sobre las luchas contra el pecado (como la ira, la amargura en las relaciones, la pornografía, la embriaguez, el sexo fuera del matrimonio, etc.) y han aumentado significativamente el compartir el Evangelio y discipular a otros.

Si no estamos en la Palabra de Dios, ¿cómo vamos a saber cuándo nos llegan las mentiras? ¿Cómo sabremos si la gente nos está engañando, si la cultura nos está desviando del camino o si el enemigo nos está susurrando al oído?

Una vez, me reuní con un joven (lo llamaremos «Brandon»). Brandon comenzó a compartir conmigo sus luchas. A menudo sentía una ira inmensa que brotaba dentro de él. No sabía por qué estaba tan enojado, ni sabía cómo deshacerse de ella o incluso controlarla. Mientras compartía, Brandon comenzó a descubrir un pecado más profundo que había estado abrazando. Así que lo guié a orar, confesando su pecado al Señor.

Pero había algo más. Era como si el rostro de Brandon estuviera cubierto de vergüenza. Así que le pregunté: «¿Sientes que deberías ser condenado por las luchas que has tenido?».

Rápidamente declaró: «¡Por supuesto que debería ser condenado!».

Le dije: «Brandon, abramos nuestras Biblias en Romanos 8:1 y leámoslo juntos. Mira lo que dice: En este momento, "...ya no hay condenación para los que pertenecen a Cristo Jesús;". Cero».

Brandon respondió con creciente esperanza: «¿En serio? ¡Nunca había oído eso antes!». Luego oró, tal como yo lo animé a hacerlo: «Señor, en el nombre de Jesús, reprendo la mentira de que debo ser condenado y creo en Tu verdad, que no hay condenación para mí como Tu hijo».

Inmediatamente, Brandon fue liberado de la mentira. La verdad de Dios prevaleció. Hasta ese momento, había estado viviendo con pesadas cadenas que lo frenaban y obstaculizaban los propósitos completos de Dios para su vida.

Cueste lo que cueste, debemos conocer la verdad que nos libera.

La tercera cadena que podría estar obstaculizándonos es la falta de perdón.

¡Este es un problema enorme! Lo he visto en todas partes. Es horrible. Y no hablamos lo suficiente sobre ello, ni lo hacemos de la manera correcta. Y está matando a muchos de nosotros. Todos experimentamos el dolor y el sufrimiento a manos de otros. Sin embargo, con demasiada frecuencia, luchamos contra el perdón como si fuera una plaga.

En lugar de perdonar, nos aferramos a lo que alguien hizo y declaramos: «Bueno, me hicieron daño, ¿por qué iba a perdonar a esa persona? No voy a hacerlo. Se merecen todo lo que quiero decir o pensar de ellos».

Cuando vivimos así, nos enfadamos y la amargura se arraiga en nuestro corazón. Colosenses 3:13 dice que perdonemos como el Señor nos perdonó en Cristo Jesús. ¿Cómo nos perdonó Dios en Cristo?

¿Se sentó en el cielo pensando: *«Bueno, te perdonaré cuando me apetezca»*, o *«Te perdonaré cuando me sienta mejor»*, o *«El tiempo cura todas las heridas, así que realmente no necesito perdonarte»*, o *«Cuando seas totalmente perfecto, entonces te perdonaré»*?

¡No! En Cristo, Dios nos ha perdonado libre e incondicionalmente. Generosamente. Sin dudarlo. Inmediatamente.

Muchos de nosotros hemos creído la mentira de que el perdón lleva tiempo. Pensamos: *«Lo haré cuando me apetezca»* o *«Perdonaré cuando mi herida se cure y me sienta mejor. El tiempo cura todas las heridas»*. Sin embargo, esto no es en absoluto lo que enseña la Biblia. Debemos perdonar de la misma manera que Dios nos ha perdonado en Cristo.

Me gusta pensar en el proceso del perdón como si me hubieran disparado con una flecha. Sé que al principio suena extraño, ¡pero síganme el razonamiento! Imaginen que les disparan con una flecha y están corriendo con esa flecha clavada en la pierna. Harán todo lo posible, tan rápido como puedan, para que les saquen esa flecha. Buscarán un médico. Buscarás a un amigo. Buscarás a alguien, en algún lugar, que te ayude a sacar la flecha lo antes posible. Harás todo lo que esté en tu mano para quitar esa flecha y poder seguir con tu vida.

Quitar la flecha es como la elección espiritual del perdón. Necesitamos perdonar. Tan pronto como alguien nos hace daño o nos ofende, perdonamos. Hacemos todo lo que podemos, y tan rápido como podemos, para perdonar tal y como hemos sido perdonados gracias a la sangre derramada de Jesús en la cruz.

Ahora bien, entiendo que la herida puede tardar en sanar después de que se extraiga la flecha. Entiendo que, después de perdonar, el dolor puede tardar un poco en desaparecer. No pasa nada. Pero debemos elegir perdonar de inmediato.

Nuestra sanación no *termina* con el perdón. *Comienza* con el perdón. Perdonar a los demás no es una carga, sino una oferta de Jesús. Es una invitación a la libertad.

Si no perdonamos, tendremos una herida que se infectará, se enfermará y destruirá nuestra salud espiritual. Cuando nos aferramos a nuestras cadenas y a las formas en que las personas nos han hecho daño, es como beber veneno y esperar que le haga daño a otra persona. La falta de perdón nos está matando como cristianos.

Una vez conocí a una joven que había sido profundamente agraviada. Como resultado, estaba llena de ira y amargura. Y con razón. Cuando pienso en su vida y en la de muchos otros, me siento abrumado. Odio que este tipo de dolor exista en nuestro mundo. Sin embargo, es la realidad de un mundo caído y marcado por el pecado. Esta joven, a la que llamaremos María, fue violada y golpeada. Y lo que es peor, sus padres permitieron que eso sucediera. Las secuelas de su sufrimiento fueron drásticas. Sin embargo, cuando María descubrió la invitación de Jesús al perdón, la aceptó. Decidió perdonar a sus agresores y se sintió radicalmente liberada al desprenderse de sus cadenas. Por fin pudo respirar y seguir adelante con todo lo que Dios tenía preparado para su vida.

También tengo un amigo llamado Justin que sobrevivió al tiroteo ocurrido en 2012 en un cine de Aurora, Colorado. Esa noche estaba sentado en la sala cuando entró el tirador, sembrando el caos y la destrucción. Se cobraron vidas. Jóvenes, viejos y personas de mediana edad. Se derramó sangre y se robó la inocencia. Durante meses, e incluso años después del tiroteo, Justin vivió agobiado por la oscuridad y la desesperación, luchando contra la rabia, la ira y la amargura. No sabía qué hacer ni cómo procesar lo que había vivido.

Debido a esto, las mentiras y las dudas se apoderaron de la mente de Justin.

Pero Justin se enfrentó al reto de tomarse en serio lo que Jesús dice sobre el perdón. Y así, comenzó a recorrer un camino con Dios. Al hacerlo, Justin fue capaz de declarar en oración: «Voy a decidir perdonar al tirador. Que Dios lo bendiga. Que incluso pueda verlo algún día en el cielo. Que entregue su vida a Cristo y que su vida sea bendecida». Justin perdonó, como Dios nos ha perdonado en Cristo. Y su vida hoy es radicalmente diferente a como era en los meses posteriores al tiroteo. El perdón es una decisión que libera radicalmente.

La cuarta cadena que nos atrapa son las relaciones poco saludables.

Crecí en el estado de Colorado y solíamos ir a las montañas para pasar el tiempo allí y disfrutar del campamento. En uno de esos viajes, estábamos cocinando s'mores [sándwiches de malvaviscos con paredes de galleta y chocolate, nota del editor] alrededor de la fogata. A mí personalmente me gusta poner mis malvaviscos justo encima de las brasas, para que se doren perfectamente. Giro mi palito poco a poco, doro todos los bordes de mi malvavisco, y luego cojo una galleta Graham y un poco de delicioso chocolate. Todo se derrite y se derrama cuando presiono el malvavisco caliente entre las galletas Graham y el chocolate. Se me hace agua la boca solo de pensarlo.

Esa noche que acampamos, no me comí solo un s'more. Uno nunca es suficiente. Así que me comí dos, lo que llevó a tres, luego cuatro. De hecho, ¡esa noche devoré unos ocho s'mores!

Teníamos una camioneta camper con una gran cama en la parte superior, un sofá cama debajo y una pequeña litera justo encima. Resulta que soy el hermano mayor de mi familia. En mi opinión, ¡los hermanos mayores siempre parecen salir perdiendo! Así que siempre me tocaba la pequeña litera de arriba, la que apenas tenía espacio, ni siquiera para sentarme.

Para empeorar las cosas, cada vez que me despertaba a mitad de la noche, estaba completamente a oscuras. Ni siquiera podía ver mi mano delante de mí. ¿Alguna vez te has despertado en mitad de la noche preguntándote dónde estás? Yo sí. Y cada vez que me despertaba desorientado mientras dormía en esa pequeña litera superior, me sentaba con tanta velocidad y fuerza que ¡PUM! Mi cabeza golpeaba la parte superior de la camioneta.

Así que, después de todos esos s'mores esa noche, me fui a dormir a la litera de arriba. A eso de las 3 de la mañana, esos ocho s'mores parecían más bien 800. Mi estómago empezó a hacer ruidos que normalmente solo se oyen en la naturaleza, en algún programa de National Geographic: «goooohhhh, schewwwww, ko ko ko ko ko, ghhhwwwaaa». Inmediatamente pensé: *«¡Oh, no! ¡Se avecinan malas noticias! ¡Tengo que salir fuera, ahora mismo!».*

Empecé a bajar a la litera de abajo para salir de la cama y salir del camper lo más rápido posible. De repente, mi hermano empezó a darme puñetazos en la pierna, uno tras otro, «¡Fuera de mi cama!», gritó.

Y, sin previo aviso, vomité, manchando el brazo de mi hermano y todo el piso. ¡Era un desastre absoluto!

Ahora bien, debo decirles que, a veces, las relaciones se complican y se vuelven un poco más complicadas que unos cuantos golpes provocados por unos s'mores.

A menudo nos vemos obstaculizados por relaciones poco saludables. Las relaciones poco saludables se caracterizan por que alguien tiene más peso, más influencia y más poder sobre tu vida que el mismo Dios y Su Palabra.

La Biblia dice a los hijos que honren y respeten a sus padres para que puedan vivir una vida larga (Efesios 6:1-3). Debes honrar y respetar a tus padres; y si aún no eres un adulto independiente, debes obedecerles. Si no lo haces, tendrás una relación poco saludable que te obstaculizará.

Esposos, 1 Pedro 3:7 dice que respeten a sus esposas, o sus oraciones serán obstaculizadas. ¿Qué? Espera un momento. ¿Acabas de leer eso? ¡Es uno de los versículos más extraños que he leído en la Biblia! Esposos, si no respetan a sus esposas, sus vidas de oración se verán obstaculizadas. ¡Se verán lastradas y no alcanzarán la plena intención de Dios! «Maridos, amad a vuestras mujeres, así como Cristo amó a la iglesia, y se entregó a sí mismo por ella» (Efesios 5:25, RV60). ¡Sean hombres y pónganla en primer lugar! De lo contrario, su vida espiritual *y* su vida familiar se verán drásticamente obstaculizadas. Serán retenidos por pesadas *cadenas*.

Esposas, según Efesios 5:24, deben someterse a sus esposos en todo, como al Señor, o su vida se verá obstaculizada. Las Escrituras son claras. ¡Sus decisiones en su relación matrimonial afectarán a toda su familia!

La Biblia no se anda con rodeos: la actividad sexual está destinada al matrimonio: un hombre y una mujer, unidos para toda la vida. Cualquier cosa fuera de los límites de un hombre y una mujer unidos entre sí se considera pecado, según las Escrituras. Y Pablo dice en 1 Corintios 6:16: «¿No saben que el que se une a una prostituta se hace un solo cuerpo con ella? Pues la Escritura dice: "Los dos llegarán a ser uno solo"»Si tienes relaciones sexuales con alguien, te conviertes en una sola carne con esa persona. Te vinculas a esa persona a un nivel más profundo. Si tu corazón está vinculado simultáneamente a muchas personas a un nivel profundo, te resultará muy difícil mantener relaciones puras, piadosas y saludables. Dios dice que huyas de la inmoralidad sexual, porque va a obstaculizar Sus propósitos para ti en esta carrera.

Ahora bien, no estoy diciendo que no haya sanación si te has salido de los límites. ¡La hay! Y de eso trata este capítulo. Pero mantener relaciones puras te ahorrará mucho dolor y un agotador trabajo espiritual a la larga.

La Biblia dice: «Las malas compañías corrompen las buenas costumbres» (1 Corintios 15:33, NVI). Así que ten cuidado con quién influye en tu vida. Ten cuidado con quién tiene una voz fuerte en tu vida. ¿O qué? Bueno, te verás obstaculizado y enredado. Intentarás correr la carrera, yendo en la dirección que Dios quiere que vayas, pero te sentirás frenado. Incluso puede que estés orando: *«Señor, sé que quieres que corra en esta dirección. Y lo estoy intentando, Señor. Pero todas estas personas me frenan».* Puede que estés intentando correr la carrera que Dios tiene para ti, pero te frenan las relaciones poco saludables que tiran de tu corazón y de tu vida, ya que les has permitido tener una influencia más fuerte que la del mismo Dios y su Palabra.

Es sorprendente que pensemos que podemos vivir una vida cristiana victoriosa, intentando hacer lo que Jesús nos ha pedido que hagamos, y sin embargo tengamos todas estas cadenas que nos obstaculizan. No es de extrañar que nos sintamos agobiados. No es de extrañar que sintamos que no podemos conectar con Dios e impactar a los demás.

La quinta cadena representa los patrones generacionales.

1 Pedro 1:18 dice que fuiste redimido de la forma de vida vacía que te fue transmitida por tus antepasados. Hay una forma de vida pecaminosa y vacía, un patrón de vida, por así decirlo, que te fue transmitido. Lo aprendiste de tus padres. Y eso vino de tus abuelos, y ellos lo obtuvieron de tus bisabuelos, tus tatarabuelos, y así sucesivamente. Pero alabado sea Dios, ¡Jesús pagó el precio en la cruz, rompiendo los patrones generacionales! Él ha comprado nuestra libertad.

Pero, ¿qué sucede si seguimos esos viejos patrones y esas viejas costumbres en lugar de caminar en la libertad que Él ha comprado para nosotros?

Una vez, una chica del ministerio estudiantil se me acercó y me dijo: «¡Charlie, tengo novio! Llevamos saliendo juntos un tiempo». La llamaré Hailey Smith para esta historia.

Le respondí de la única manera que sabía: «¡Eso es fantástico, Hailey! ¿Ama él a Jesús?».

Ella bajó la mirada y dijo tímidamente: «No».

«Entonces, ¿por qué estás con él?», le pregunté. «Si él no va a alimentar tu vida con Cristo, probablemente no deberías estar en esta relación».

«Lo sé. Lo sé. Pero me siento atrapada. No sé qué hacer. No supe cómo decirle que no y realmente no sé cómo salir de esto».

«Muy bien, oremos ahora mismo. Puede que no sepas por qué. Y yo no sé por qué te sientes estancada. Pero Jesús lo sabe. Preguntémosle».

Comenzamos a orar: «Señor, ¿por qué Hailey se siente estancada en esta relación? ¿Podrías poner algo en nuestros corazones y darnos alguna dirección?».

Mientras orábamos, de repente, Hailey dijo: «Estoy pensando en todas las mujeres de mi familia y en las relaciones que tienen. Siempre están atrapadas. Acaban en relaciones abusivas que terminan en divorcio. No es bueno. Y eso es lo que siento. Me siento atrapada como ellas».

Le dije: «Escucha, quizá no lo sepas, pero en las Escrituras hay algo que se llama patrón generacional, como en 1 Pedro 1:18. Dice que fuiste redimida de la forma de vida vacía que te transmitieron tus antepasados. Así que hay un patrón generacional de pecado, negatividad y vacío que te ha sido transmitido. Y tú necesitas caminar en la plenitud de la vida. Necesitas rechazar eso y abrazar lo que Dios tiene para ti».

Hailey me respondió: «Oh, eso tiene mucho sentido. En nuestra familia lo llamamos el patrón Smith».

«¿En serio?», le respondí, «¿Ya sabes de esto? Entonces oremos ahora mismo y reprendamos este patrón en el nombre de Jesús. Luego, solo ora: "Dios, quiero la plenitud de lo que tú tienes. Quiero vivir un patrón y un estilo de vida bíblicos y piadosos en mi futuro"».

¿Podría ser que algunos de ustedes, al igual que Hailey, estén llevando una vida vacía y se sientan atrapados por la cadena de un patrón generacional negativo?

Quizás hagan declaraciones como: «Nadie en mi familia ha ido a la universidad, así que yo tampoco lo haré», o «Todos en mi familia guardan rencor. Nunca seremos una familia sin divisiones», o «Todos en mi familia hemos sido adictos, así que mejor ni lo intento», o «Todos en mi familia se divorcian, así que probablemente yo también lo haré», o «Mi familia siempre sabe lo que es mejor. Así que, obviamente, somos mejores que todos los demás», o «Mi familia siempre ha sido racista. Está en nuestro ADN», o «No llegaré a nada. Mi familia nunca lo ha hecho», o «Mi familia siempre me ha dicho que nunca llegaría a nada».

Quizás haya un patrón generacional de negatividad y pecado que se te ha transmitido. Y es hora de romperlo con el poder de Cristo y lo que Él hizo en la cruz. Pero si no aplicamos lo que Jesús compró en la cruz, caminando en la novedad de los patrones y formas de vida de Su Reino, podemos vernos obstaculizados por patrones generacionales negativos.

La sexta cadena representa la guerra espiritual.

Sí, has leído bien. La guerra espiritual. La Biblia dice a los creyentes: «Así que humíllense delante de Dios. Resistan al diablo, y él huirá de ustedes.» (Santiago 4:7, NTV). ¿Qué sucede si no nos sometemos a Dios y no resistimos al diablo? El diablo no huirá. Él te lanzará flechas, y tú no podrás vencerlas con la fe (Efesios 6:16).

Juan 10:10 dice: «El ladrón no viene más que a robar, matar y destruir» (NVI). ¡Satanás te odia con toda su alma! Quiere destruir tu vida. Quiere destruir la obra de Dios y los propósitos de Dios en tu vida.

Imagina un episodio de un programa al aire libre en las llanuras africanas. La cámara enfoca a una gacela distraída mientras pasta en un campo. Con la mandíbula moviéndose rítmicamente de izquierda a derecha, la gacela mira sin rumbo fijo a lo lejos mientras disfruta de su comida. No le preocupa nada en el mundo excepto la hierba que tiene debajo. Entonces, la cámara se desplaza hacia un león que merodea lenta y estratégicamente entre la hierba alta. Más cerca. Más cerca. Más cerca. ¡Y bum! De repente, el león se abalanza violentamente sobre la gacela distraída y la despedaza.

Eso es exactamente lo que Satanás quiere hacer con tu vida. 1 Pedro 5:8 dice: «Practiquen el dominio propio y manténganse alerta. Su enemigo el diablo ronda como león rugiente, buscando a quién *devorar.*» (NVI, énfasis mío). Eso está escrito para los cristianos, para la Iglesia. Se aplica a ti y a mí como creyentes. Satanás quiere destruir tu vida.

Según Apocalipsis 12:17, Satanás está librando una guerra contra los cristianos, contra aquellos que se aferran al testimonio y los mandamientos de Jesús. Si quieres ser un obrero del Reino de Dios, si quieres obedecer a Jesús y tener un impacto, ¡ten cuidado! Eres el objetivo de Satanás. Él te persigue. Él está librando una guerra contra ti. No hay nada que temer, pero es algo de lo que hay que ser consciente, no ignorarlo.

Entonces, ¿cómo se ve eso? Tal vez has sentido que tu mente está inundada de oscuridad, de negatividad, de una depresión interminable, y no sabes qué hacer al respecto. Tal vez los pensamientos suicidas inundan tu mente todo el tiempo. Tal vez el desánimo te ha debilitado. Tal vez sientes que estás viviendo en la oscuridad y no puedes salir de ella. No puedes ver la luz al final del túnel. O tal vez sientes como si una resistencia invisible adicional se estuviera levantando contra ti y todos tus esfuerzos en esta temporada. Si te sientes así, podría ser que Satanás te esté atacando y se esté levantando contra ti.

Ahora, tal vez te preguntes: *¿Te refieres a estar poseído? Pensaba que los creyentes no podían estar poseídos.*

La palabra «posesión» nos asusta y rápidamente llegamos a conclusiones descabelladas. Según la definición del diccionario, «posesión» simplemente significa propiedad. Yo podría decir: «Soy dueño [o poseo] esta casa». Dios es dueño de todos los verdaderos creyentes, no Satanás. Cuando decides seguir a Jesús y creer en Él para el perdón de tus pecados, eres transferido del reino de las tinieblas al Reino de la luz, y te conviertes en un hijo adoptivo de Dios. Por lo tanto, no estoy hablando de *propiedad*. Estoy hablando de *influencia*. La verdadera pregunta es: ¿cuán influenciado estás por las tinieblas espirituales?

Pablo se refiere a la influencia demoníaca cuando escribe: «No permitan que el enojo les dure hasta la puesta del sol ni den cabida al diablo.» (Efesios 4:26b-27, NVI). ¡Nuestro enojo le da oportunidad al demonio de entrar en nuestras vidas! Por lo tanto, cosas como la falta de perdón y la desobediencia a Dios podrían darle a Satanás la oportunidad de influir en tu vida.

¿Qué es dar «cabida»? Si alguna vez has escalado una pared rocosa, es fácil entender lo que es dar cabida. Mientras escalas, buscas pequeñas rocas o huecos en los que apoyar el pie, lo que te permite avanzar por la pared rocosa. Esos pequeños huecos que te ayudan a escalar son cavidades, lugares para avanzar, para apoyarte. Satanás y sus malvados secuaces buscan cavidades, formas de susurrarte mentiras e *influir* en tu vida.

Las primeras cinco cadenas pueden darle a Satanás la oportunidad de hacer precisamente eso: influir en ti de maneras que te lleven a la destrucción o la caída. Recuerda, Satanás no quiere que escales y conquistes montañas, quiere que tengas miedo y te sientas derrotado al pie de ellas.

Pero aquí está la buena noticia: 1 Juan 4:4 nos dice que mayor es el que está en nosotros (Jesucristo) que el que está en el mundo (Satanás). Jesús nos ha dado autoridad y poder en su nombre. Por lo tanto, no tenemos que tener miedo. Solo tenemos que lidiar con estas cadenas, proclamar el nombre de Jesús y llenarnos del poder de su Palabra.

He pasado mucho tiempo viajando por el mundo y trabajando para promover el Evangelio en diferentes naciones y grupos de personas no alcanzadas. Una vez, estuve en una región de África Oriental con una tribu de cazadores-recolectores llamada Hadzabe. Viven en chozas de paja construidas en forma de pequeñas cúpulas y cazan animales con arcos y flechas envenenadas. Hablan una lengua aislada de chasquidos. Tradicionalmente, el pueblo hadzabe ha adorado al sol en el cielo y ha interactuado con espíritus ancestrales demoníacos.

Un día, mientras estábamos en una aldea proclamando el Evangelio, nuestra compañera indígena, Mary, dijo: «No tengo paz. No sé qué hacer».

Lo que hay que saber sobre Mary es que había entregado su vida a Cristo años atrás y, desde entonces, había sido una mujer marcada por una paz abundante y duradera. Nunca la había visto sin paz.

Así que le respondí: «Tenemos que orar por eso».

«De acuerdo. Veamos cómo va el día y oremos esta noche», respondió Mary.

Después de pasar el día proclamando el Evangelio en el pueblo, Mary compartió: «Sigo sin tener paz».

«Muy bien, entonces oremos ahora», dije. «Señor Jesús, ¿nos ayudarías a saber qué hacer aquí? No sabemos por qué Mary no tiene paz. Pero tú lo sabes. ¿Le devolverás tu paz, por favor?».

Mientras orábamos, hicimos una pausa en silencio. Después de unos momentos, Mary rompió el silencio: «Sé lo que es esto. Es un ataque del diablo. Quiere quitarme la paz y sacarme de aquí para que nadie pueda entender la Palabra de Dios y el Evangelio».

Mary era crucial para esta misión. Era crucial para proclamar el Evangelio al pueblo hadzabe, que nunca lo había escuchado antes. Antes de estos días, no había iglesia, ni Biblia, ni discipulado en el idioma de este grupo étnico. Mary estaba marcando la diferencia. Por eso, Satanás le estaba haciendo la guerra. La odiaba profundamente y odiaba la misión que Dios le había encomendado.

Así que, en ese momento de oración, tomamos nuestras notas de los discípulos en los Evangelios y el libro de los Hechos, y declaramos: «¡En el nombre de Jesús, reprendemos este ataque del enemigo! Señor, haz tu voluntad».

Sin demora, Mary sonrió y declaró: «¡Vuelvo a sentirme llena de paz! Gracias por orar».

¿Podría ser que Satanás esté atacando tu vida en este momento? ¿Podría ser que esté obstaculizando tu vida con Jesús y atacándote? Tal vez tenga cadenas a las que aferrarse, creando puntos de apoyo y fortalezas. Primero debes lidiar con estas cadenas para destruir los puntos de apoyo. Tal vez solo te esté atacando porque estás viviendo apasionadamente para Jesús. De cualquier manera, ¡debes resistirte a él, declarando el nombre de Jesús!

Además, mientras la batalla espiritual se libra a nuestro alrededor, necesitamos saber cómo luchar. ¿Cómo se lucha esta batalla?

Creo que hay cinco armas para nuestra guerra. Las Escrituras declaran la increíble verdad de que Dios nos ha dado armas para derribar las fortalezas demoníacas.

Entonces, ¿cuáles son nuestras armas?

La primera arma es la Palabra de Dios.

Justo antes de comenzar su ministerio, Jesús se enfrentó a una batalla espiritual. Estaba en el desierto y Lucas 4:2 dice que Satanás lo tentó durante cuarenta días. ¿Te imaginas ser atacado por Satanás durante cuarenta días seguidos? Y Jesús salió victorioso de la lucha, luchando con la Palabra de Dios, que había guardado en su corazón y en su mente. La había memorizado. Había meditado en ella. Así que, cuando la lucha llegó a su puerta, Jesús citó la Palabra de Dios en voz alta.

Cuando enfrentes la batalla espiritual, cita la Palabra de Dios en voz alta.

La segunda arma es el nombre de Jesús.

Vemos una y otra vez a lo largo de los Evangelios y los Hechos que pronunciar el nombre de Jesús en voz alta tiene un poder increíble.

La tercera arma es la armadura de Dios.

Esto se explica en Efesios 6:11-17. Necesitamos estar equipados con la armadura de Dios para mantenernos firmes contra los ataques del diablo. Lee Efesios 6 para descubrir la armadura de Dios y cómo mantenerse firme en ella.

La cuarta arma es la oración.

¡Hay poder en la oración! Efesios 6 continúa en el versículo 18 diciendo: «Oren en el Espíritu en todo momento, con peticiones y ruegos» (NVI). Debemos depender de Dios y de su poder, no del nuestro.

El arma final es la alabanza.

En 1 Samuel 16:23, el rey Saúl tenía un espíritu maligno con él. Pero cada vez que David derramaba su corazón en alabanza a Dios, el espíritu maligno huía. Alabemos a Dios en voz alta en adoración y proclamemos Su gloria y Su bondad.

Estas son las cinco armas de nuestra guerra. Ahora bien, si deseas profundizar en la guerra espiritual, te animo a que consultes otro mensaje que doy sobre la guerra espiritual. Lo puedes encontrar en la sección de recursos recomendados de la página web de *Movimientos Multiplicadores*.

Es muy importante que un obrero comprenda cómo lidiar con la guerra espiritual, porque Satanás se opondrá a tu vida si quieres tener un impacto en este mundo. Pablo experimentó esto mientras viajaba de un lugar a otro. En 1 Tesalonicenses 2:18, Pablo dice: «por lo cual quisimos ir a vosotros, yo Pablo ciertamente una y otra vez; pero *Satanás* nos estorbó.» (RV60, énfasis mío). Incluso el apóstol Pablo experimentó estas cosas en su vida, y me imagino que tú también las experimentarás, si es que aún no lo has hecho. Y si no las enfrentamos, sometiéndonos a Dios y resistiendo al diablo, entonces, por supuesto, quedaremos enredados.

Quizás tengas muchas de estas cadenas. Quizás solo tengas una o dos. Quizás te encuentres en un lugar doloroso espiritualmente en este momento. Necesitas que Dios te libere para que puedas trabajar libremente para Su Reino. Las buenas noticias se encuentran justo ahí, en las páginas de Hebreos 12. El versículo uno dice que corramos la carrera, despojándonos de todo lo que nos estorba y nos enreda. El versículo dos nos dice cómo: «Fijemos la mirada en Jesús». ¡Miremos a Jesús, el autor y consumador de nuestra fe! Él está con nosotros desde el principio. Él estará con nosotros hasta el final, lo que significa que está con nosotros mientras tanto, en este momento. Por lo tanto, miremos a Él. Clamemos a Él: *¡Jesús, ayúdame! Quiero acercarme a ti. No puedo correr esta carrera sin ti. No puedo lidiar con estas cadenas sin ti.* Clama a Jesús. Y luego haz lo que Él dice.

Cuando clamemos a Jesús, debemos hacer lo que su Palabra nos enseña con todas estas cadenas:

- Si tienes algún pecado no confesado, entrégaselo a Dios orando: *Señor, lamento este pecado. Te lo confieso y me aparto de él. Por favor, perdóname.*
- Es posible que Dios te esté revelando algunas mentiras en las que has estado creyendo. Repréndelas al recibir Su verdad: *Señor, me doy cuenta de que son mentiras. Reprendo estas mentiras en el nombre de Jesús y recibo Tu verdad.*

- Perdona a quienes te han hecho daño: *Señor, hay algunas personas que me han herido, algunas personas que me han hecho daño y que se han opuesto a mi vida. Elijo perdonarlas. Las pongo en tus manos e incluso te pido que las bendigas. Tú eres el juez, no yo.*
- Quizás las relaciones poco saludables te están frenando: *Señor, he tenido algunas relaciones poco saludables. Quiero buscar Tu plan para mis relaciones, no mis deseos. Rompo las relaciones poco saludables y abrazo un estilo de vida de relaciones saludables y piadosas, ¡siendo Tu voz la más fuerte en mi vida!*
- Es posible que veas algunos patrones generacionales negativos que se infiltran en tus decisiones cotidianas. Puedes orar así: *Señor, tengo algunos patrones generacionales poco saludables en mi vida. No quiero seguir viviendo con estos patrones. Los reprendo en el nombre de Jesús y abrazo el futuro piadoso que tienes para mi vida, lleno de patrones bíblicos de vida del Reino.*
- ¿El enemigo ha estado atacando tu vida? Sométete a Dios y resiste al diablo: *Señor, necesito tu ayuda. Por favor, ayúdame. En el nombre de Jesús, ordeno a cualquier espíritu demoníaco que cause esta oscuridad que se vaya. Sal de mi vida.*

¿Y sabes lo que sucede cuando hacemos esto? ¡Libertad! Imagina si camináramos en la plenitud de la libertad que Jesús tiene para nosotros. Jesús no solo negoció nuestra libertad. Él dio su propia vida por ella. Derramó su sangre en la cruz. Sufrió una muerte horrible para que pudiéramos ser libres. Jesús dio su vida y sufrió por ti y por mí para que pudiéramos caminar en la plenitud de la libertad.

Gálatas 5.1 dice: «Cristo nos libertó para que vivamos en libertad». Sí, Él nos liberó. Pero luego, la siguiente frase dice que no nos dejemos esclavizar de nuevo.

Entonces, ¿qué vas a hacer? ¿Seguirás eligiendo las cadenas? ¿O elegirás la libertad que Jesús ha comprado para ti?

¡Odio estas cadenas! Odio lo que le hacen a tu vida y cómo te obstaculizan. Dios tiene propósitos y planes increíbles para tu vida.

No dejes que estas cadenas te impidan alcanzarlos. Aprovecha el futuro. Olvida lo que queda atrás. Esfuérzate por alcanzar lo que está por delante. Aférrate a aquello por lo que Cristo está aferrado a ti: su propósito en tu vida. ¡No dejes que estas cadenas te obstaculicen!

Te insto a que te tomes un tiempo para orar ahora mismo. Considera las cadenas que hay en tu vida hoy.

Pídele a Dios en oración: *Señor, ¿me revelarías qué cadenas me están frenando, por favor?* Tal vez necesites escribirlas en un diario y luego, en oración, ocuparte de cada una de ellas. Empieza a entregárselas a Jesús.

Elige la libertad que Jesús ha comprado para ti, para que puedas trabajar por su Reino y correr la carrera con absoluto celo y propósito, sin obstáculos.

¡Vamos a por ello! ¡Vivamos en la plenitud de la libertad que Jesús ha comprado para nosotros!

¿Y AHORA QUÉ?

Dedica ahora un tiempo a preguntarle a Jesús: «¿Cuáles son las cadenas que están obstaculizando mi vida en este momento?». Escríbelas aquí:

Continúa en oración, lidiando con cada cadena que hayas reconocido en tu vida. Haz lo que la Palabra de Dios nos enseña a hacer con cada uno de estos obstáculos.

Lidiar con nuestras cadenas no es algo que se haga una sola vez. La mayoría de las veces, incluso después de que las cadenas se hayan quitado, todavía tenemos que esforzarnos por cambiar nuestros patrones y hábitos. Debemos seguir deshaciéndonos de *todo* lo que nos obstaculiza a lo largo de toda la vida. A partir de hoy, cuando surjan cadenas que te obstaculicen, ¡lidia con ellas inmediatamente en oración!

EMPIEZA A MEMORIZAR EL VERSÍCULO:

«... despojémonos de todo peso y del pecado que nos asedia, y corramos con paciencia la carrera que tenemos por delante, ». — Hebreos 12:1b, NKJV

¿Y SI...?

Mientras consideras dar un paso adelante para acompañar a otras personas utilizando *los Movimientos Multiplicadores,* ¡no dejes que las mentiras y acusaciones del enemigo te impidan invitar a otros a unirse al viaje! El enemigo de tu alma puede comenzar a enviarte mentiras para aumentar tu inseguridad y paralizar tu impacto.

No dejes que el orgullo te domine, ni que el miedo tenga la última palabra. No creas ningún pensamiento que declare que *Dios no puede usarte debido a lo que has hecho o al lugar donde has estado, o que no tienes lo que se necesita, o ¿qué pasa si no lo haces lo suficientemente bien?*

¡Reprende esas mentiras en el nombre de Jesús y recibe la verdad de que Él es más que capaz de darte poder (Efesios 3:16)! Debes decidir que Jesús será tu líder para que no te dejes llevar por el miedo ni por nada más.

Ahora, vuelve a tu lista de amigos en las secciones recientes «¿Y si...?» Ponte en contacto con ellos de nuevo esta semana.

Si no has recibido respuesta, envíales un mensaje como este:

«Hola, [NOMBRE], ¿has pensado más en unirte a mí? ¡Me encantaría que lo hicieras!

Tenemos pensado reunirnos una vez a la semana durante los próximos meses para profundizar y sumergirnos juntos en la Biblia. Utilizaremos un recurso llamado *Movimientos Multiplicadores*. Como te mencioné en mi último mensaje, Dios lo ha estado utilizando para cambiar mi vida y enseñarme mucho, ¡y estoy deseando compartirlo contigo!

Dime qué te parece».

Si te han respondido y tienen pensado unirse, envíales un mensaje como este:

«¡Estoy muy emocionado de estudiar esto contigo! Tenemos previsto reunirnos una vez a la semana durante los próximos meses para profundizar juntos en la Biblia. Como mencioné en mi último mensaje, Dios ha estado utilizando *Movimientos multiplicadores* para cambiar mi vida y enseñarme mucho, ¡y estoy deseando compartirlo contigo! Me pondré en contacto pronto con algunas opciones de días y horas para las reuniones semanales».

Algunos dirán «sí» a tu invitación y otros dirán «no». Pero no te desanimes, porque un «no» en el presente por parte de alguien a quien invitas no siempre significa un «no» definitivo a largo plazo. Puede que los vuelvas a invitar más adelante y que digan «sí» en una etapa diferente de su vida. Además, un «no» en este momento te libera para pasar aún más tiempo con otra persona con la que Dios quiera que estés.

DISCUSIÓN

1. Comparte cualquier victoria u obstáculo de los pasos de acción de la semana pasada.

2. Oren juntos.

3. Repasen el versículo para memorizar.

4. Lee las escrituras clave: Hebreos 12:1-2; Gálatas 5:1; Hebreos 4:16.

5. Repasa los conceptos clave del capítulo. Comparta cómo lo estás procesando y cualquier comentario que tengas. ¿Hay algo en particular que te haya llamado la atención? ¿Hay algo con lo que no estás de acuerdo? ¿O hay algo que nunca olvidarás? ¿Tienes alguna pregunta al respecto?

6. ¿Qué cadenas u obstáculos reveló Dios en tu vida? ¿Pudiste lidiar con ellos en oración esta semana? Si es así, ¿cómo te fue? Si no, ¿qué te está deteniendo?

7. Para las siguientes preguntas, después de que alguien comparta, anímalo con la verdad de Dios y acérquense juntos a Jesús, orando por cualquier cosa que surja:

   a. ¿Hay alguna otra área de tu corazón o de tu vida que todavía se sienta bloqueada o cerrada a la plenitud de la libertad que Jesús tiene para ti?

   b. ¿Hay algún pecado en tu vida que sientas que necesitas confesar a Dios y a los demás para caminar plenamente en libertad?

8. Considera esta realidad crucial al dar un paso adelante y continuar caminando en la libertad de Cristo: la cultura puede incluso obstaculizarte, atrayéndote y engañándote con mentiras. ¿Cómo es tu relación actual con la cultura del mundo? ¿Estás consumiendo más cultura que la Palabra y la verdad de Dios? ¿Hay algún cambio que debas hacer (Romanos 12:2)?

9. Repasa de nuevo la sección «¿Y si...?» y el versículo para memorizar.

10. Compartan todos: ¿cuál es la idea clave o el paso a seguir para esta semana?
11. Oren juntos.

OTROS RECURSOS ÚTILES:

Sermón y libro «Spiritual Warfare» (Guerra espiritual) de Charlie Marq: es.ForgeForward.org/war

Este mensaje les ayudará a profundizar en el tema, incluyendo formas útiles de orar a través de la guerra espiritual en sus vidas.

Para acceder a este recurso y muchos más, visite:

MultiplyMore.com/es

9

CAMINAR POR LA FE

Hebreos 11:1-12, 17-38 • Mateo 4:19-20 • Mateo 14:27-31

¿Cómo comenzamos las relaciones? Todas las relaciones tienen un momento en el tiempo en que comenzaron, desde el nacimiento, cuando te presentan a tus padres, hasta las amistades profundas. Si lo piensas bien, todas las relaciones comienzan en algún lugar, al igual que nuestra relación con Jesús. Al principio, Jesús nos buscaba, se paraba a la puerta de nuestro corazón y llamaba. Simplemente nos hacía saber: «Quiero comenzar una relación contigo».

FE SALVADORA

Lo que pudo haber parecido es que tú sentiste que Él tomó la iniciativa para hacerte saber que quería tener una relación contigo. Para mi, fue cuando acababa de escuchar a un hombre hablar. Era un predicador itinerante que estaba de visita, y yo estaba sentado en la parte de atrás del salón. Pero sentí que Jesús llamaba a la puerta de mi corazón porque sabía que tenía que hacer algo. Tenía que acercarme a Jesús.

Las Escrituras dicen en Santiago 4:8: «Acérquense a Dios y él se acercará a ustedes» (NVI). La puerta de mi vida se abrió por la fe. Cuando escuché a ese predicador, comencé a avanzar en esa sala hacia Jesús. La Biblia también nos dice que hemos sido justificados por *la fe* (Romanos 5:1). Somos salvos por gracia mediante la fe (Efesios 2:8-9). Fe.

Para comenzar una relación con Jesús, tenemos fe en que Dios se está acercando a nosotros, y queremos acercarnos a Él, y hay algo que experimentar allí. «...tenemos paz con Dios por medio de nuestro Señor Jesucristo», en quien hemos obtenido acceso a esta relación (Romanos 5:1, NVI). Romanos 5:2 continúa: «*mediante la fe* tenemos acceso a esta gracia en la cual nos mantenemos firmes» (NVI, énfasis mío). Juan 1:12 nos dice que «a todos los que lo recibieron... les dio el derecho de ser hijos de Dios» (NVI). Así es como comenzó tu relación con Dios. Comenzó con un simple momento en el que respondiste a Su iniciativa y pusiste tu confianza en Cristo.

FE FUNDAMENTAL

Con el tiempo, nos encontramos avanzando hacia lo que yo llamo **fe fundamental**. Es Jesús cumpliendo lo que dijo en Apocalipsis 3:20, cuando dijo: «Yo estoy a la puerta y llamo; si alguno oye mi voz y abre la puerta, entraré a él, y *cenaré con él, y él conmigo*» (RV60, énfasis mío). Cuando comencé a leer las Escrituras, me di cuenta de que Jesús se sentaba a la mesa con la gente, y supe que allí se producía una transferencia relacional e informativa.

Compartimos grandes ideas cuando nos sentamos a la mesa. Algunas de las mejores ideas del mundo surgieron en servilletas de mesa durante las comidas. Sabemos que Jesús se acercaba a la gente y se producía una transformación. Eso es lo que Él dice que hará cuando abramos la puerta.

Para mí, en ese intercambio, cuando comencé a leer las Escrituras, era como si Dios estuviera sentado conmigo. Recuerdo haber leído

Jeremías 30:21, donde Dios esencialmente dice: «¿Quién se dedicará a estar cerca de mí?». Y cuando avancé un poco más en las Escrituras, leí en Miqueas 6:8, donde Él dice: «¿Y qué es lo que espera de ti el Señor?: Practicar la justicia, amar la misericordia y *caminar humildemente ante tu Dios*.» (NVI, énfasis mío). Dios me estaba mostrando un patrón: caminar humildemente *con* mi Dios.

Al pasar al Nuevo Testamento y comenzar a leer las historias de Jesús con la gente, reconocí que lo que Jesús estaba estableciendo para mí era una comprensión de Sus caminos. Las Escrituras nos dicen que Sus caminos son más elevados que los nuestros. También estaba comenzando a establecer para mí la comprensión de mi herencia: todas las cosas que eran mías en Cristo y que son tuyas en Cristo; todo lo que Él tiene en Su arsenal para nosotros. Descubrí una relación cercana e íntima con Dios como *fundamento* de la fe.

EL LLAMADO Y EL CAMINO DE LA FE

UN LLAMADO A LA FE

Y a medida que continúas avanzando por las páginas de las Escrituras, encontrarás a Pablo escribiendo sobre la fe. Él dijo a los corintios: «Manténganse alerta; permanezcan firmes en la fe; sean valientes y fuertes.» (1 Corintios 16:13). También escribió algo similar a los colosenses: «Por lo tanto, de la manera que recibieron a Cristo Jesús como Señor, ahora deben seguir sus pasos. Arráiguense profundamente en él y edifiquen toda la vida sobre él. Entonces la fe de ustedes se fortalecerá en la verdad que se les enseñó, y rebosarán de gratitud» (Colosenses 2:6-7, NTV).

¿De qué se trata todo esto? Dios te está edificando. Está afianzando tus raíces. Está pasando tiempo contigo. Tiene un plan, como lo tuvo para Mateo cuando se sentó a la mesa de Mateo y comió con él. Jesús sabía que *Mateo necesitaba ser invitado a su aventura en el Reino*. Jesús mismo había dicho que había venido para darles vida en abundancia, una vida llena de significado y propósito (Juan 10:10).

Cuando Jesús subió a la barca de Pedro, este lo invitó a subir. Y mientras Jesús se unía a Pedro en lo que este sabía hacer, pescar, finalmente Jesús le hizo una invitación a Pedro. En esencia, le dijo: «Pedro, ponte las sandalias y ven y sígueme. Quiero guiarte por un camino de aventura lleno de significado y propósito que requerirá fe. Dejarás tus redes y tus barcos. Dejarás las cosas que te son cómodas y familiares para unirte a mí en una aventura que cambiará el mundo; una vida transformada que estará llena de significado y propósito».

Pedro tenía que tomar una decisión. Tú tienes que tomar una decisión. Yo tengo que tomar una decisión. Puedo simplemente sentarme, «disfrutar» de Jesús, estar bien alimentado y bien enseñado. Pero Él no solo quiere que esté bien *enseñado*. Quiere que *camine* bien. No solo quiere que esté sobre entretenido y poco desafiado. Quiere que viva una vida de aventura con Él, llena de significado y propósito para Su Reino.

Así que, en esencia, cuando Dios inicialmente «toca a tu puerta», este «tocar a tu puerta» o impulso será sobre lo que viene después. Él tiene algo entre manos y le gustaría que te unieras a Él. Es hora de ponerte los zapatos.

Una de mis primeras «llamadas» para dar un paso de fe llegó cuando estaba leyendo las Escrituras y sentí que Dios me decía: *«Oye, me gustaría que leyeras estas Escrituras con otras personas de tu escuela»*. Yo era un niño. No tenía una educación bíblica universitaria. No tenía un título de seminario. Y pensaba: *«¿Y si me hacen una pregunta y no tengo una respuesta?»*. Era muy probable que no tuviera las respuestas. *¿Y si los invito y no vienen?* Tenía un montón de preguntas que empezaban a surgir en mi mente y a pesar en mi corazón.

Tenía la oportunidad de hacer lo que hicieron los discípulos. Dice que «*al* instante» dejaron su comodidad y dieron un paso adelante (Marcos 1:18, NVI). Y eso es lo que se requiere. No puedes aferrarte a tu zona de confort. Después de luchar con mis preguntas y mi nerviosismo, al día siguiente en la escuela, comencé a invitar a algunos amigos.

Me preguntaron: «¿Cuándo y dónde?».

Intenté pensar rápidamente: «En mi casa», y aunque en realidad no teníamos una habitación en la casa, pensé: «*Nos sentaremos en la alfombra*», y les dije: «Traigan una Biblia, y si no tienen, yo tengo algunas de sobra».

Esa fue una de mis primeras aventuras con Jesús. Pero, con el tiempo, Dios comenzó a llamarme a ponerme los zapatos, no solo para invitar a la gente a venir a mi casa a leer la Biblia juntos en la escuela al día siguiente, sino para algo más. Me llevó un poco más lejos en la siguiente aventura con Él.

A menudo la gente se refiere a que Dios les «llama» a hacer algo. Déjenme explicarles esta idea del llamado de Dios. No es una llamada telefónica. No es realmente un golpe físico en la puerta. Ni siquiera es necesariamente audible. Es una sensación que recibes de Dios, de que hay un siguiente paso que Él tiene para ti, y Él te lo dejará claro.

Hay tres cosas que tiendes a notar cuando Dios te llama.

Uno: a menudo se *repite el impulso*. Eso es lo que le sucedió a Samuel cuando estaba aprendiendo a reconocer la voz de Dios siendo aún joven (1 Samuel 3:4-10). Samuel creyó oír algo y supuso que tal vez era Elí, un anciano líder espiritual, quien lo llamaba, así que lo despertó, y Elí le dijo: «Yo no te he llamado... vuelve y acuéstate». Samuel, pensando que estaba sintiendo algo, volvió a Elí de nuevo, y finalmente Elí le dijo que considerara que podría ser la voz del Señor llamándolo. Así que, por tercera vez, Samuel ora: «Habla, que tu siervo escucha» (1 Samuel 3:10, NVI). Dios a menudo te impulsará varias veces hasta que sepas que es Él.

Segundo, a menudo *Dios lo confirmará a través de las Escrituras, y* **tercero**, *a través de otras personas piadosas.* Y sentirás que Dios está tramando algo. No tienes que esperar a que alguien te lo diga. Esta es la clave: Jesús es tu líder. Él es a quien estás invitando a ser, no solo tu *Salvador*, sino tu *Pastor*, como cuando Jesús le dijo a Pedro: «Vengan, síganme» (Mateo 4:19, NVI). Es hora de ponernos los zapatos y salir. De eso se trata caminar por la fe.

Caminar con fe ya no es solo abrir la puerta de tu corazón a Jesús. Ya no es solo sentarse cerca de Él a la mesa. Ahora es unirse a la aventura *con* Él. Es buscar tus zapatos porque Él te llevará más allá de tu zona de confort. Con demasiada frecuencia usamos la frase «cuídate» o «mantente a salvo» entre nosotros. Probablemente Jesús no haría eso. Él probablemente diría «¡Vive bien! ¡Únete a la aventura!», reflejando la «vida plena» que dijo que vino a darnos en Juan 10:10.

Cuando Jesús les dijo a Pedro y Andrés: « Y les dijo: Venid en pos de mí, y os haré pescadores de hombres» (Mateo 4:19, RV60), era como si les dijera: «Van a hacer cosas que nunca han hecho antes. Otros han anhelado ver lo que ustedes van a ver».

Esos primeros discípulos eran personas normales y corrientes que se embarcaron en la aventura de su vida porque estaban dispuestos a decir «sí». Siguieron a Jesús *«al instante»* (Mateo 4:20, NVI, énfasis mío). Las palabras de Pedro fueron: «Pero, como tú me lo mandas[Señor]» (Lucas 5:5, NVI). Él reconoció la clave... Jesús es mi Pastor. Él es el Señor. Él es mi jefe. Y yo soy su seguidor. Soy un siervo.

La mayor parte del tiempo, hemos estado *demasiado entretenidos* y *poco desafiados* para vivir la vida que estamos destinados a vivir. Y, en algunos casos, nos han enseñado casi *en exceso*. Hemos pensado que se trata de cuánta información podemos almacenar en nuestros cerebros. Pero Jesús diría: «No, no se trata solo de estar bien *enseñados*. Se trata de estar bien *caminados*». Quieres caminar por la fe. Esa es la forma en que le complaces. De hecho, cuando lleguemos al final, Jesús declarará «bien hecho», no «bien pensado» y «bien enseñado».

LA BATALLA INTERNA

Habrá momentos en los que te sentirás como si estuvieras en un ring de boxeo. Habrá muchas cosas pasando por tu mente, por tu corazón y por tus emociones, porque nunca antes habías salido de tu zona de confort personal de esta manera. Normalmente, no lo hacemos. A veces se necesita un empujón para llegar allí. Y otras veces, solo se necesita un pequeño empujón. Pero ahora, después de haber leído hasta aquí, sabes que no hay otra manera. Tienes que saltar al ring y entrar en acción.

Y, al hacerlo, el miedo te convertirá en un saco de boxeo. Te atacará desde todos los ángulos con todo tipo de preguntas e inseguridades. *Nunca has hecho esto antes. No sabes cómo hacerlo. ¿Cuál es tu respaldo? ¿Quién te ayuda?* Y mientras intentas aferrarte a lo que Dios te pide que hagas, todos los obstáculos se te echarán encima, uno tras otro. Intentarán hacerte dudar de que sea posible.

Estas dudas pueden basarse en ti y en tu experiencia: *nunca he hecho esto antes. No tengo un título en esto. No tengo ninguna experiencia en esto.*

O las dudas pueden acercarse como «lógica»: *¿qué posibilidades hay de que esto suceda realmente?*

No dejes que esas cosas te derriben o te desanimen. Sigue adelante. Cuando lleguen los golpes, vuelve al ring y sigue adelante. Y sigue determinando, a medida que avanzas, que no estás solo. No estás solo en esto. No eres tú quien te metió en esto, y *Aquel* que te metió en esto va a permanecer contigo hasta el final. Esto es lo que llamaríamos la batalla interna.

EL PRIMER PASO ADELANTE

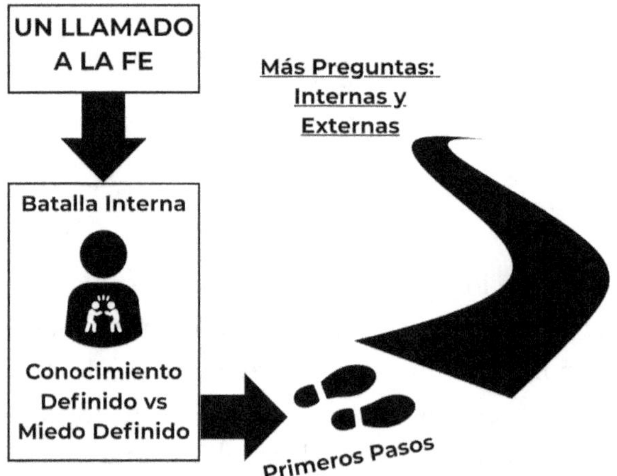

Es posible que te suceda algo más. Vas a dar un paso adelante y dar tu primer paso hacia lo que Dios te está llamando a hacer. Y te surgirán otras preguntas. Pero serán preguntas *externas*. La gente te hará preguntas que nadie te ha hecho antes. No habías pensado en estas cosas... «¿Cómo vas a pagar esto?», «¿Cómo vas a hacerlo?», «Bueno, ¿y si esto... y si aquello...?», y antes de que te des cuenta, te estás volviendo loco por dentro porque no tienes ninguna respuesta.

Déjame darte una respuesta. Probablemente sea la mejor y más precisa respuesta que puedes dar. Simplemente míralos con valentía y di: «No lo sé. No tengo todas las respuestas. Pero tengo la seguridad de que esto es lo que debo hacer. Y sé que Aquel que me empuja, me anima y me dice que haga esto debe saberlo, y mi papel es confiar en Él».

No pasa nada por decir «No lo sé», porque realmente no lo sabes. Eso es la fe. «Ahora bien, la fe es tener confianza en lo que esperamos, es tener certeza de lo que no vemos.» (Hebreos 11:1, NVI). No lo has visto. No lo sabes. No pasa nada por decir: «No lo sé. Pero sí sé que el que me llama "...es fiel, y lo hará" (1 Tesalonicenses 5:24, NVI)». La fe no consiste en confiar en tus conocimientos y habilidades, sino en confiar en Él.

Ahora bien, cuando des tu primer paso adelante y empiecen a surgir todas estas preguntas, no empieces a pensar demasiado si sabes cómo hacerlo.

Una vez, una familia visitó mi casa y le pregunté a su pequeña si quería tocar una canción. Ella dijo que sí. Entonces, le pedí que me diera la mano y luego el dedo índice. Comencé a guiar su dedo arriba y abajo por el teclado, tocando una canción que le era familiar. Se volvió hacia sus padres y les dijo: «¿Han oído lo que acabo de hacer? ¿Quieren oírlo otra vez, mamá y papá?».

Pero esta vez, jugué al tira y afloja con su brazo. No pude llevar su dedo a donde tenía que ir porque ella no estaba dispuesta a dejarme dirigir cada nota musical.

Mientras el profeta Jeremías aprendía este mismo concepto, elevó una oración a Dios y dijo: «Señor, yo sé que nadie es dueño de su destino, que no le es dado al caminante dirigir sus propios pasos». (Jeremías 10:23, NVI). Quieres que todos tus pasos sean pasos dirigidos. Las Escrituras nos dicen: « Por Jehová son ordenados los pasos del hombre, Y él aprueba su camino.» (Salmo 37:23, RV60). No es de extrañar que el escritor sabio diga: «El corazón del hombre piensa su camino; Mas Jehová endereza sus pasos.» (Proverbios 16:9, RV60). Por lo tanto, pregunta, consulta, escucha y no te apoyes en tu propio entendimiento. Apóyate en Él y deja que Él dirija todo el viaje. Ahora que sabes lo que Él quiere que hagas, deja que Él también te muestre cómo hacerlo.

Cuando era joven, a los 29 años, sentí que Dios me estaba llamando al ministerio. Y me estaba pidiendo que diera los primeros pasos. Tenía programadas cinco semanas de charlas en cinco lugares diferentes y necesitaba subirme a mi primer avión. Cuando lo hice, sentí que necesitaba tener una conversación sincera con Dios. Así que saqué mi cartera, la puse sobre la bandeja del avión y recé: «Dios, no es suficiente. No sé qué vas a hacer con esto, pero solo tengo 5 dólares aquí. Eso es todo. Es todo lo que tengo. Hay una tarjeta de crédito aquí, pero no tengo ningún respaldo financiero».

Miré por la ventanilla del avión, vi un montón de vacas en un campo y sentí como si Dios me dijera: «míos son todos los animales del bosque, y mío también el ganado de miles de colinas» (Salmo 50:10). Y, francamente, le respondí: «Sí, lo sé. Pero las vacas que tienes están en ese campo. *No* están en mi cartera. ¿Cómo va a funcionar esto?».

Llegué a mi destino, la ciudad de Pittsburgh, en Pensilvania, y las personas que me recogieron me preguntaron si había comido algo durante el vuelo. No había comido nada. Así que pararon para que compráramos algo de comida, y no pensaron en pagarme la mía. Me acerqué al mostrador de McDonald's y pedí papas fritas y agua. Me costó mucho entregar el billete de 5 dólares que tenía. Recuerdo que recé: «Señor, no sé cómo vas a hacer esto. Es todo lo que tengo».

Paso a paso, necesitaba declararle a Dios: «Tú eres mi provisión. Así que muéstrame qué hacer».

Extendí las papas fritas. Les dije a las personas que me recogieron que las papas fritas eran suficientes antes de predicar esa noche.

A los dos días del evento, un par de estudiantes se acercaron, me entregaron un sobre y me dijeron: «Lee nuestra nota más tarde».

Cuando abrí la nota, leí que habían traído a un par de amigos que habían entregado sus vidas a Cristo en el evento y que ellos también estaban creciendo espiritualmente. Y habían incluido un billete de 5 dólares con la nota. ¡Dios duplicó lo que yo había empezado! Fue abrumador para mí. ¡Qué mensaje del cielo!

El quinto día, alguien se me acercó y me dijo: «He traído a un grupo de estudiantes de Nueva York. Lee mi nota más tarde».

Este líder juvenil escribió una carta bastante larga sobre cómo esperaban que Dios cambiara la vida de sus *estudiantes*, pero Dios había hecho algo increíble en *sus propios* corazones, como líderes. Y dentro de esa nota había otro billete de 5 dólares. Yo no había dicho nada. Nadie sabía de mi necesidad. Sin embargo, Dios triplicó aquello con lo que yo había empezado.

Al final del viaje, en la quinta semana, alguien me informó de que una pareja de ancianos estaba paseando por los terrenos del lugar donde yo daba una charla en Michigan. Pensaban que la pareja eran mis abuelos.

Un poco confundido, respondí: «Bueno, mis abuelos han fallecido y mis abuelas no conducen, así que no son mis abuelos».

Después de regresar a la casa rodante donde me alojaba, escuché que se detenía un automóvil. Miré por la ventana y vi un pequeño Cadillac del que salía una señora menuda. Cuando salí a saludarla, ella no me saludó, al menos no con el saludo habitual.

Me preguntó con urgencia: «¿Necesitas dinero?».

Ni siquiera supe cómo responder. «Lo siento. ¿Qué?».

Ella volvió a decir: «¿Necesitas dinero? Espero que sí, porque mi esposo se levantó esta mañana y sintió que Dios le decía que tú necesitabas dinero. Llamamos a la sede de tu ministerio, [que en ese momento era un pequeño garaje en la parte trasera de un callejón en Indiana] y averiguamos dónde estabas. Él aún no se ha jubilado, así que tuvo que tomarse un día libre en el trabajo. Hemos pasado todo el día buscándote. Nos hemos perdido dos veces de camino aquí y también hemos tenido un par de discusiones por el camino. ¡Así que espero que necesites dinero!».

En ese momento, un italiano grande y fornido salió del otro lado del coche. Me miró, intentando decir: «Necesitas...», y luego se echó a llorar... «Necesitas dinero, ¿verdad?».

Le respondí: «De hecho, sí».

El hombre sacó un sobre de su bolsillo y me lo entregó. ¡Había cinco billetes de 100 dólares dentro! Llamé a nuestra pequeña oficina del garaje y dije: «¡Dios acaba de mostrarme que simplemente quería que diéramos el primer paso! Y que Él nos ayudaría, paso a paso a saber cómo dar el resto. Él nos proveería en cada paso del camino».

Eso es lo que Él hace. Ya sea la sabiduría que necesitas, el conocimiento para dar el siguiente paso o la provisión que necesitas, puedes confiar en Él. El que te llamó es fiel y lo hará. Vas a estar bien.

EL REGRESO DEL MIEDO

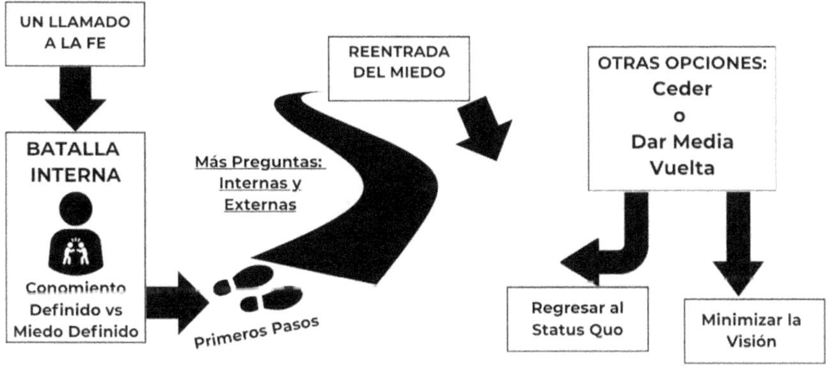

Dios no quiere que nos paralicemos por el miedo, ni quiere que el miedo sea nuestro líder. El miedo crea vacilación. El miedo calcula y puede crear dudas. Romanos 4:19-20 nos dice que cuando Dios le dijo a Abraham que quería darle un hijo, Abraham se enfrentó al hecho de que su cuerpo estaba prácticamente muerto y que Sara era demasiado mayor; que eso era imposible. Pero nada es imposible para Dios.

Así que, cuando Dios te pida que des un paso adelante, es posible que empieces a calcular tus pasos en tu mente. El miedo exigirá que todas las respuestas estén en su lugar, pero eso no será posible. Estás en un camino *de fe*, no en un camino *de miedo*. No vas a saber cómo va a terminar esto ni cómo se va a desarrollar. El miedo reducirá el rendimiento de tu vida, ¡y tú no quieres eso!

El miedo es la herramienta de Satanás. Y no hay forma de que quieras dejar que Satanás use una de sus mejores y más poderosas herramientas. No es de extrañar que Dios nos haya advertido tanto que no dejemos que el miedo sea nuestro líder. El miedo se aferrará al statu quo. Se aferrará a lo que *el hombre* puede hacer. El miedo hará que reduzcas la visión de Dios a lo que sientes que puedes hacer. El miedo requiere una falsa seguridad.

Tenía un amigo que una vez me dijo: «Nunca podría vivir la vida de fe que tú vives en lo que respecta a las finanzas».

Y yo le respondí: «En realidad, tú sí vives una vida de fe. Solo que has depositado tu fe en una empresa que crees que nunca quebrará, nunca cambiará de manos, nunca te despedirá ni te decepcionará. Yo he depositado mi fe en Aquel que ha estado en el negocio desde siempre y que nunca decepciona a sus hijos».

El miedo utilizará el «yo» o los sistemas de medición de este mundo como indicador de posibilidades. Te tentará a dudar, calcular y cuestionar. Necesitará tener todas las respuestas. Reducirá el rendimiento de tu vida. Es una herramienta de Satanás.

Pero escucha, debes poner en práctica Proverbios 3:5-6, que simplemente te instruye a confiar en el Señor, a fijar tus ojos en Él… «Confía en el Señor de todo corazón y *no* te apoyes en tu propia *inteligencia*».

Puede que estés pensando de forma lógica, y el pensamiento lógico te meterá en problemas porque no hay forma de que lo que Dios te pide que hagas sea lógico. Esto es cosa de Dios. Necesitas poner *a Theo* por delante de *la lógica*. Esta es una ecuación *teológica*. La lógica de Dios. Dios no te invitó a algo para ver lo que *tú* puedes hacer; te invitó a una aventura con Él para ver lo que *Él* puede hacer. ¡Y lo hará! Así que confía en Él con todo tu corazón. No te apoyes en tu propio entendimiento. Reconócelo en todos tus caminos y sigue reconociéndolo, y Él enderezará tus sendas.

Una de las instrucciones más importantes que Jesús nos dio fue «No temas»… «No temáis» (Mateo 28:10). Jesús lo repetía tan a menudo que lo único de lo que hablaba más era del amor: el amor de Dios, el amor del Evangelio, el amor que Él transmitía. Y las Escrituras nos dicen que «el perfecto *amor* echa fuera el temor» (1 Juan 4:18, RV60, énfasis mío).

El miedo no puede ser tu guía. Puede estar presente, pero no puede ser tu guía. Debes saber que, en este momento de tu camino de fe, el miedo volverá a aparecer, y lo hará con fuerza.

Cuando los israelitas fueron liberados de su esclavitud en Egipto y llegaron a la orilla del Mar Rojo, su huida parecía imposible. ¿Cómo iban a cruzarlo? De repente, se llenaron de miedo. Incluso dijeron cosas como: «¡Estaríamos mejor de vuelta en Egipto!». Les parecía un callejón sin salida. Les parecía el final del camino... «¡Hemos venido aquí solo para morir!».

Habrá varias consideraciones en tu camino de fe. Una es el compromiso: *¿Puedo reducirlo? ¿Puedo retroceder? ¿Puedo adaptarlo a mi tamaño? No al tamaño de Dios, sino al mío.*

A menudo, las personas piensan que necesitan «ayudar a Dios» y reducen la intención de Dios. El compromiso y la reducción son desobediencia. No son la plenitud de lo que Dios pretende.

Otra consideración es el profundo deseo de dar media vuelta y huir: *«Esto es el fin. Estoy acabado. Este es mi callejón sin salida. No puedo seguir adelante. Quizás Dios nunca estuvo en ello».*

Escucha, incluso el autor y consumador de tu fe, el mismo Jesús, se enfrentó a momentos de oposición. Tenía un «asesor de seguridad», Pedro, que le decía que no fuera hacia la cruz, que no fuera hacia Jerusalén. Y Jesús respondió: «¡ ¡Aléjate de mí, Satanás!» (Mateo 16:22-23, NVI).

Más tarde, Jesús y sus seguidores llegaron al huerto de Getsemaní, y de nuevo el «asesor de seguridad» Pedro quiso defender a Jesús y le cortó la oreja a un soldado, declarando esencialmente: «¡Esto no tiene por qué suceder!».

Pero Jesús, tras evaluar claramente el costo que tenía ante sí, declaró en oración: «no se cumpla mi voluntad, sino la tuya» (Lucas 22:42, NVI).

Jesús siguió avanzando en este camino de fe. El miedo no puede ser un callejón sin salida.

A menudo, en este punto, por necesidad, profundizarás más en tu relación con Dios. Es posible que acabes teniendo más valor, como le ocurrió a Hudson Taylor, el misionero inglés del siglo XIX. Después de recibir una llamada de fe de Dios para ir a China, se sintió agobiado. Entonces, alguien lo invitó a ir a un lugar junto al mar donde pudiera relajarse. Pero mientras pasaba tiempo a solas con Dios allí, como Jesús en el jardín, recibió valor y se levantó con una convicción más profunda: *¡No voy a dar marcha atrás! ¡Este no es nuestro callejón sin salida! ¡Este no es un lugar en el que voy a transigir! ¡Voy a seguir adelante! ¡Voy a seguir adelante con fe!*

Cuando Abraham era ya muy anciano, Dios le dijo esencialmente: «Quiero hacer algo imposible, pero que es posible a través de mí. Voy a hacerte padre de muchos» (Génesis 17:5).

Hebreos 11, el capítulo de la fe, nos dice que por la fe Abraham (a pesar de que ya había pasado la edad, mucho más allá de la edad para tener hijos, y su esposa Sara era estéril) pudo convertirse en padre porque consideró fiel a Dios, quien le había hecho esta promesa. Y así, de este hombre, aunque estaba prácticamente muerto, nacieron descendientes tan numerosos como las estrellas.

¿Cómo sucedió eso? Dios puede dar vida a lo que está muerto o aún no ha nacido. Así que nunca mires con lógica lo que crees que puede suceder. «Contra toda esperanza, Abraham creyó y esperó, y de este modo llegó a ser padre de muchas naciones» (Romanos 4:18). Se enfrentó al hecho de que estaba prácticamente muerto y no vaciló. También se enfrentó a la promesa de Dios y se fortaleció en su fe. ¡Dio gloria a Dios, estando plenamente convencido de que Dios tenía el poder de hacer lo que había prometido (Romanos 4:19-20)!

RESISTENCIA

Cualquiera que haya pasado tiempo en un gimnasio, en un rocódromo o en cualquier evento deportivo que requiera resistencia te dirá que lo más importante no es solo cómo empiezas, sino cómo *sigues adelante* cuando llegas al punto en el que tienes que darlo todo.

Hebreos 12 nos anima a correr «con perseverancia la carrera que tenemos por delante». Ya sea un camino de fe, un paseo de fe o una agotadora carrera de obstáculos de fe que requiere todo lo que tienes para seguir adelante, se nos exhorta a fijar nuestros ojos en Jesús (Hebreos 12:2, NVI)

¿Saben lo que nos dice Hebreos acerca de Jesús? Nos dice que Él es el autor *y* consumador de nuestra fe (Hebreos 12:2). Él no está haciendo algo en nuestras vidas que Él no comprenda plenamente lo que implica. Esta Escritura dice que Jesús, «Debido al gozo que le esperaba, soportó la cruz» (Hebreos 12:2, NTV). La cruz no fue un minuto. No fue una hora. Fue un acontecimiento agotador, físico, emocional y espiritual. Él «soportó la cruz, menospreciando la vergüenza que ella significaba, y ahora está sentado a la derecha del trono de Dios» (Hebreos 12:2, NVI). Luego se nos dice: «*consideren* a aquel que perseveró frente a tanta oposición por parte de los pecadores» (Hebreos 12:3, NVI, énfasis mío).

Déjenme decirles cómo no desanimarse y cómo no cansarse hasta el punto de desmayar y rendirse. Las Escrituras nos dicen que cosecharán si «NO SE DAN POR VENCIDOS» (Gálatas 6:9, énfasis mío, NVI). Así que, permítanme compartir varios consejos que les ayudarán a soportar y a no rendirse nunca:

Uno, *recuerda quién es tu Dios.* Ya sea que mires al cielo y declares: «Dios, tú hiciste los cielos y la tierra, nada es demasiado difícil para ti». O ya sea que, como el salmista David, veas las colinas, de donde viene nuestra ayuda (Salmo 121:1). Yo vivo en Colorado. De vez en cuando miro las montañas y ellas me señalan a Dios. O si lees las páginas de las Escrituras o pasas tiempo en adoración. Sea como sea, debes enfocarte en quién es tu Dios. Él es quien hace posibles las cosas imposibles.

En segundo lugar, *concéntrate en quién ha sido tu Dios para otros a lo largo de la historia.* En Forge tenemos un libro estupendo titulado *Es Mi Turno: 20 Obreros del Reino que Cambiaron el Mundo y me Inspiran a Impactar el Mío.* A lo largo de mi vida, desde mi juventud, al leer biografías una y otra vez, he descubierto que recordar quién ha sido Dios para otros me ayuda a saber que Él también puede serlo para mí. Pienso: «*Si Él hizo eso por ella, o si hizo eso por él, Él es el mismo Dios, ¡y estará ahí para mí!*». ¿Sabías que el 75 % de la Biblia son historias? Historias de personas que caminan por la fe, y tú puedes echar un vistazo a sus viajes de fe. Recuerda quién ha sido Él para los demás: que ha sido fiel.

En tercer lugar, *recuerda las Escrituras.* No creas que puedes seguir adelante sin la Biblia. Tienes que adentrarte en la Palabra y dejar que la fiel bondad amorosa de Dios siga inundándote. Efesios 5:26 nos habla del lavado de la Palabra. A veces, Satanás te lanza dardos, barro y *cosas desagradables*. Puede que te lleguen en forma de mentiras como «*No puedes*» o «*No eres esto...*», y solo tienes que meterte en la ducha de la Palabra de Dios para lavar todo el barro y seguir adelante. Ha habido momentos en los que he elegido un par de promesas de Dios y me he aferrado a ellas casi como un escalador se aferra a las rocas para seguir subiendo. Las escribiré y las grabaré en mi mente y en mi corazón. Las pondré donde pueda encontrarlas. ¡Las declararé en oración!

Cuarto, *recuerda tus primeros días*, tal como nos anima a hacer la Escritura. Quizás enfrentaste una gran prueba en una etapa anterior de tu vida. En un momento en que me enfrentaba a un desafío que parecía insuperable, alguien se presentó en mi oficina y me dijo: «Oye, déjame poner los hechos sobre la mesa», y luego se marchó. Me sentí casi desanimado, sin la energía necesaria para seguir adelante. Podría haberme rendido en ese mismo instante.

Pero, de repente, sentí un susurro divino: «*Sabes que te he sido fiel. Quiero que escribas las formas en que te he sido fiel*». Saqué una hoja de papel y empecé a escribir lo que sentía que Dios me decía que escribiera, repasando mis primeros días cuando Él se me apareció. En poco tiempo llegué al final de la página y pasé a la siguiente. Y entonces sentí que Dios me decía: «*¿Es suficiente?*». Empujé el papel por el escritorio y dije: «Dios, ¡no me has traído hasta aquí para abandonarme!».

Él no te ha traído hasta aquí para abandonarte; sea cual sea el camino de fe en el que te encuentres en cualquier momento, es bueno *recordarlo*. David, el salmista, que miró a Goliat con confianza mientras todos declaraban que era una situación imposible, ¡recordó! Recordó que el Señor «que me ha librado de las garras del león y de las garras del oso, él también me librará de la mano de este *filisteo*.» (1 Samuel 17:37, RV60). Así es como seguimos perseverando.

LA RECOMPENSA DE CAMINAR POR LA FE

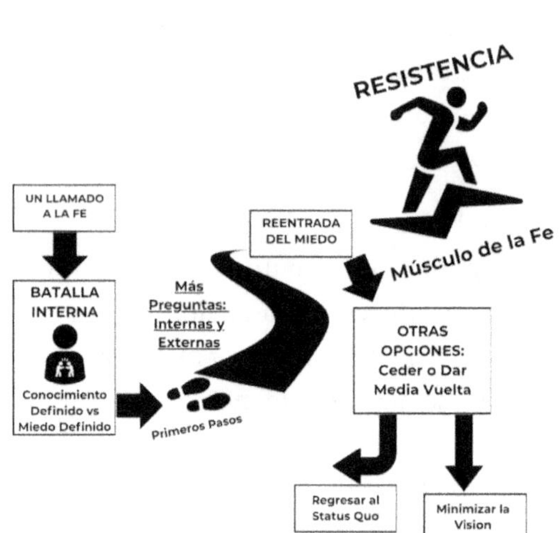

Hace muchos años, un francés llamado Stephen Grellet llegó a las costas de los Estados Unidos de América. En aquella época, William Penn y John Knox proclamaban a Cristo a las personas que llegaban a nuestras costas, y Stephen Grellet entregó su corazón a Cristo. Pronto, su corazón no solo se encendió, sino que su vida se llenó de propósito. Se convirtió en un hombre de fe, caminando por la fe, haciendo lo que Jesús le guiaba.

Finalmente, Stephen se sintió guiado a ir a un lugar en el noroeste, un campamento maderero famoso por cosechar mucha madera en esa zona. Así que se presentó en el campamento maderero para proclamar un mensaje que creía que Dios había puesto en su corazón para compartir. Pero cuando llegó, no había nadie allí. Todos se habían ido a otro lugar. Habían talado todo lo que podían y dejaron atrás un campamento maderero vacío. Como estaba tan seguro de que ese era el lugar que Dios le había asignado, Stephen entró en la cafetería, y, aunque la sala estaba vacía, comenzó a proclamar el mensaje que Dios había puesto en su corazón.

Lo que no sabía era que justo fuera de la cafetería, mientras proclamaba el mensaje en su totalidad como si hubiera una sala llena de gente, había un cocinero. Este cocinero había dejado un utensilio y había vuelto a recogerlo. Escuchó a través de una ventana abierta. Stephen Grellet se alejó de la cafetería confundido, habiendo hecho lo que Dios le había inspirado sin saber que había pasado algo. Le pareció que no había pasado nada.

Pero veinte años después, Stephen cruzaba el Puente de Londres, en Inglaterra, cuando alguien le gritó y corrió detrás de él con urgencia, exclamando: «¡Ahí estás! ¡Ahí estás! ¡Te encontré!». Stephen miró atrás confundido.

El hombre le preguntó: «¿No predicabas en el Territorio del Noroeste hace unos veinte años?».

Y Stephen respondió: «Sí, pero pensé que no había nadie allí».

«¡Yo estaba allí! Era cocinero en ese campamento...» y comenzó a contarle su historia. «Después de que predicara ese sermón, mi corazón se sintió profundamente convencido. Fui a comprar una Biblia y comencé a leerla. Con el tiempo, comencé a enseñar la Biblia a otros leñadores. ¡Ahora hay más de mil leñadores que han entregado sus vidas a Cristo como resultado de mis estudios bíblicos! ¡Y tres de ellos se han convertido en misioneros en el extranjero!».

Stephen se sintió abrumado por la alegría. En un día en el que pensó que no había pasado nada, simplemente estaba cumpliendo con su deber siguiendo a su Comandante en Jefe.

Siempre puedes confiar, lo veas con tus propios ojos o no, en que Dios está obrando. Él está dispuesto y hace lo que le place. Y Él sabe lo que está haciendo. Confía en Él. Haz exactamente lo que Él dice. Tal como dijo Pedro el primer día: «Pero, como tú me lo mandas [Señor]» (Lucas 5:5, NVI). Esa es la forma en que tú y yo queremos vivir: con un patrón continuo *de «sí»* en nuestras vidas, dejando que Dios haga el resto.

Queremos decir siempre: «Sí, señor. Sí, señor. Sí, señor», a cada paso, no solo en la llamada inicial a la fe, sino en cada paso del camino. Recuerda que las personas comunes y corrientes son la primera opción de Dios. Él va a elegir a personas como tú y como yo para hacer las cosas que Él quiere hacer.

Recuerda cuando Moisés puso una excusa: «Dios, yo tartamudeo. Balbuceo». Otros le decían a Dios que eran del clan más pequeño, de la tribu más pequeña. Y ya sabes lo que Dios les dijo a Moisés y a los demás: «Yo estaré contigo» (Éxodo 3:12, NVI). Ahí está la diferencia fundamental. No es una salida de emergencia lo que debes buscar. Nunca te enfrentarás a un callejón sin salida. Mientras Dios esté contigo, ¿quién puede estar en contra tuya (Romanos 8:31)? Él ni siquiera escatimó a su propio Hijo. ¿Cómo no te dará también, junto con su Hijo, todo lo que necesitas para la vida, la piedad y tu camino de fe (Romanos 8:32)?

La fe no es un sentimiento. Es una elección. Habrá muchas ocasiones en las que, cognitivamente, simplemente estarás avanzando con decisión por el camino de la fe. Tus emociones pueden estar por todas partes, pero eso no importa. Y lo hermoso es que tus ojos están fijos en Aquel a quien quieres complacer, *y* tus ojos están fijos en la gran recompensa. ¿Te imaginas escuchar a Jesús decir: «¡Bien hecho!»? ¿Te imaginas vivir para ver la sonrisa de su satisfacción? *Él te ama.* Y te acepta incondicionalmente. Pero también quiere que conozcas la alegría de lo que Él llamaría la recompensa de la fe.

Hebreos declara: «sin fe es imposible agradar a Dios, ya que cualquiera que se acerca a Dios tiene que creer que él existe...» (Hebreos 11:6, NVI). Pero también nos dice que Él «recompensa a quienes lo buscan» (Hebreos 11:6, NVI). ¡Te espera una gran alegría! Algunas de las mayores aventuras de la vida cristiana son aquellas en las que tú y yo salimos de nuestra zona de confort, comenzamos a caminar con Dios por la fe y recibimos la recompensa de nuestra fe.

Toma nota, la fe se escribe «R-I-E-S-G-O»,
y seguir a Jesús dondequiera que Él nos lleve bien vale la pena cualquier riesgo.

Dedica ahora mismo un tiempo a la oración y pregúntale a Dios: «¿Cómo quieres que dé un paso de fe y me una a ti en una aventura en el Reino?». Escribe todo lo que te venga a la mente, cualquier cosa que Dios ponga en tu corazón o cualquier sueño que Él tenga para el mundo, sin importar lo grande o imposible que pueda parecer:

Cuando piensas en lo que Dios podría estar llamándote a hacer, ¿qué temores surgen? Escríbelos y entrégaselos a Dios en oración:

Sigue buscando las indicaciones recurrentes de Dios (ya sea en la Palabra, en la oración, a través de otras personas, etc.). A medida que vayan llegando, escribe y anota en tu diario cualquier posible confirmación o indicación, para que no las olvides y para que tu fe y confianza en Él se fortalezcan.

¿De qué manera puedes dar un paso de fe esta semana?

COMIENZA A MEMORIZAR EL VERSÍCULO:

« Confía en el Señor con todo tu corazón; no dependas de tu propio entendimiento. Busca su voluntad en todo lo que hagas, y él te mostrará cuál camino tomar» — Proverbios 3:5-6, NTV

¿Y SI...?

¡Has dado tus primeros pasos para acompañar a otras personas! ¡Bien hecho! Sí, es posible que estés nervioso y no sepas muy bien qué esperar. Al dar el paso, es normal estar nervioso. Pero no debes dejar que el miedo te domine. ¡El miedo intentará impedirte involucrarte en cualquier vida que Dios ponga delante de ti! Si dejas que el miedo tenga la última palabra, te privará de la alegría de ver cómo Dios enciende y da fuerza a otras vidas a través de ti.

Más bien, decide caminar por fe, confiando en que Dios te proporcionará lo que necesitas y te dará sabiduría para lo que no sabes, ya sea en un momento o con el tiempo.

Cuando decidas aventurarte con fe junto a otros, te sorprenderá todo lo que Dios hace, impulsando un movimiento de obreros del Reino a través de ti. Sigue orando por aquellos a quienes has invitado y sigue pidiendo a Dios que te traiga a cualquier otra persona con la que Él quiera que te relaciones.

Echa un vistazo a tu agenda semanal y selecciona varias opciones en diferentes días para una reunión de 75 minutos de Movimientos Multiplicadores. Con el tiempo, lo reducirás para tener un ritmo de reuniones semanales constante para ti y la persona o personas con las que te acompañarás.

Ahora es el momento de volver a contactar:

Para cualquier persona nueva que Dios ponga en tu corazón, utiliza el mismo mensaje que enviaste durante las últimas dos semanas de los capítulos 7-8.

Para aquellos de los que aún no has recibido respuesta, ponte en contacto con ellos y simplemente pregúntales:

«¿Has pensado en unirte a mí cuando empecemos a reunirnos? ¡Estoy orando por ti!».

A aquellos que te han dicho que planean unirse a ti, envíales un mensaje como este:

«¡Estoy orando por todo lo que Dios hará cuando nos reunamos! ¿Dime si alguno de los siguientes días/horarios te viene bien una vez que empecemos?

[INSERTA OPCIONES DE DÍA/HORA: considera utilizar una herramienta de encuesta para reuniones como Doodle.com si vas a invitar a más de una o dos personas y necesitas ayuda para elegir una hora que le venga bien a todo el mundo]».

DISCUSIÓN

1. Comparte cualquier victoria u obstáculo de los pasos de acción de la semana pasada.
2. Oren juntos.
3. Repasen el versículo para memorizar.
4. Lee las escrituras clave: Mateo 4:19-20; Mateo 14:27-31.
5. Repasa los conceptos clave del capítulo. Comparta cómo lo está procesando y cualquier comentario que tenga. ¿Hay algo en particular que te haya llamado la atención? ¿Hay algo con lo que no estés de acuerdo? ¿O hay algo que nunca olvidarás? ¿Tienes alguna pregunta al respecto?
6. ¿Cómo te está llamando Dios a dar un paso de fe en esta etapa de tu vida?
7. ¿Qué temores u obstáculos surgen cuando consideras dar un paso de fe? ¿O en que aspecto de tu vida temes vivir por fe?
8. Al pensar en acompañar a otros utilizando *los Movimientos Multiplicadores*, ¿dónde te ubicas en el diagrama de la fe del capítulo? ¿Cómo describirías tus sentimientos internos, tus temores, tus pensamientos o tu nivel de compromiso para dar un paso de fe en respuesta al mandato de Jesús de «hacer discípulos» invirtiendo espiritualmente en otros?

9. Al darte cuenta de que la palabra «fe» se escribe «R-I-E-S-G-O» y que dar un paso adelante por Jesús siempre es un riesgo que vale la pena, ¿cómo empezarás a dar un paso adelante en la fe esta semana?

10. Repasa de nuevo la sección «¿Y si...?» y el versículo para memorizar.

11. Compartan todos: ¿cuál es la idea clave o el paso a seguir para esta semana?

12. Lean juntos Hebreos 11 como un estímulo, *para infundirles valor,* para dar sus primeros pasos de fe esta semana.

13. Oren juntos.

OTROS RECURSOS ÚTILES:

Es mi turno: 20 obreros del Reino que cambiaron su mundo y me inspiran a impactar el mío (libro) por Forge

Para opciones de compra y más recursos, visiten:
MultiplyMore.com/es

10

APROVECHA TU MINISTERIO ÚNICO

1 Corintios 12:5 • 1 Corintios 12:18 • Efesios 2:10

Por la época en que me casé con Dawn, yo era un joven pastor en una iglesia. Y, como muchas esposas de pastores, Dawn fue objeto de escrutinio por parte de los miembros de nuestra nueva iglesia para ver si encajaba en sus expectativas de una esposa de pastor ideal.

No era así.

«¿Toca el piano?», me preguntó una mujer mayor de nuestra nueva congregación. No lo hacía.

«Bueno, ¿canta como solista?», continuó la mujer. Tampoco lo hacía. «Bueno, seguro que puede dirigir un estudio bíblico o un ministerio para mujeres», insistió la mujer.

«No», respondí, «ese no es el don de Dawn».

«Bueno, ¿qué hace que la convierta en una buena esposa de pastor?», preguntó la mujer con frustración.

La verdad es que Dawn tiene muchos dones y talentos únicos y maravillosos. Pero no encaja en el molde en el que algunos han querido encasillarla. No sabe tocar ningún instrumento, pero deberías ver su talento para el arte y el color. No canta, pero es excelente recibiendo a la gente en nuestra casa, ¡y vaya si sabe cocinar! No sabe hablar en público, pero se desenvuelve muy bien en entornos interpersonales. Así es como Dios ha diseñado maravillosamente a mi esposa.

Al principio de nuestro matrimonio, Dawn viajaba conmigo cuando yo daba charlas en diferentes eventos ministeriales por todo el país. A veces, los organizadores de los eventos asumían erróneamente que ella también estaba disponible para dar charlas, y trataban de contratarla también. Sin decírnoslo, uno de los organizadores la programó para dar una charla a un grupo de mujeres en la misma conferencia de fin de semana en la que yo iba a hablar. Cuando nos enteramos, pensamos que era demasiado tarde para cancelar.

En los días previos al evento, Dawn se sentía cada vez más aterrada. Apenas durmió la noche anterior, lo cual es raro en ella, y casi no comió nada el día del evento. Cuando estaba a punto de salir de nuestra habitación de hotel para ir a la reunión, pude ver que le temblaban las manos. Le di el mejor abrazo tranquilizador que pude y recé con toda la devoción que pude. Después de que se fuera, alterné entre caminar de un lado a otro de la habitación del hotel y arrodillarme para orar.

Dos horas más tarde, regresó a nuestra habitación. Claramente aliviada, tiró su cuaderno sobre la mesa y se dejó caer en una silla.

«¿Cómo te fue?», le pregunté emocionado.

Después de respirar hondo, sonrió. «Bueno, antes de esto, sabía que no podía hablar en público. Y ahora, todas las mujeres que estaban en esa sala también lo saben. Y estoy segura de que ahora les están contando a todas sus amigas que no puedo hablar en público. ¡Y espero que sus amigas le digan al mundo entero que Dawn no es una conferenciante!».

Nos reímos de ello durante semanas.

Dawn necesitó un poco más de tiempo para descubrir el diseño ministerial único que Dios tenía para su vida. Se dio cuenta de que su lugar ideal para el ministerio no era un escenario ni detrás de un micrófono. Lo mismo ocurre con muchos de nosotros. Necesitamos tiempo para descubrir nuestros lugares ideales para el ministerio. A menudo los encontramos en nuestros hogares y vecindarios.

Hace unos años, poco después de mudarnos a un nuevo vecindario, Dawn comenzó a entablar relaciones con algunas de las mujeres que vivían en nuestra calle. No muchas de ellas se conocían entre sí, así que las invitó a nuestra casa un sábado para que se conocieran mientras disfrutaban de sus deliciosos panes y sus increíbles postres.

A petición suya, elevé una oración de consagración por ella.

Cuando terminamos, reuní a los niños y salí de la casa. En poco tiempo, nuestra casa se llenó de mujeres del vecindario. Vinieron tantas que llenaron la cocina, el comedor y la sala, e incluso se desbordaron al patio trasero. Disfrutaron tanto de su tiempo juntas que se quedaron y se quedaron, mucho más allá de la hora prevista. ¡No se iban!

Cuatro horas más tarde, Dawn les preguntó si sus familias las estarían buscando. Finalmente salieron por la puerta principal, sonriendo, riendo y emocionadas por la oportunidad de reunirse. Dawn les aseguró que no sería la última vez. Y así fue. Comenzaron a reunirse regularmente en nuestra casa. Y con el paso del tiempo, sus conversaciones se volvieron más profundas. Dawn comenzó a pasar tiempo a solas con diferentes mujeres fuera de las reuniones. Y mientras lo hacía, Dios comenzó a moverse.

Una mujer llevó a su familia a la iglesia por primera vez. Otra decidió trabajar para recuperar su matrimonio. Otra joven se convirtió en seguidora de Jesús.

Dawn descubrió que su ministerio tenía más éxito en la *vida cotidiana* que en un *escenario principal*. Simplemente pasaba tiempo con la gente en sus casas, donde se sentían cómodos.

Muchos de nuestros vecinos se habrían sentido incómodos al poner un pie en una iglesia. En cambio, Dawn les llevó a Jesús. Nuestra cocina y nuestro comedor sirvieron como su «santuario». La mesa del comedor (llena de deliciosos productos horneados) funcionó como la plataforma de Dawn. Las conversaciones significativas fueron su música. Y la vida de Dawn actuó como un micrófono, amplificando la maravilla y la verdad de las Escrituras frente a ellos.

Ningún ministro profesional podría haber llegado a nuestro vecindario de esa manera. Dios posicionó y dotó a Dawn de manera única para construir los puentes relacionales necesarios para llegar al corazón y a la vida de estas mujeres. Y ella estaba disponible.

Ese es el tipo de ministerio que Dios ha diseñado para Dawn. Ese es su punto fuerte en el ministerio.

Dios nos diseñó de manera única a cada uno de nosotros con un propósito ministerial en mente. No existen clones, copias ni duplicados en el Reino de Dios. A todos se nos ha dado un papel único en la realización de Su plan maestro. Y solo te frustrarás a ti mismo, y a veces a los demás, cuando intentes desempeñar un papel que no te corresponde.

No eres un producto fabricado en serie y colocado en la estantería de unos grandes almacenes, donde todos los productos son iguales. Al contrario, eres un ser único, hecho a mano.

Piensa en la diferencia. Los artículos producidos en masa experimentan procesos creativos idénticos. El objetivo de la producción en masa es la eficiencia: producir los artículos más idénticos en el menor tiempo posible.

Los artículos hechos a mano, por otro lado, se fabrican individualmente. Requieren tiempo y esfuerzo, lo que implica una gran reflexión y cuidado. No hay dos exactamente iguales. Así es como Dios nos diseñó a ti y a mí.

El Salmo 139 nos dice que somos «formados de manera maravillosa». Dios se involucró personalmente en el diseño de nuestros cuerpos y nuestras vidas (Salmo 139:13-16). Se parece mucho más a algo hecho a mano que a algo producido en masa, ¿no es así?

El apóstol Pablo explicó así el cuidadoso diseño de Dios en nuestras vidas: «Porque somos obra [de Dios], creados en Cristo Jesús para buenas obras, las cuales Dios preparó de antemano para que anduviéramos en ellas» (Efesios 2:10, CSB).

Este pasaje ofrece una rica perspectiva sobre la forma en que Dios nos creó. Pablo dice que Dios puso mucho cuidado en diseñarte. La palabra obra transmite la idea de un maestro artesano que se enorgullece de los detalles finos de su trabajo. La palabra griega traducida como obra es *poiema*, que significa «lo que ha sido creado».

¿Te suena familiar *poiema*? Nuestra palabra «poema» proviene de ella. La palabra griega incluso tiene la connotación de «obra de arte». De hecho, algunas versiones de la Biblia traducen *poiema* como «obra maestra».

Tú eres la obra maestra de Dios. Tú eres su poema. Tú eres su obra de arte. Cuando nos vemos a nosotros mismos de esta manera, comenzamos a comprender nuestro increíble valor. Si las obras maestras artísticas de Rembrandt tienen un gran valor indiscutible, ¿no tendrían aún más valor las obras maestras humanas únicas de Dios?

Este pasaje también dice que Dios nos diseñó a cada uno de nosotros por una razón. Fuimos creados de manera única para hacer «buenas obras» específicas que Dios determinó para nosotros antes de que naciéramos (Efesios 2:10). En otras palabras, tú y yo fuimos creados con un propósito. Y Él nos diseñó de una manera que mejorará nuestra eficacia al vivir nuestro propósito ministerial.

Además, este pasaje implica que no hay exclusividad en el plan de empleo del Reino de Dios. ¡Qué buenas noticias! ¡Jesús es un empleador que ofrece igualdad de oportunidades! Esto significa que

Dios quiere emplearte estratégicamente en la obra de Su Reino, utilizando tu carrera, tus pasatiempos, tus experiencias pasadas, tus dones, tus talentos y todo lo demás que te hace único. Esa es una parte importante de Su plan maestro.

En un mundo habitado por más de seis mil millones de personas, sería fácil suponer que no hay nada verdaderamente único en ti. Pero lo hay. Tienes algo que es físicamente diferente de cualquier otra persona que haya existido jamás. Te pertenece desde que estabas en el vientre de tu madre y permanecerá inalterable a lo largo de tu vida. Es una pequeña ventana al diseño totalmente único que Dios tiene para ti. ¿Qué es? Tus huellas dactilares.

Los arcos, remolinos y bucles de tus dedos crean un patrón diferente al de cualquier otra persona. Si Dios puso tanto cuidado en diseñar tus huellas dactilares únicas, también debe querer que seas diferente en otros aspectos.

Los investigadores criminales llevan mucho tiempo utilizando las huellas dactilares para identificar a las personas que estuvieron presentes en la escena de un crimen. Y lo mismo se aplica a la huella única que dejas en la vida cotidiana de las personas con las que te relacionas.

Pablo escribió sobre el propósito de Dios al diseñar su único cuerpo de creyentes a partir de muchas partes diferentes. Dios nos da a cada uno de nosotros diferentes roles y responsabilidades (Romanos 12; 1 Corintios 12; Efesios 4). Pablo declaró que cada parte es de vital importancia, incluso las que están ocultas o no parecen importantes (1 Corintios 12:22-23). Pero juntas, cada parte funciona según el plan de Dios, y actúan como una sola. De hecho, las partes del cuerpo que trabajan juntas se asemejan a Jesús (1 Corintios 12:27).

Imagina la alegría abrumadora que experimentarás al cumplir con el papel ministerial único y distintivo que Dios diseñó específicamente para ti. Pero, como mi esposa, Dawn, señalaría rápidamente, te frustrarás si intentas cumplir con el papel de otra persona o si intentas cumplir con tu papel exactamente de la misma manera que otra persona. ¡Dios no hace fotocopias! Tu papel y tu estilo fueron diseñados por Dios para ser diferentes (1 Corintios 12:5).

No necesitas imitar a nadie más. Dios te ha diseñado como a nadie más, y su diseño es perfecto para el ministerio al que te ha llamado. En cierto sentido, nos ha dado a cada uno de nosotros una huella digital «ministerial».

Comprender nuestro diseño único es algo que ocurre de forma natural como resultado de una relación íntima con Dios y su Palabra. Estudiar la Palabra de Dios y meditar en su tendencia histórica a elegir a personas y cosas comunes para cumplir sus propósitos extraordinarios debería darnos una gran confianza.

Tomemos, por ejemplo:

- la honda que David utilizó para matar a Goliat (1 Samuel 17:40)
- la quijada que Sansón empleó para derrotar a los filisteos (Jueces 15)
- el bastón que Dios le dio a Moisés para guiar a los israelitas fuera de Egipto y hacia la Tierra Prometida (Éxodo 4)
- el puñado de harina y la pequeña porción de aceite que alimentaron a Elías y a la familia de la viuda de Sarepta durante tres años (1 Reyes 17)
- la escasa ofrenda de la viuda (Marcos 12)
- el almuerzo del niño que alimentó a cinco mil (Juan 6)

Dios a menudo elige «lo necio [simple, pequeño, inesperado] del mundo... para avergonzar a los sabios» (1 Corintios 1:27, RV60). Cuando el poder insuperable de Dios se manifiesta en las personas y las cosas más simples, no hay duda de ello (2 Corintios 4:7), la historia y la gloria son todas suyas.

Descubrir las buenas obras para las que fuiste creado puede ser difícil. ¿Por qué? Si te enfocas únicamente en el edificio de tu iglesia o en la reunión semanal (solo uno de los muchos lugares en los que puedes servir a Dios y a los demás durante unas pocas horas a la semana), puede que te resulte difícil encontrar una forma de ministerio que se parezca a ti. Las opciones pueden parecer bastante limitadas. Si sirvieras en la reunión de tu iglesia durante tres horas a la semana, ¿cómo podrías utilizar de manera única las 165 horas adicionales de la semana para tener un impacto ministerial?

Durante demasiado tiempo, hemos confinado nuestra comprensión del ministerio a una pequeña caja mental, creyendo que contiene un número muy limitado de expresiones. Afortunadamente, el ministerio no tiene por qué estar limitado por un edificio o una reunión semanal. Puedes ser tremendamente creativo y emprendedor. Dios puede emplear casi todo lo que hay en tu vida para el ministerio a los demás, incluso algunas de las cosas que quizá no asociarías fácilmente con el ministerio.

Por ejemplo, ¿alguna vez has pensado en utilizar tus intereses y pasatiempos como base para el ministerio? Tengo amigos que convirtieron las actividades que disfrutan en poderosas expresiones y extensiones de Jesús. Aquí hay algunos ejemplos:

A **Ian** le encanta pescar y enseñar a otros a hacerlo. También le encanta compartir su fe en Dios con los demás. Así que decidió combinar ambas cosas. Ian invita a sus amigos no cristianos a excursiones de fin de semana a las Montañas Rocosas de Colorado, donde les enseña a pescar. El largo viaje en coche hasta las montañas y las largas horas de pesca le dan a Ian muchas oportunidades para hablar de temas espirituales con sus amigos. Esto se convirtió en su ministerio.

A Brittany le encanta leer libros, por lo que inició un intercambio de libros con otras mujeres de su comunidad. Antes de que lleguen las mujeres, coloca libros cristianos nuevos y bonitos en las mesas para que los examinen y, posiblemente, los lean. A Brittany le gusta ver cuántas personas se van con sus «libros especiales», sabiendo que sus vidas se verán profundamente impactadas. El intercambio de libros también le brinda una oportunidad natural para entablar relaciones con otros lectores y compartir sus creencias espirituales durante sus discusiones sobre los libros. Ella está llevando a cabo intuitivamente el plan maestro de Dios «al pie de la letra».

A **Ryan** le encanta el café gourmet. Con el deseo de utilizar esa pasión para ministrar a otros, Ryan llegó a un acuerdo con el propietario de una cafetería en dificultades en su pequeña ciudad del Medio Oeste: él traería clientes que pagarían por los productos de la cafetería a cambio de poder dirigir estudios bíblicos con ellos allí. Con el tiempo, las reuniones individuales de Ryan con sus amigos se convirtieron en un ministerio al estilo de una cafetería que finalmente lo llevó a pasar tiempo con jóvenes adultos no creyentes de su comunidad. Muchos se convirtieron en seguidores de Jesús gracias a la influencia relacional de Ryan, que conectó con ellos alrededor de una taza de café.

Megan es una enfermera que jugaba al voleibol en la preparatoria. Cuando recientemente se le presentó la oportunidad, se unió a una liga de voleibol con sus compañeros de trabajo. La experiencia le ha ayudado a conocerlos mejor y le ha brindado oportunidades para entablar conversaciones espirituales significativas con muchos de ellos.

Rusty es un cazador experimentado. Fundó un club regional para personas que comparten su amor por la caza. Cada año, Rusty organiza una noche de cocina de caza silvestre que incluye, como parte del programa de la velada, un breve testimonio compartido por otro cazador cristiano.

Scott es un skater [patinador, en Español] de treinta y tantos años. En su día, era capaz de hacer trucos bastante impresionantes con su tabla. Se siente como en casa cuando va al parque de patinaje local. A pesar de sus responsabilidades laborales y de su familia en crecimiento, sigue amando todo lo relacionado con el patinaje, igual que cuando era niño. Todavía le encanta leer sobre ello, hablar de ello, enseñar a otros a hacerlo y, de vez en cuando, demostrar que todavía tiene algunas habilidades. A Scott también le encanta compartir su increíble historia sobre cómo Dios lo salvó de una vida de drogas y desesperación. Ahora entabla conversaciones espirituales con los patinadores en el parque, ¡normalmente después de enseñarles algunos trucos nuevos!

A **Corrine** le encantan los niños. Cuando tuvo hijos, empezó a leer libros sobre crianza y a unirse a diferentes grupos de padres. A medida que sus cuatro hijos crecían, empezaron a traer a sus amigos a casa, y ella se convirtió en una segunda madre para ellos. Empezó a salir con otras mamás del vecindario al parque y a la alberca. Y empezó a entablar amistad con otros padres de niños que jugaban fútbol en los entrenamientos y partidos de sus hijos. Ser madre le ha proporcionado una gran plataforma desde la que ministrar a otros niños y a sus padres.

A **Jason** le encantan todo tipo de deportes, especialmente el fútbol. De joven jugó al fútbol de competición y ahora es entrenador voluntario de la liga juvenil de fútbol de su comunidad. A lo largo de cada temporada, Jason ora fervientemente por los miembros de su equipo, como un padre oraría por sus hijos. Sabe que, para algunos de los miembros de su equipo, él es lo más parecido a un padre que ora por ellos que jamás tendrán.

Rick y Kathy estaban satisfechos con su vida sin hijos propios después de 17 años de matrimonio. Pero a través de su trabajo como juez en el sistema judicial juvenil, Rick se dio cuenta cada vez más de la necesidad de que los niños mayores fueran acogidos en hogares saludables, y ya no podía ignorar el problema. Cuando un niño llamado Ben fue dado en adopción, Rick y Kathy supieron que era el momento de ampliar su familia. Pronto, también añadieron a Sara y Daniel, y luego a Jae. En poco tiempo, habían adoptado a cuatro más, ¡lo que elevó el total a ocho hijos! «La Biblia dice claramente que "la verdadera religión significa cuidar de los huérfanos y las viudas"» (Santiago 1:27), explicó Rick. Las principales revistas y canales de noticias de televisión han presentado a esta radiante familia cristiana de diez miembros. Su pasión por la familia se ha convertido en un ministerio único y cotidiano, y en un faro para quienes los observan.

Ian, Brittany, Ryan, Megan, Rusty, Scott, Corrine, Jason, Rick y Kathy han encontrado formas de expresar su ministerio que se parecen a ellos, basadas en lo que ya les gusta hacer. ¿Qué te gusta hacer?

¿No te encantaría que Dios te mostrara cómo puedes emplear tus dones, pasiones y habilidades para servirle y bendecir a otros? ¡Sé creativo y emprendedor!

El Laborership™ (una palabra que yo inventé) [Nota del editor: Laborership es una palabra en Inglés que se relaciona con Laborer - Obrero-, de la misma manera que Liderazgo se relaciona con líder en español] no tiene por qué ser aburrido y sin vida. De hecho, hay un movimiento creciente de personas emprendedoras que encuentran el Laborership alegre y estimulante porque han roto la pequeña caja en la que antes habían encerrado el ministerio. Han reconocido y aceptado la realidad de que casi todos los aspectos de la vida tienen potencial para el ministerio relacional.

Entonces, ¿por qué no explorar tu propia singularidad y comenzar a experimentar la tarea ministerial que Dios ha diseñado para ti? Vive la plenitud de Su plan ministerial único para ti en los espacios cotidianos a lo largo del camino, sabiendo que al amar a Dios y a los demás de manera, estás manteniendo esta clara definición del ministerio: satisfacer las necesidades físicas y espirituales de las personas.

¿Y AHORA QUÉ?

Dedica un tiempo a orar ahora mismo. Pídele a Dios que te ayude a ver las oportunidades ministeriales únicas para las que te ha creado.

¿Cómo es el ministerio?

A menudo, tendemos a creer que para estar en el ministerio debemos ser pastores, misioneros, músicos o tener alguna otra vocación ministerial «típica». Pero ese no es el caso. Dios nos ha creado a cada uno de nosotros de manera única para llevar a cabo el ministerio específico al que nos ha llamado. Podemos usar nuestros dones, pasiones, aficiones e intereses para el Reino. ¿Qué hay en ti que sea único y que pueda ser usado para el Reino?

Haz un rápido inventario de las cosas en tu vida que Dios puede emplear para impactar al mundo.

Una de las mayores alegrías de la vida es vivir el propósito que Dios tiene para nosotros. Él nos ha diseñado a cada uno de nosotros de manera única y su diseño es perfecto para impactar en el Reino. Quizás por eso Dios parece darnos la libertad emprendedora de aplicar creativamente nuestros dones y pasiones para hacer avanzar su Reino.

¿Cómo sería el impacto diario si fuera tan distinto y único como tú? Te invitamos a hacer un inventario de las cosas en tu vida que Dios puede emplear. Podría ayudarte a descubrir más sobre cómo Dios puede emplear quién eres para ministrar a otros donde se encuentran.

INVENTARIO DEL MINISTERIO PERSONAL

¿Cuáles son tus pasatiempos y/o intereses recreativos?

☐ Pesca

☐ Cocinar/hornear

☐ Correr/Hacer ejercicio

☐ Andar en patineta

☐ Jardinería o trabajo en el césped

☐ Inversiones

☐ Viajar

☐ Motociclismo/Ciclismo

☐ Tejer/coser

☐ Pintura

☐ _________________

☐ _________________

¿En qué etapa de la vida te encuentras?

☐ Estudiante

☐ Soltero

☐ Profesional

☐ Recién casado

☐ Padres de niños pequeños

☐ Padres de adolescentes

☐ Nido vacío

☐ Jubilados

☐ _____________________

☐ _____________________

¿Qué recursos económicos/físicos puedes ofrecer?

☐ Habitación de invitados o propiedad

☐ Transporte/vehículo adicional/capacidad para llevar a otras personas

☐ Equipo de campamento o aventura

☐ Puntos de recompensa/millas de viajero frecuente

☐ Herramientas y equipo/cortacésped

☐ Donaciones testamentarias

☐ Donación de acciones

☐ Ahorros e inversiones

☐ _____________________

☐ _____________________

¿Cuáles son algunas de las experiencias vitales que has tenido?

☐ Experiencias de viaje

☐ Experiencias laborales

☐ Experiencias sentimentales

☐ Experiencias educativas

☐ ___________________

☐ ___________________

¿Cuáles son algunas de las experiencias dolorosas que has tenido en tu vida (pasadas o actuales)?

☐ Superviviente de cáncer

☐ Pérdida de un hijo u otro miembro de la familia

☐ Lesión

☐ Lucha espiritual

☐ Noche oscura del alma (una temporada de dolor, lucha o conflicto espiritual)

☐ Soledad

☐ ___________________

☐ ___________________

¿Tienes alguna habilidad especial?

☐ Mecánica

☐ Hostelería

☐ Arte/Fotografía/Videografía

☐ Música

☐ Carpintería

☐ Escritura

☐ Cuidado de personas

☐ Deportes

☐ Educación

☐ Habilidades al aire libre/de supervivencia

☐ Comunicación

☐ Organización

☐ ____________________

☐ ____________________

¿DÓNDE Y CUÁNDO SE LLEVA A CABO EL MINISTERIO?

Piénsalo por un momento... El ministerio se lleva a cabo en los lugares cotidianos de la vida. No solo en la iglesia, en una conferencia cristiana, en un retiro o en un viaje misionero de corta duración.

He aquí algunos ejemplos:

☐ Con nuestras familias

☐ En nuestra iglesia

☐ En el trabajo

☐ En nuestros vecindarios

☐ En eventos

☐ En fiestas de barrio

☐ Con nuestros vecinos y sus intereses

☐ En la escuela

☐ En una residencia estudiantil

☐ En nuestras taquillas

☐ En nuestras clases

☐ En el centro de estudiantes

☐ En nuestras comunidades

☐ En nuestros clubes

☐ En nuestras organizaciones cívicas

☐ En las organizaciones de padres y maestros

☐ Con nuestras juntas directivas

☐ En misiones de rescate

☐ En organizaciones ministeriales

☐ En el camino

☐ En la tienda de comestibles

☐ En un restaurante

☐ En el banco

☐ En la gasolinera

☐ En la oficina de correos

¿Cuáles son los lugares habituales en *tu* vida?

Próximos pasos

Ahora que has comenzado a identificar cómo puede ser el ministerio (tus pasatiempos, intereses y pasiones únicos) y sabes dónde y cuándo puede llevarse a cabo (los lugares habituales de tu vida), aquí tienes algunos pasos que te ayudarán a llevar a cabo tu ministerio único y distintivo.

- Revisa tu inventario y observa cómo tus pasatiempos, intereses y pasiones únicos pueden aplicarse específicamente al ministerio en las situaciones de tu vida.
- Pídele a Dios en oración que te dé oportunidades para el ministerio.
- Tómate tiempo para buscar en las Escrituras versículos sobre tus dones. Toma nota de cómo otras personas en las Escrituras utilizaron dones similares para glorificar a Dios y alcanzar a otros.
- Lee un libro sobre tu área de ministerio particular.
- Habla con un amigo cristiano de confianza, tus padres, un mentor o un líder espiritual sobre tus ideas únicas para el ministerio diario. Piensa en cómo puedes usar tu singularidad para glorificar a Dios y ministrar a los demás.
- Haz una lista de las personas y los lugares que podrían beneficiarse de tu ministerio.

¿Qué harás esta semana para empezar a conectar con los demás utilizando tu ministerio único?

COMIENZA A MEMORIZAR EL VERSÍCULO:

«Cada uno ponga al servicio de los demás el don que haya recibido...». 1 Pedro 4:10, NVI

¿Y SI...?

Recuerda, el ministerio consiste simplemente en atender las necesidades de las personas. Y la mayoría de las personas han estado sobre entretenidas, infravaloradas y mal preparadas para vivir la vida que Dios tiene prevista para ellas. ¡Ahí es donde entras tú! Tu singularidad puede ser la razón por la que tienes una relación con las personas que ningún misionero o pastor ha tenido jamás. Estás en una posición única para tener el respeto y la camaradería relacional con las personas que Dios está poniendo en tu vida y, por lo tanto, podrás ayudarlas de manera única a descubrir la vida que Dios tiene para ellas.

Tal vez quieras considerar en oración la posibilidad de utilizar tu singularidad para fortalecer tus relaciones *en Movimientos Multiplicadores* a través de actividades recreativas compartidas, pasatiempos, intereses o gustos gastronómicos. Después de tus reuniones de *Movimientos Multiplicadores*, podrían ir todos juntos a hacer algo, ¡e incluso invitar a personas perdidas por las que todos han estado orando!

Tómate unos minutos ahora para orar por los amigos que se unirán a ti en las próximas semanas. Pídele a Dios que te ayude a empoderarlos para que descubran *su* impacto único.

En este momento, sería útil hacer un seguimiento con todos los que han aceptado reunirse, enviándoles un mensaje similar al siguiente:

«¡Hola, [NOMBRE]! Planeamos reunirnos cada semana el [DÍA a la HORA] [en el LUGAR O POR VÍDEO] durante unos 75 minutos para conversar y orar. Nuestra reunión durará entre 12 y 14 semanas.

Antes de cada reunión, cada uno leerá el capítulo *de Movimientos multiplicadores* (o verá el video) y procesará personalmente las secciones de reflexión «¿Y ahora qué?» y «¿Y si...?».

Para estar listos para reunirnos en unas tres semanas, ¿podrías encargar el libro o el video en **MultiplyingMovements.com**?

¡Estoy muy emocionado por empezar a reunirnos y ver todo lo que Dios tiene para nosotros!

DISCUSIÓN

1. Compartan cualquier victoria u obstáculo de los pasos de acción de la semana pasada.
2. Oren juntos.
3. Repasa el versículo para memorizar.
4. Lee las escrituras clave: 1 Corintios 12:5; 1 Corintios 12:18; Efesios 2:10.
5. Repas los conceptos clave del capítulo. Comparte cómo lo estás procesando y cualquier comentario que tengas. ¿Hay algo en particular que te haya llamado la atención? ¿Hay algo con lo que no estés de acuerdo? ¿O hay algo que nunca olvidarás? ¿Tienes alguna pregunta al respecto?
6. ¿Qué aspectos de tu vida nunca has considerado que sean «empleables» por Dios?
7. ¿Qué descubriste al completar el Inventario de Ministerio Personal? ¿Hubo algo que te sorprendiera?
8. Si comenzaras a abordar cada área de tu vida con intencionalidad, como empleable para el Reino de Dios, ¿qué podría empezar a suceder?
9. Esta semana, ¿cómo empezarás a utilizar tu singularidad para

tender puentes con los demás al verlos, detenerte y pasar tiempo con ellos?
10. Repasa de nuevo la sección «¿Y si...?» y el versículo para memorizar.
11. Compartan todos: ¿cuál es la idea clave o la medida que van a tomar esta semana?
12. Oren juntos.

OTROS RECURSOS ÚTILES:

Plan A: Descubriendo tu propósito único en tu día a día y en cualquier lugar (libro y audio) por Dwight Robertson

Para opciones de compra y más recursos, visita:
MultiplyMore.com/es

CÓMO ACERCARSE A LAS PERSONAS PERDIDAS

Colosenses 1:26-27 • Marcos 5:18-20 • Hechos 8:4

Un momento cambió drásticamente mi vida y me ha marcado durante años. Estaba en el seminario, sentado en mi clase de teología de primer año. Mi profesor puso varias diapositivas en la pizarra, pasando de una a otra. Y mientras las miraba, pensé: *«Oye, eso es interesante. Y eso también es interesante. Y eso también es interesante».* Pero cuando apareció la última diapositiva en la pantalla, me quedé sin aliento y sin palabras porque me cautivó por completo el alma.

Verán, he tenido un problema durante la mayor parte de mi vida. He tenido lo que se llama una autoestima extremadamente baja. Ahora bien, algunos de ustedes pueden leer esto y pensar: *«¡No puede ser! Eres predicador. No tienes baja autoestima».* Pero he luchado contra la baja autoestima casi toda mi vida. Por eso intentaba destacar en los deportes, en las calificaciones y en todo tipo de cosas, para intentar caerle bien a la gente. Tenía una autoestima increíblemente baja, y siempre había sido una carga para mi alma hasta ese momento en mi clase del seminario.

Cuando vi la última diapositiva, imaginé mi propia vida en ella y empecé a llorar. Así que quiero guiarlos a través de estas diapositivas.

La primera diapositiva es una imagen de Adán y Eva antes de la caída:

Eran las personas más santas que jamás hayan existido, aparte del mismo Jesús, que no tenía pecado. Adán y Eva, antes de la caída, no tenían pecado. Eran perfectos. Caminaban con Dios en el jardín del Edén. Dios estaba con ellos. El círculo en el centro lo muestra. Dios estaba presente con ellos. Conversaban entre ellos. Se encontraban con Dios cara a cara. Adán y Eva se encontraban con Dios cara a cara todo el tiempo. Todos los días hablaban con Él, caminaban con Él y pasaban tiempo con Él. Estas son las dos personas más santas que jamás hayan existido.

La siguiente diapositiva muestra a Adán y Eva después de la caída:

Adán después de la caída

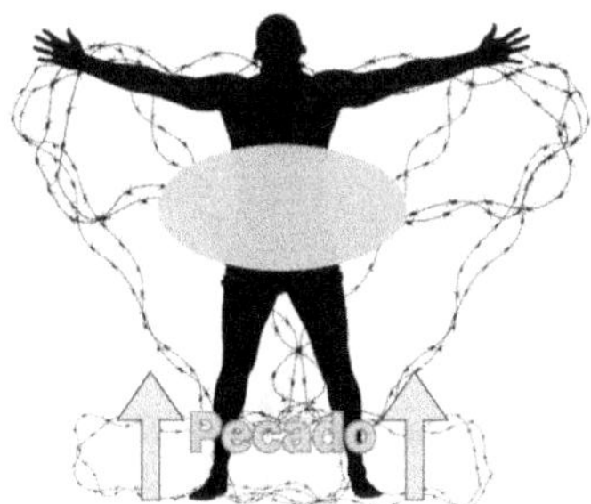

Fíjense en la palabra «pecado» en la parte inferior con las flechas apuntando hacia arriba. Esto significa que el pecado tiene dominio sobre ellos. Tienen lo que se llama una naturaleza pecaminosa. Para ellos es natural pecar. Así son Adán y Eva después de la caída. Ahora, verán que el círculo está vacío. El círculo está vacío porque están separados de Dios. Dios los expulsó del jardín y no les permitió volver al jardín por temor a que comieran del árbol de la vida y vivieran para siempre.

No solo se trata de Adán y Eva después de la caída. Se trata de toda la humanidad nacida a partir de ese momento. Todos tenemos una naturaleza pecaminosa. El pecado, representado por las flechas, tiene dominio sobre nosotros. Notarán los cables enredados que recorren todo el cuerpo, alrededor de los brazos y sobre la cabeza. Lo abarca todo. Todos tenemos una naturaleza pecaminosa: es natural para nosotros pecar.

Ahora, la siguiente diapositiva es la que cambió mi vida. Lo que estoy a punto de mostrarles me ha impulsado a seguir adelante en mi camino cristiano. Esta es la razón por la que he podido predicar durante las últimas cuatro décadas. La razón por la que puedo seguir adelante, a pesar de haber luchado contra la baja autoestima, es porque siempre vuelvo a esta verdad fundamental. Esta diapositiva es lo que el ministro chino Watchman Nee llamó «el cristiano normal». Me gusta usar el término «el cristiano victorioso». El cristianismo radical y apasionado es, en realidad, el cristianismo *normal*. Así somos nosotros como cristianos normales.

Ahora bien, fíjense en que la palabra «pecado» sigue ahí abajo, pero las flechas apuntan hacia abajo, lo que significa que el pecado ya no tiene dominio sobre esta persona. Ahora bien, todavía podemos pecar porque tenemos una guerra contra la carne en nuestras vidas. Pero no tenemos una naturaleza pecaminosa. Esa palabra en la NVI que se traduce como «naturaleza pecaminosa» es una traducción incorrecta porque la palabra griega es *sarx*, que significa «carne». Así que seguimos teniendo carne y seguimos luchando contra la carne. Por eso Romanos 13:14 dice: «Revestíos del Señor Jesucristo, y no proveáis para los deseos de la carne» (ESV). La naturaleza pecaminosa ha desaparecido. El «viejo hombre» ha desaparecido. Hemos adoptado el «hombre nuevo». Somos una nueva creación.

En esta diapositiva hay algo dentro del círculo que quiero que vean. Esta es la verdad que cambió radicalmente mi vida. Cuando lo vean, no sé si lo que me sucedió a mí les sucederá a ustedes. Lo único que sé es que esto lo cambió todo para mí. En un momento veremos lo que hay dentro de ese círculo, pero primero tengo que prepararlos.

Antes de llegar a ese círculo de la diapositiva, deben comprender esta verdad: Dios toma medidas extremas para traer a los perdidos a Él. Permítanme repetirlo. Dios toma medidas extremas para traer a los perdidos a Él. Una vez más. Dios toma medidas extremas para traer a los perdidos a Él. De hecho, probablemente voy a escribir esa frase unas cuarenta o cincuenta veces en este capítulo porque es muy importante. Voy a repasar varias de las medidas extremas de Dios a lo largo de las Escrituras.

La primera aparece en 1 Reyes 18. Elías se acerca al rey Acab y le dice, en esencia: «No va a llover en Israel durante tres años porque tú, rey Acab, eres un rey malvado y corrupto. Estás adorando a todos esos ídolos de Baal y Asera. Por lo tanto, no va a llover durante tres años».

Esa es una maldición terrible de Dios para una nación que depende en gran medida de la agricultura. Sin lluvia, no hay cosechas, no hay supervivencia. Es muy peligroso para una nación agrícola. Y así, no llovió durante tres años. Acab buscó a Elías por todas partes para eliminarlo. Pero Dios cuidó de Elías, lo llevó de viaje durante ese tiempo y sucedieron todo tipo de cosas emocionantes. En todo momento, Elías estuvo protegido.

Pero entonces, tres años después, Dios le dice a Elías que se muestre a Acab (1 Reyes 18:1-2). Elías se encuentra por casualidad con uno de los siervos de Acab llamado Abdías. Abdías es un adorador clandestino de Dios en las filas del rey Acab. De hecho, escondió a 50 profetas en una cueva, a otros 50 profetas en otra cueva, y nunca le dijo nada a Acab sobre ellos, protegiendo sus vidas de Jezabel (la esposa de Acab), la malvada reina del reino del norte. Abdías era un tipo realmente bueno, un agente encubierto en el régimen malvado.

Así, en 1 Reyes 18:7-16 descubrimos su interacción. Elías se acerca a Abdías y le dice: «Ve a decirle a tu señor que estoy aquí».

Y Abdías protesta: «Elías, he escondido a los profetas en cuevas. Te hemos buscado por todo el mundo conocido. Si le digo a Acab que estás aquí, sé que Dios te hará desaparecer y nunca te encontraremos. No puedo decirle a Acab que estás aquí. Mi vida correrá peligro».

Elías respondió: «No. Hoy voy a reunirme con él».

Cuando Elías y Acab se encontraron, Acab declaró: «¿Eres tú el que causa problemas en Israel?». ¡En hebreo, la palabra «problemas» aparece dos veces! Acab estaba tan enojado que parecía que se trababa al hablar, luchando por sacar las palabras de su boca mientras declaraba enérgicamente que Elías era un alborotador.

Elías dijo: «No soy yo quien ha traído problemas a Israel. Eres tú, Acab, quien ha traído problemas a Israel. Porque has apartado los corazones de los israelitas de Dios» (parafraseando 1 Reyes 18:18).

Elías básicamente continúa diciendo: «Hagamos una competencia», casi como un joven deportista. «Me enfrentaré a los 450 profetas de Baal y a los antiguos profetas de Asera; un total de 850 profetas contra mí. Uno contra 850. Trae a todos los israelitas que han apartado sus corazones de Dios, hasta el monte Carmelo». Eso era básicamente todo el reino del norte, varios cientos de miles, ¡quizás cerca de un millón de personas!

Y cuando Elías salió, dijo, parafraseando: «Oh, Israel, ¿hasta cuándo vacilarás entre dioses? Si Yahvé es Dios, sírvelo. Pero si Baal es Dios, sírvelo. Quienquiera que sea el Dios verdadero, hará bajar fuego del cielo para consumir nuestro sacrificio. Así que, si Baal es Dios, hará bajar fuego del cielo. Si mi Dios, Yahvé, es Dios, hará descender fuego del cielo».

Entonces, todos los israelitas declararon: «Hagámoslo».

Elías dice: «De acuerdo, ustedes primero».

Los 850 profetas de Baal y Asera avanzaron para construir su altar, sacrificar su toro, colocarlo sobre el altar y comenzar a bailar a su alrededor. Y bailaron desde las ocho de la mañana hasta aproximadamente el mediodía.

Y entonces ocurre algo muy interesante. Echen un vistazo a 1 Reyes 18:27: «Al mediodía, Elías comenzó a burlarse de ellos». ¡Qué rebelde! Me encanta este tipo. Y Elías comenzó a hablarles diciendo: «O su dios está meditando, o está haciendo sus necesidades». Curiosamente, Elías les pregunta si su dios está demasiado ocupado en el baño como para responderles.

¿Te imaginas a 850 profetas y a Elías preguntando: «¿Tu dios está usando el baño?»

«O», continúa, «tal vez su dios está de viaje. O tal vez está dormido y hay que despertarlo». Cada vez que leo esto, me hace gracia imaginar a Elías diciendo estas cosas.

Elías sabe que en ese momento hay actividad demoníaca en los reinos celestiales. Pero el ángel de esa zona tiene la espada desenvainada; Dios está al mando. Él tiene el control. Ahora bien, no lo sé con certeza. Solo estoy haciendo conjeturas. Pero imagino que los demonios aquí tienen una espada en el cuello y las manos atadas a la espalda. No pueden decir ni una palabra. No pueden moverse ni un centímetro. Porque Dios está al mando. ¡Y Elías lo sabe!

Entonces, veamos qué sucede a continuación. La Escritura dice que los profetas de Baal «Comenzaron entonces a gritar más fuerte y, como era su costumbre, se cortaron con cuchillos y lanzas hasta quedar bañados en sangre. Pasó el mediodía y siguieron en este trance profético hasta la hora del sacrificio vespertino» (1 Reyes 18:28-29). Ahora bien, el sacrificio vespertino era a las seis en punto. ¡Así que habían continuado durante diez horas! Y al final, dice que cojeaban. Probablemente estaban todos tirados en el suelo, con sangre brotando de sus cortes, pensando que el fluir de su sangre traería la ira de su dios contra Elías.

«Pero no se escuchó nada, pues nadie respondió ni prestó atención» (1 Reyes 18:29). Elías sabía que esto sucedería. Nadie respondió.

Nadie prestó atención. Los demonios estaban completamente maniatados en ese momento. ¡No había forma de que la adoración a Baal o Asera, que es lo mismo que adorar a los demonios según 1 Corintios 10:20, ¡fuera a servir de nada! No había forma porque Dios está al mando, y Elías confiaba en Él.

Entonces Elías dijo: «Ahora es mi turno».

Elías reparó el altar de Dios en el monte Carmelo, que había quedado en mal estado debido a que los israelitas habían apartado sus corazones de Dios. Tomó doce piedras por las doce tribus de Israel y las colocó sobre el altar. Luego cortó leña y la puso encima, junto con un toro. Elías continuó cavando una zanja alrededor del altar, y la gente comenzó a mirarlo, preguntándose: *«¿Por qué está cavando una zanja?»*.

Elías dijo: «Denme cuatro jarras grandes de agua». Y vertió el agua sobre el sacrificio. ¡Elías hizo la «competencia» más difícil para sí mismo!

Luego dijo: «Hágalo una segunda vez». Y de nuevo: «Hágalo una tercera vez» (1 Reyes 18:34). ¡Se vertieron doce jarras de agua encima! Y el agua se derramó, empapando la ofrenda y llenando toda la zanja.

Y entonces sucedió algo muy interesante.

«En el momento del sacrificio, el profeta Elías se adelantó y oró: "Señor, Dios de Abraham, de Isaac y de Israel, que todos sepan hoy que tú eres Dios en Israel y que yo soy tu siervo y he hecho todo esto en obediencia a tu palabra. ¡Respóndeme, Señor, respóndeme, para que esta gente reconozca que tú, Señor, ¡eres Dios y estás haciendo que su corazón se vuelva a ti!"» (1 Reyes 18:35-37, NVI).

¡Esta frase apunta a la medida extrema que tomó Dios para alcanzar a los perdidos! Después de que Elías oró, el fuego cayó del cielo y consumió por completo todo el sacrificio y el altar, y secó hasta la última gota de agua.

Entonces el pueblo se postró sobre su rostro y gritó: «¡El Señor es Dios!» (1 Reyes 18:39).

Medida extrema número uno: fuego del cielo.

Medida extrema número dos: una ballena.

En la universidad, tuve una clase en la que la profesora arrancó el libro de Jonás, lo tiró a sus espaldas y dijo: «Esto no pudo haber sucedido».

En ese momento yo era un cristiano recién convertido y no podía creer que ella hubiera arrancado la Biblia. En esa clase podíamos elegir un libro de la Biblia para hacer un trabajo que supondría el 75 % de nuestra nota. ¿Quieres adivinar qué libro de la Biblia elegí?

Exacto. Elegí el libro de Jonás. En mi trabajo revelé que, científicamente, realmente se podía vivir en el vientre de una ballena durante tres días. De hecho, eso ocurrió una vez, frente a las islas Malvinas, en 1952. Tres hombres estaban cazando ballenas en pequeñas embarcaciones individuales. Cuando uno de ellos arponeó a una ballena, esta se lo llevó mar adentro. Tres días después encontraron a esa ballena, la mataron y le abrieron el vientre para ver si podían encontrar a su amigo. No tenían ni idea de lo que iban a encontrar.

Después de tres días, tenía quemaduras en la nuca y en las manos, pero su amigo estaba completamente vivo. Le echaron un poco de agua de mar, lo despertaron y ¡estaba bien! Saqué una A+ en ese trabajo. En realidad, es posible que esto suceda.

En esta historia, Dios le dice a Jonás que vaya a Nínive (Jonás 1:2).

¿Cuál fue la respuesta de Jonás? «¡Ni hablar! Odio Nínive. Dios, no quiero ir allí porque sé que vas a bendecirlos y salvarlos».

Así de mucho odiaba Jonás a Nínive. Se fue a Tarsis, a mil kilómetros en dirección opuesta a Nínive, para evitar ir allí. Y mientras estaba en un barco que iba en dirección opuesta, se desató una tormenta salvaje porque Jonás estaba desobedeciendo a Dios. Todos los que estaban en el barco entraron en pánico y clamaron a sus diferentes dioses. No podían entender lo que estaba pasando, así que echaron suertes, y la suerte cayó sobre Jonás. Bajaron a ver a Jonás, que estaba durmiendo en el fondo del barco, y lo despertaron exigiéndole: «¡Clama a tu Dios!».

Jonás respondió: «Todo esto es culpa mía. Arrójenme al mar».

Jonás prefería morir antes que ir a Nínive. ¡Qué pensamiento tan enfermizo!

Así que tomaron a Jonás y estaban a punto de arrojarlo por la borda para intentar apaciguar a Dios y salvar sus vidas. Ahora, detente un momento y piensa en esto. Jonás no tenía un libro de Jonás que hubiera leído. ¡No sabía cómo terminaría la historia! No sé si alguna vez han visto las olas durante un huracán. ¡Son intensas! Probablemente había olas de seis metros de altura que cubrían la embarcación; no es de extrañar que los marineros estuvieran llenos de miedo. No había forma de que Jonás pudiera sobrevivir allí fuera, en medio de una tormenta salvaje. Jonás no pensaba en que un gran pez fuera a aparecer y se lo tragara. ¿En qué pensaba Jonás? *«Tírenme por la borda. Voy a morir. Prefiero eso a ir a Nínive».*

¡Pero una ballena lo se lo traga! ¿Por qué? Porque Dios toma medidas extremas para traer a los perdidos a Él. Dios quería llegar al pueblo de Nínive, así que envió un pez, ¡una gran ballena! Jonás va al fondo del Mediterráneo dentro de esta ballena. En el fondo del océano, recobra el sentido. Y la Biblia dice que tiene un momento de oración con Dios. Imagínense eso. Pero antes de orar, apuesto a que miró a su alrededor y tocó los costados de la ballena, pensando: *«Un momento. ¡Sigo vivo! Está bien, Dios, iré».*

La ballena llevó a Jonás de vuelta a Jope. ¿Dónde está Jope? Jope es donde Jonás se subió al barco en primer lugar, desobedeciendo a Dios y yendo en la dirección contraria. Dios llevó a Jonás de vuelta al lugar donde empezó a huir para darle una segunda oportunidad. Dios nos dará a todos una segunda oportunidad. Todo lo que tenemos que hacer es dejar de decir «no» a Dios y decir «sí».

Así que la ballena vomitó a Jonás en la orilla, y Jonás fue a Nínive para ser testigo del mayor avivamiento de todo el Antiguo Testamento. Le llevó tres días cruzar la ciudad de un lado a otro. Era una gran ciudad con 120 000 habitantes que no distinguían su mano derecha de su mano izquierda. Probablemente, los 120 000 no incluían a las mujeres ni a los niños. Por lo tanto, Nínive tenía probablemente alrededor de 600 000 habitantes en total, más o menos. Era una ciudad enorme en los tiempos bíblicos. Se consideraría una «ciudad como Nueva York» o una metrópolis próspera.

Jonás iba de un extremo a otro de la ciudad predicando un mensaje. Este era su mensaje: «En 40 días, si no se arrepienten, todos arderán». Ese era su mensaje. Jonás no intentaba que la gente se arrepintiera. Estaba enojado por estar allí. El rey escuchó el mensaje de Jonás, los líderes de la ciudad lo escucharon y todos se arrepintieron. Todos se vistieron con cilicio y cenizas (signos de arrepentimiento en aquellos días) y clamaron a Dios. El rey incluso promulgó un edicto, una orden que decía: «Todo el pueblo de Nínive debe arrepentirse de sus pecados y volverse a Dios» (Jonás 3:6-8). Incluso los animales tuvieron que ponerse cilicio y cenizas. ¡Así de grande fue este avivamiento! Fue el mayor avivamiento de todo el Antiguo Testamento.

Seiscientas mil personas se volvieron a Dios. ¡Qué gran historia! Jonás es un ejemplo perfecto de que Dios toma medidas extremas para traer a los perdidos a Él.

Medida extrema número uno: fuego del cielo.

Medida extrema número dos: una ballena.

Medida extrema número tres: una semilla. ¿Qué es la semilla?

¿Puede Dios evitar que una semilla caiga al suelo? Una semilla que con el tiempo crecería hasta convertirse en un árbol, que con el tiempo sería talado, que con el tiempo se convertiría en una cruz, en la que con el tiempo moriría su hijo. ¿Podría Dios haber impedido que esa semilla fuera plantada? La respuesta es sí. Pero Dios toma medidas extremas para atraer a los perdidos hacia Él. Permitió que la semilla cayera. Podría haberlo impedido.

Hay un montón de medidas extremas adicionales a lo largo del Nuevo Testamento. Como el terremoto en Filipos que sacudió la prisión donde Pablo y Silas cantaban canciones de adoración a Dios a medianoche y las cadenas se cayeron de todos los prisioneros (Hechos 16:25-34). Esta situación llevó a que el carcelero, junto con toda su familia, se salvara. Las primeras conversiones importantes en Europa ocurrieron allí mismo debido a un terremoto. Dios recurre a medidas extremas a lo largo de todas las Escrituras.

Ahora, volvamos a lo que he estado hablando desde el principio. Echen otro vistazo a la última diapositiva que compartí:

Esto es el cristianismo normal. Este es el cristiano normal. Quiero mostrarles lo que hay dentro de esa imagen. Porque necesito que sepan que esta imagen *es* la medida extrema de Dios en este momento. Lo explicaré con gran detalle a través de algunos pasajes de las Escrituras.

Lo que estoy a punto de mostrarles es el misterio que se ha mantenido oculto durante siglos y generaciones. Elías nunca tuvo lo que estoy a punto de mostrarles. Jonás nunca tuvo lo que estoy a punto de mostrarles. Moisés no tuvo lo que estoy a punto de mostrarles. David no lo tuvo. Daniel tampoco. Sadrac, Mesac y Abednego tampoco lo tuvieron. ¡Ninguno de ellos tuvo lo que estoy a punto de mostrarles! Todos ellos lo vieron a través de sus profecías. Vieron lo que estoy a punto de explicarles y pensaron: *«¡Vaya, apuesto a que serán grandes evangelistas!».* Y se volvían locos, anhelándolo con impaciencia.

Esta es una de las verdades más importantes de toda la Escritura para mí, porque me ayuda a comprender quién soy según Dios. Cuando me veo a mí mismo, pienso: *«Soy inferior, sin valor, un perdedor incapaz de llegar a nadie».* Pero esto es completamente diferente. Voy a mostrarles lo que Dios piensa de nosotros. Entonces, ¿están listos para ello?

Vean lo que dice Colosenses 1:26-27:

«[Este es] el misterio que había estado oculto desde los siglos y edades, pero que ahora ha sido manifestado a sus santos, a quienes Dios quiso dar a conocer las riquezas de la gloria de este misterio entre los gentiles; que es **[C-R-I-S-T-O]** en vosotros, la esperanza de la gloria» (RV60, corchetes míos).

¡Cristo en ustedes, la esperanza de la gloria!

Añadamos algo más a eso. Efesios 1:13-14 dice: «En él también vosotros, habiendo oído la palabra de verdad, el evangelio de vuestra salvación, y habiendo creído en él, fuisteis *sellados con el Espíritu Santo de la promesa*, que es las arras de nuestra herencia hasta la redención de la posesión adquirida, para alabanza de su gloria» (RV60, énfasis mío). ¡Así que el Espíritu de Dios está dentro de ti!

Y aún no hemos terminado. Hay otro pasaje, Juan 14:23, que dice que el Padre también morará dentro de nosotros. Así que ahora tienes al

Padre, al Hijo y al Espíritu Santo, ¡los tres dentro de ti! ¡Tienes el poder! ¡Ahora mismo!

Escucha con atención. Puede que piense que soy un desastre y que soy completamente incapaz de llegar a nadie. Pero eso no es cierto ni para mí ni para ti. Tengo dentro de mí al Padre, al Hijo y al Espíritu Santo. ¡Y tú también!

¡*Eres* la medida extrema de Dios!

Verás, en Hebreos 11 dice que hubo muchas personas que hicieron grandes hazañas para Dios, pero ninguna de ellas recibió lo que se le había prometido. ¡Eso se guardó para *ti*! Necesitas saber que eres la entidad más poderosa de este planeta. Eres más grande que cualquier superhéroe que haya existido jamás. Más que todos sus poderes combinados en uno solo. ¿Por qué? Tienes al Dios infinito, tienes a Cristo en ti, la esperanza de la gloria.

Tú más Cristo son la mayoría en cualquier situación que enfrentes. ¿Y qué significa eso? Significa que debemos hablarles a tantas personas como podamos acerca de Jesús, porque tú eres la medida extrema de Dios. Tú eres el embajador de Cristo en este planeta. Cristo está presente en este planeta, dentro de ti.

Un niño pequeño miró a su papá y le dijo: «Papá, ¿qué tan grande es Jesús?».

El padre respondió: «Hijo, no lo sabemos; tal vez era más o menos de mi tamaño».

Y el niño dijo: «Papá, si le pido a Jesús que entre en mi corazón, ¿va a rebosar por todas partes?».

¡La respuesta es *sí*!

Es de esperar que, dondequiera que vayas, Jesús rebose de ti. Yo me acerco a la gente todo el tiempo, con la esperanza de que encuentren a Jesús.

Una vez, mi esposa y yo estábamos en un restaurante con el presidente de nuestro ministerio. Y nuestra mesera chocó con él. Además, no le puso hielo a su té dulce. Era una mesera horrible. Entonces pensé: «*¿Sabes qué? Quizá ella necesite al Señor*». Y me sentí muerto de miedo, aterrorizado de decirle algo sobre Cristo.

Así que solo le dije: «Señora, esto le va a sonar un poco raro. Pero ahora mismo, el Señor Jesucristo está pensando en usted y cree que es maravillosa».

La señora se quedó sorprendida, suspiró y se alejó. Mi esposa la estaba observando y se dio cuenta de que nuestra mesera se inclinó sobre el mostrador y comenzó a llorar. Después de unos minutos, se incorporó y comenzó a escribirme una carta. Se acercó, con las lágrimas aun corriendo por su rostro, y me entregó la carta.

La carta decía: *No sabes quién soy. No tienes idea de lo que he estado pasando. Pero hoy era mi último día de trabajo aquí. Y nadie aquí lo sabe porque compré todo el equipo para quitarme la vida al día siguiente. Y cuando dijiste que Dios estaba pensando en mí, fue la primera vez que comprendí quién es Él realmente. Acabo de entregar mi vida a Jesús.* Cuando terminé de leer la carta, miré a nuestra mesera. Una sonrisa radiante iluminaba su rostro, con lágrimas brotando de sus ojos.

Así que puedo mirarme a mí mismo y pensar: *«Me da mucho miedo hablarle a alguien de Cristo. No puedo hacerlo»*. Pero entonces me doy cuenta: *«Un momento. No soy yo. Es Cristo en mí, la esperanza de la gloria»*. ¡Cristo está en ti y es imparable! ¡Vamos a contárselo a todo el mundo!

¡ERES LA MEDIDA EXTREMA DE DIOS!

Eres la medida extrema de Dios para alcanzar a las personas perdidas en tu vida. ¿No es increíble? Dios te ha elegido para ser un mensajero para las personas en tu vida cotidiana. Si eres como yo, escuchar esa noticia es emocionante y estresante a la vez. Es emocionante que Dios te haya elegido de esa manera. Pero al mismo tiempo, es estresante, porque compartir la Buena Nueva puede parecer realmente difícil.

Recuerdo que una de las primeras veces que me enfrenté al reto de compartir a Jesús con otras personas, me quedé paralizado. Pensé: *«Ni siquiera sé qué hacer. No sé qué decir»*. Quizás eso es lo que tú sientes. Quizás pienses: *«No sé qué decir»* o *«No sé cómo decirlo»*.

Pero piensa en esto por un momento: ¿alguna vez Dios se ha manifestado en tu vida? ¿Alguna vez ha respondido a una oración, te ha traído paz o alegría en medio de la ansiedad o las dificultades, ha traído reconciliación en medio de relaciones divididas o te ha provisto cuando te preguntabas cómo llegarías a fin de mes? ¿Alguna vez Dios se ha manifestado en tu vida? ¡Estas son tus historias con Dios! Y escucha, las personas se conectan con las historias. Las historias enganchan, emocionan y cautivan a las personas. Y las buenas historias son accesibles, reales y auténticas, y se relacionan con las personas a nivel emocional.

Compartir una historia de Dios en tu vida, un momento en el que Dios se ha manifestado ante ti, es una forma estupenda de compartir a Jesús con los demás de una manera personal y accesible. Nuestras historias de Dios son puentes fenomenales hacia la Buena Nueva. En Marcos 5, esto es exactamente lo que hizo un hombre y transformó toda su región; simplemente compartió «cuán grandes cosas había hecho Jesús con él;» (Marcos 5:20b, RV60).

Aunque una historia de Dios puede ser la historia de cómo conociste a Jesús en primer lugar, no tiene por qué serlo. Puede ser una historia de cualquier momento en el que Dios simplemente se haya manifestado en tu vida, un momento en el que Jesús intervino y te ayudó de manera significativa o cómo transformó tu vida.

Ahora bien, antes de compartir, el primer paso es simplemente observar, detenerse y pasar tiempo con las personas, mostrándoles amor y cuidado genuinos, entablando una conversación normal. Las personas no quieren que las traten como objetivos. Las personas saben cuándo solo piensas en ellas como algo que hay que convertir. Quieren que las traten como seres humanos. Son seres humanos, con esperanzas, sueños y deseos. Tienen pasiones. Y aprovechar esas cosas haciendo preguntas es una excelente manera de entablar conversaciones.

Cuando converso con otras personas, mi objetivo es hablar el 30 % del tiempo y escuchar el 70 %. En realidad, es muy divertido porque aprendes todo tipo de cosas, pero también construyes un gran puente con la otra persona con la que estás hablando. Y te da credibilidad, ya que les demuestras que realmente te preocupas por ellos.

Y cuando encuentras un punto en su historia que se relaciona y resuena con la tuya, o ves una oportunidad en la conversación, puedes empezar a compartir lo que Jesús ha hecho en tu vida, **tu historia con Dios.**

El primer paso para compartir tu historia con Dios es hablar de cómo era tu vida antes de que Dios apareciera. Quizás te sentías deprimido. Quizás te sentías ansioso. Cuando era niño, esa era mi historia. Estaba lleno de ansiedad y preocupación. Quizás pasaste por una temporada en la que te preguntabas: «*¿Cómo voy a llegar a fin de mes? ¿Cómo voy a alimentar a mi familia?*». Quizás había algún tipo de dificultad en tu vida. Puedes comenzar tu historia con cualquier dificultad que enfrentaste antes de que Dios apareciera.

El segundo paso para compartir tu historia con Dios es hablar de cómo se mostró Dios o cómo te encontraste con Jesús. En mi caso, estaba sentado en el armario de mi habitación, desesperado, orando a Jesús y pidiéndole que hiciera lo que solo Él podía hacer. Quizás estabas conduciendo a algún lugar o sentado en tu coche, quizás estabas escuchando música, o quizás estabas sentado en un evento escuchando a algún orador proclamar apasionadamente la Palabra de Dios. Quizás fue en un servicio religioso o en una clase de catequesis. O quizás fue en una reunión para tomar café cuando alguien compartió contigo una verdad amorosa. Dondequiera que hayas encontrado a Jesús, comparte cómo fue y qué te impulsó a involucrarte con Dios en ese momento.

Y el tercer paso para compartir tu historia con Dios es hablar de cómo cambió tu vida, compartir lo que fue diferente después. Quizás pasaste de ser temeroso a valiente. Quizás pasaste de luchar con la fe a ser alguien con una fe abundante. Quizás viste cómo Dios satisfizo milagrosamente tu necesidad, sin tener idea de cómo iba a ser satisfecha. Quizás Dios trajo esperanza en una situación desesperada o alegría en medio del sufrimiento y las dificultades. Quizás Él cambió tu ansiedad por paz. Sea lo que sea lo que cambió como resultado de la intervención de Dios, comparte esa historia.

Probablemente sonará algo así. Esta es una de mis historias de Dios. Al crecer, era un niño lleno de miedo, ansiedad y preocupación, y además de todo eso, lleno de orgullo. Era un desastre. Y solo intentaba vivir mi propia vida. Pensaba que, si vivía a mi manera e intentaba hacer todo lo correcto, tendría una vida satisfactoria. Pero no me satisfacía. De hecho, me sentía más solo que nunca. Y había llegado a sentirme tan solo que incluso estaba considerando acabar con todo.

Un día, mientras me sentía increíblemente solo, pensé: «*Quizás debería escuchar lo que todos esos predicadores me han estado diciendo toda mi vida y orar a Jesús*». Así que me metí en el armario de mi habitación infantil, me senté en el suelo, cerré la puerta y empecé a orar. Le dije: «*Jesús, ¿podrías intervenir, por favor? ¿Podrías aparecer en medio de todo esto?*». Y déjenme decirles algo: ¡lo hizo! Apareció. Intervino. Y pasé de sentirme desesperadamente solo a sentirme completamente satisfecho. Mi depresión fue sustituida por alegría. Antes, estaba tan lleno de miedo que apenas podía decir «hola» a alguien sentado a mi lado en la mesa del comedor. Después de esto, Dios me transformó en alguien dispuesto a proclamar su mensaje, dondequiera que me llevaran mis pasos. Esa es la diferencia que Jesús hizo en mi vida. Mi vida ha sido totalmente transformada por Jesús.

Nuestras historias con Dios revelan cómo Dios se ha manifestado y cómo Jesús ha traído un cambio en nuestras vidas o circunstancias. Podemos compartir estas historias dondequiera que vayamos. Podemos compartirlas con cualquiera, en cualquier momento y en cualquier lugar. Puede ser en una reunión de negocios. Puede ser en tu vecindario o en tu complejo de apartamentos. Puede ser cuando estás en el supermercado, hablando con la persona que te atiende en la caja, o con el barista de la cafetería a la que sueles ir, tal vez incluso en la tienda de neumáticos mientras esperas tu coche. Puedes pensar en compartir una historia de Dios en solo uno o dos minutos. Siempre puedes compartir más si te lo piden, pero la gente suele estar ocupada y puede que no siempre tenga tiempo para escuchar una historia larga. Simplemente estamos declarando lo que Jesús ha hecho en nuestra vida.

Ahora, después de compartir nuestras sencillas historias sobre Dios, es importante que proclamemos la sencilla Buena Nueva. ¿Cómo lo haríamos?

Justo después de compartir su historia con Dios, podría decir algo como esto:

«Sabes, esto fue posible en mi vida porque Jesús murió en la cruz por nuestros pecados, que nos separaban de Él. Y resucitó de entre los muertos, lo que significa que sigue vivo hoy y desea tener una relación con nosotros. Y nos ama mucho».

Puede ser así de sencillo. Jesús murió por nuestros pecados, que nos separaban de Dios. Y resucitó de entre los muertos, lo que significa que sigue vivo hoy en día. Y nos ama tanto y desea tener una relación con nosotros. Encontramos este mensaje del Evangelio expresado de la forma más sencilla en 1 Corintios 15.

Para concluir el compartir la Buena Nueva con alguien, es muy importante hacer una pregunta. Hacer una pregunta traslada la conversación de nosotros a la persona con la que estamos compartiendo. Una pregunta hace que no solo se sientan inspirados por nuestra historia, sino que reflexionen sobre su propia vida y se pregunten: *«¿Es esto para mí?»*. También te ayuda a ver con autenticidad en qué punto se encuentran en su camino.

Así que, después de compartir una historia de Dios y el sencillo mensaje del Evangelio, puedes preguntar: **«¿Te gustaría tener esto también en tu vida?»**, y luego dejar que responda y continuar a partir de ahí.

TRES RESPUESTAS A JESÚS

Al compartir tu historia con Dios, la sencilla Buena Nueva, y hacer una pregunta, encontrarás tres posibles respuestas:

NÚMERO 1: *Están listos para seguir a Jesús.* Pueden decir algo como: «Estoy listo para entregar mi vida a Cristo. Quiero eso en mi vida».

O tal vez notes que dudan. Podrían decir algo como: «Creo que sí, pero no estoy seguro».

Entonces haz una pregunta sencilla como: «¿Qué te frena o te impide tomar esta decisión?». Y ve qué te responden.

Quizá descubras que puedes hablar con ellos sobre cuál es ese obstáculo. Una vez, mientras compartía el Evangelio con alguien, le pregunté: «¿Estás listo para seguir a Jesús?».

Y me respondieron: «No estoy seguro. Quizá algún día siga a Jesús».

Entonces le pregunté: «¿Qué te detiene? ¿Por qué no hoy?».

¿Y sabes lo que me respondió? «Tienes razón. ¿Por qué estoy esperando? Necesito creer en Jesús ahora mismo».

Y esa persona oró y entregó su vida a Cristo en ese mismo momento. Nunca se sabe lo que puede pasar cuando se hace una pregunta y se indaga más.

Entonces, si alguien está listo para entregar su vida a Cristo, ¿qué haces ahora? Ora con ellos en ese mismo lugar, ayudándoles a arrepentirse de sus pecados y entregar su vida a Jesús. Encuentro muy útil Romanos 10:9. Dice: «Si confiesas con tu boca que Jesús es el Señor y crees en tu corazón que Dios lo levantó de entre los muertos, serás salvo». Siempre animo a las personas a orar en ese sentido. Les digo: «¿Por qué no oras en voz alta ahora mismo? Ora algo como esto para comenzar tu relación con Jesús: "Jesús, lamento mis pecados. Creo que moriste en la cruz por mis pecados y creo que resucitaste de entre los muertos. Te entrego mi vida y recibo tu perdón"».

NÚMERO 2: *Son resistentes.* ¿Qué haces con alguien que dice: «No me interesa» o «¡No quiero tener nada que ver con Jesús!»?

Si sigues viendo a esa persona después de ese día, sigue amándola con acciones. Haz todo lo que puedas para servirla. Sigue orando por ella. ¡Eso es lo más importante que puedes hacer! Ora, ora, ora. Y tal vez puedas buscar otras pequeñas historias de Dios y Jesús en tu vida y compartirlas, diciendo cosas como: «Vaya. Hoy estaba un poco ansioso. Y no sabía qué iba a hacer. Así que oré y Jesús me trajo una paz abundante».

Tu amor, tus oraciones y tus historias de Dios pueden empezar a ablandar su corazón con el tiempo. Si no los ves con regularidad, simplemente déjalos ir. Tú compartiste con amor. El resto está en manos de Dios.

NÚMERO 3: *Están interesados, pero aún no* están *listos para creer.* ¿Qué hacer con esa persona? Comienza a reunirte con ella regularmente.

Simplemente di: «Está bien. ¿Por qué no nos reunimos semanalmente o con regularidad y comenzamos a hablar sobre quién es Jesús? Descubramos quién es Él y qué dice realmente la Biblia. Luego, puedes tomar una decisión».

También puedes preguntarle: «¿Qué te detiene?» y recorrer con él los obstáculos que se le presentan. Algunos pueden responderse de inmediato y otros pueden llevar tiempo.

Así que fija una hora regular para reunirte con ellos. Cuando te reúnas, habla de las historias de la Biblia, repasa la historia general de la Biblia y descubre quién es realmente Jesús. En *el Apéndice C* encontrarás una lista de historias bíblicas que hemos recopilado y que nos han resultado útiles para este fin. Así que reúnanse, profundicen en esas historias, discutan su significado y cómo pueden aplicarse a la vida de esa persona. Y cuando lleguen a la última historia bíblica de la lista, podrás ayudarle a tomar una decisión por Jesús: ¿sí o no? Es probable que en ese momento estén listos si realmente han estado interesados.

Y es posible que descubras que esta persona tiene muchas preguntas sobre la Biblia y sobre quién es Jesús. Profundiza con ellos. Discute sus obstáculos para acercarse a Jesús. Discute las preguntas que puedan tener. Responde a sus preguntas lo mejor que puedas, y no pasa nada si no tienes todas las respuestas. Si les preocupa una pregunta que no sabes cómo responder, puedes decir algo como: «Recorramos juntos este camino y descubramos la respuesta». O «No estoy seguro. Es una gran pregunta. ¿Por qué no estudias tú esta semana y yo estudio esta semana? Y cuando volvamos a reunirnos, discutamos lo que hemos descubierto sobre esa pregunta».

Si decides estudiar por tu cuenta y volver a reunirte con ellos, puedes preguntar a algunos mentores y personas sabias en la fe sobre su pregunta. También puedes investigar la pregunta en Internet. Puedes consultar GotQuestions.org o CARM (Christian Apologetics Research Ministry). Ambos sitios web ofrecen respuestas útiles a preguntas difíciles.

En general, acompaña a esta persona en su camino y es posible que descubras que, con el tiempo, está lista para entregar su vida a Cristo.

Lo importante es que le contemos a todo el mundo lo que podamos sobre Jesús. *Tú* eres la medida extrema de Dios para alcanzar a los perdidos. Así que, ¡sigamos contando a todo el mundo quién es Jesús!

¿Y AHORA QUÉ?

¿Cómo cambia tu perspectiva al darte cuenta de que el Padre, el Hijo y el Espíritu Santo están dentro de ti, y que TÚ eres la medida extrema de Dios?

Jesús siempre ha llamado a sus seguidores a proclamar lo que ha hecho en sus vidas, incluso desde el momento en que lo encontraron (véase Marcos 5:19-20). Las personas que encuentran a Jesús suelen experimentar algún tipo de cambio como resultado (como una nueva paz, alegría, liberación de un pecado o adicción, hambre de la Palabra de Dios, etc.).

Escribe las tres partes de tu historia con Dios y combínalas:

(Considera revisar la sección «¿Y ahora qué?» del capítulo 2, «El punto de partida: desarrollar un corazón ardiente»).

Tu vida antes de que Dios apareciera:

Cómo se manifestó Dios:

Cómo cambió tu vida:

Practica tu historia con Dios junto con el mensaje básico del Evangelio (la cruz y la resurrección) y la pregunta final («¿Te gustaría esto en tu vida?»).

¿Con quién compartirás tu historia con Dios y las Buenas Nuevas a partir de esta semana?

Revisa tu lista de personas perdidas del capítulo 2, «El punto de partida: desarrollar un corazón ardiente», y piensa también en otras personas con las que te has encontrado recientemente en tu vida. No te limites a esta lista, pero escríbela como punto de partida estratégico.

1. _________________________ 2. _________________________

3. _________________________ 4. _________________________

5. _________________________ ...

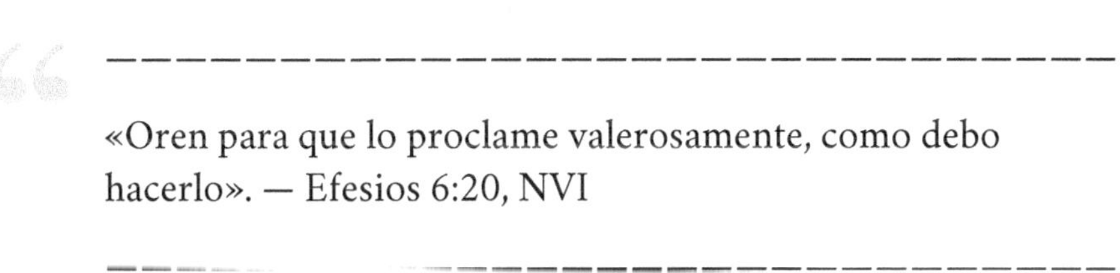

«Oren para que lo proclame valerosamente, como debo hacerlo». — Efesios 6:20, NVI

¿Y SI...?

Continúa compartiendo tu historia con Dios con las personas de tu lista y con otras personas semana tras semana, a lo largo del camino, dondequiera que vayas. Al hacerlo, Dios comenzará a usarte como la llave para abrirles a las personas las puertas de las Buenas Nuevas de Jesús.

Y mientras te relacionas con personas perdidas, no olvides que Dios puede poner en tu camino a personas nuevas a las que también podrías llevar a través de *Movimientos Multiplicadores* para ayudarlas a convertirse en verdaderos discípulos de Jesús cuando crean. Puede ser en tus próximas reuniones *de Movimientos Multiplicadores*. O puede ser más adelante. Recuerda, las personas no son proyectos, sino personas con las que relacionarse y a las que amar.

Envía un recordatorio a tus amigos esta semana para que no se olviden de cuándo y dónde se reunirán. Confirma que han pedido su libro (o cuaderno de ejercicios) y pídeles que se registren en MultiplyingMovements.com/es para que reciban elementos y actualizaciones cruciales de Movimientos Multiplicadores en su camino.

¡Hazles saber que estás orando por ellos!

DISCUSIÓN

1. Compartan cualquier victoria u obstáculo de los pasos de acción de la semana pasada.
2. Oren juntos.
3. Repasa el versículo para memorizar.
4. Lee los pasajes bíblicos clave: Colosenses 1:26-27; Marcos 5:18-20; Hechos 8:4.
5. Repasa los conceptos clave del capítulo. Comparte cómo lo estás procesando y cualquier comentario que tengas. ¿Hay algo en particular que te haya llamado la atención? ¿Hay algo con lo que no estés de acuerdo? ¿O hay algo que nunca olvidarás? ¿Tienes alguna pregunta al respecto?
6. El Padre, el Hijo y el Espíritu Santo están dentro de ti, ¡y TÚ eres la medida extrema de Dios! ¿Cómo te ayuda esta verdad a superar cualquier obstáculo o miedo que puedas enfrentar al compartir a Jesús con los demás?
7. Cada persona, de una en una, practique compartir su historia con Dios. Compártela como si se la estuvieras contando a una persona perdida. Si son un grupo grande, formen parejas.
8. Una vez más, cada persona, una por una, practique compartir su historia con Dios como lo haría con una persona perdida, pero esta vez incluya la Buena Nueva y la pregunta final. Después de que cada persona comparta, haga una pausa para animar y dar retroalimentación. En su retroalimentación, asegúrese de que no se haya omitido ningún elemento crucial, ya sea las tres partes de la historia con Dios, el Evangelio o la pregunta final.
9. ¿Con quién planeas compartir, a partir de esta semana? Por supuesto, reconociendo también que esto no es para limitarte, sino para que tengas la intención de empezar. Dios puede poner a una persona inesperada frente a ti en cualquier momento, ¡dándote la oportunidad de compartir con ella también!

10. Repasa de nuevo la sección «¿Y si...?» y el versículo para memorizar.
11. Compartan todos: ¿cuál es la idea clave o el paso a seguir para esta semana?
12. Oren juntos.

*Recordatorio: cuando vayan a compartir su historia con Dios y las Buenas Nuevas, **¡comiencen por observar, detenerse y pasar tiempo con las personas!**

OTROS RECURSOS ÚTILES:

Christian Man Laws (Libro) de Adrian Despres

Para opciones de compra y más recursos, visita:
MultiplyMore.com/es

CAPÍTULO 12: ABRAZAR EL CORAZÓN DE DIOS PARA TODO EL MUNDO

Mateo 28:17-20 • Mateo 24:14 • Apocalipsis 7:9

Desde el principio hasta el final, Dios siempre ha tenido un corazón para todo el mundo. Desde Génesis hasta Apocalipsis, vemos el corazón de Dios para todas las naciones desarrollándose historia tras historia tras historia.

Una vez, cuando estaba en la selva de África Oriental, fuimos en coche a una aldea tribal del pueblo masái. Habíamos oído que era una región sin creyentes. Así que fuimos con la intención de compartir con ellos las buenas nuevas de Jesús.

Justo cuando estacionamos nuestro Land Cruiser, varios niños nos saludaron. Los niños eran juguetones y curiosos. Les intrigaba especialmente nuestra piel y nos preguntaron si podían tocarla. Apreciamos su sentido de la curiosidad y les dejamos hacerlo con mucho gusto. Los adultos de la aldea pronto se acercaron a nosotros y nos invitaron a unirnos a ellos.

Alguien de nuestro equipo anunció: «Hemos venido a compartir un mensaje importante con ustedes».

El jefe respondió: «Mataremos una cabra para todos y comeremos.

Luego podrán compartir su mensaje con nosotros. También son bienvenidos a pasar la noche en nuestra aldea».

Varios jóvenes guerreros trajeron una cabra para sacrificarla y cocinarla. El jefe nos miró y dijo: «Uno de ustedes puede tener el honor de degollarla y derramar su sangre».

Nadie de nuestro equipo parecía entusiasmado con el honor. Como me encantan las aventuras y todo lo nuevo, di un paso al frente y cogí el machete. Con un solo golpe, nuestra cena gourmet en la selva había comenzado.

Los habitantes del pueblo masái son buenos administradores de sus recursos. Después de cortar la cabra en trozos pequeños, aprovecharon casi todas las partes del animal. Clavaron palos en la arena alrededor del fuego y extendieron grandes porciones de carne sobre ellos. También asaron el corazón, el hígado, los pulmones y, después de exprimir los excrementos, incluso cocinaron los intestinos. No desperdiciaron nada.

Sentados alrededor del fuego, nos turnamos para sacar trozos de carne de una sartén. Estaba delicioso, sobre todo después de un día tan largo de viaje. La noche se cernía sobre nosotros y nuestros corazones se llenaban de expectación mientras nos preguntábamos qué pasaría a continuación.

Cuando terminó la cena, los guerreros se levantaron, tomaron sus lanzas y nos hicieron señas para que los siguiéramos por un sendero en la oscuridad. Con una oración y espíritu de aventura, los seguimos. El cielo estaba oscuro. Mientras seguíamos a estos expertos en la selva por el sendero, oramos para que Dios apoderara sus corazones con la misma ferocidad con la que ellos empuñaban sus lanzas. Después de unos minutos, nos llevaron a su lugar de reunión.

«Estamos listos para escuchar su mensaje», declaró el jefe.

Alguien de nuestro equipo proclamó el mensaje de las Buenas Nuevas, desde la creación hasta la cruz, explicando todo lo que Jesús había hecho por nosotros y por ellos. Después del mensaje, invitamos a la aldea a seguir a Jesús, entregándole sus vidas y renunciando a su dios tradicional y a su forma de adoración.

Muchos de los guerreros dijeron: «Nunca habíamos oído hablar de Jesús hasta ahora. ¡Pero queremos creer en este Jesús del que nos han hablado!».

La alegría inundó mi corazón. Apenas podía creer lo que estaba presenciando. El hambre espiritual llenaba sus almas. Inmediatamente nos lanzaron todo tipo de preguntas, como «¿Por qué no podemos ver a Jesús ahora mismo?», «¿Cuándo volverá Jesús?», «¿Qué hacemos con el dios que hemos estado adorando?», y muchas otras.

Cuando nuestra conversación llegó a su fin, el jefe habló en nombre del grupo: «Queremos ir a todas las aldeas cercanas y compartir este mensaje con todos los que nos rodean».

Justo después de recibir este mensaje, algo en ellos los impulsó a proclamarlo. Se sintieron impulsados a contárselo a todos los que los rodeaban. Se sintieron impulsados a llegar a los que no habían sido alcanzados, a compartirlo con aquellos que nunca habían oído su nombre.

Dijeron: «Debemos difundir este mensaje».

Comenzaron a cumplir inmediatamente el propósito que Dios les había dado. Habían descubierto para qué los había elegido Dios.

Ahora bien, en lo que respecta a la palabra «elegidos», han surgido debates en todo el cristianismo e incluso en la historia cristiana. Hemos debatido si nosotros elegimos a Dios o si Dios nos elige a nosotros. Y la gente tiene disputas sobre este tema. Pero creo que estos argumentos revelan que estamos pasando por alto lo esencial.

Cuando nos sumergimos en las páginas del Antiguo Testamento, encontramos que Israel, los judíos, son el pueblo elegido de Dios. De hecho, Éxodo 19:6 dice que Dios había «elegido a Israel como su posesión especial para ser un reino de sacerdotes para todas las naciones». Israel no fue elegido solo para sentarse y guardar a Dios para sí mismo. Fueron elegidos con un propósito. Fueron elegidos para una misión. Fueron elegidos para ser un reino de sacerdotes; no solo un sacerdote, que representara a Israel ante Dios y a Dios ante Israel. No. Cada persona en Israel fue elegida por Dios para ser sacerdote ante el resto del mundo, ante el resto de las naciones, para revelar al mundo quién es el único Dios verdadero y para representar al pueblo ante Dios en sus oraciones y sacrificios. Dios los había elegido para esta misión.

Y, de hecho, esta realidad representa el corazón mismo de Dios. Vean lo que dice Isaías 56:7-8:

> Los llevaré a mi monte santo de Jerusalén
>
> y los llenaré de alegría en mi casa de oración.
>
> Aceptaré sus ofrendas quemadas y sus sacrificios,
>
> porque mi templo será llamado casa de oración para todas las naciones.
>
> Pues el Señor Soberano,
>
> que hace volver a los marginados de Israel, dice:
>
> Traeré a otros también,
>
> además de mi pueblo Israel». (NTV).

Dios quería al mundo entero. Quería que personas de todas las naciones vinieran y siguieran Su plan de salvación. Y había elegido a Israel para ser una luz para las naciones, para revelar Su corazón al mundo, para ser un reino de sacerdotes. Sin embargo, al seguir la historia, vemos que Israel fracasa una y otra vez en cumplir el propósito que Dios le ha dado.

En lugar de convertirse en sacerdotes para el mundo, querían su propio sacerdote. En lugar de ser un reino para el resto del mundo, le habían pedido a Dios su propio rey. Le pidieron a Dios todas estas cosas, cuando Dios ya les había dicho: «Os he elegido para esto».

Es interesante ver cómo continúa este latido del corazón de Dios cuando Jesús aparece en escena en carne y hueso. En Marcos 11:15-17, encontramos a Jesús citando precisamente este pasaje de Isaías. Jesús entra en el templo donde todos los judíos se habían reunido para adorar, y en lugar de emocionarse por adorar con ellos, revelarles las Escrituras y enseñarles, la ira brotó dentro de Él.

Y Jesús comenzó a volcar mesas y a gritar a la gente, diciendo: «¡Fuera! ¡Sacad estas mesas de aquí!».

Expulsó a todos del templo. ¿Por qué? Jesús les proclamó: «Las Escrituras declaran: "Mi templo será llamado casa de oración", ¡pero ustedes lo han convertido en una cueva de ladrones!» (Mateo 21:13).

Los israelitas no habían cumplido el propósito que Dios les había encomendado. Y vemos que eso es lo que ocurre aquí, en esta historia. Los judíos echaban a los gentiles del templo. Echaban a los extranjeros, a las personas de otras naciones. ¿Cómo? Cuando los extranjeros venían de lejos, compraban animales para ofrecerlos en sacrificio al único Dios verdadero, y el tipo de cambio era alto para ellos. Los judíos locales aumentaban sus tasas de conversión.

No solo eso, sino que los gentiles adoraban en el patio exterior. Y ese era precisamente el lugar donde se instalaban estas mesas. Por lo tanto, no había espacio para que ellos adoraran. Ya no tenían un lugar designado para orar y buscar al único Dios verdadero. El pueblo elegido de Dios puso barreras y obstáculos a las mismas personas a las que Dios les había enviado para alcanzar. No cumplieron con el propósito que Dios les había dado.

Esto enfureció a Jesús porque Él estaba mirando a las naciones. Estaba mirando al mundo entero, a todas estas personas, y declarando: «*El corazón de Dios arde* por estas personas. Y en lugar de darles la bienvenida, ustedes las están empujando a un lado».

Ahora bien, es importante entender otra cosa sobre este pasaje. Cuando Jesús dice «naciones», cuando la Escritura dice «naciones», no se refiere a fronteras geopolíticas como los Estados Unidos de América, México, Kenia, Tanzania, China, Corea del Norte, Corea del Sur, etc. No se refiere a eso. Se refiere a grupos étnico-lingüísticos. Grupos de personas con su propio idioma y cultura. Quizás la palabra «tribus» nos ayude a comprender mejor el concepto de «grupos de personas».

Hay muchas tribus dispersas por todo México, como los aztecas y los mayas. Hay varias tribus nativas americanas. Conocemos numerosas tribus europeas. Vemos a los masáis, los hadzabe, los iraquíes, varias tribus somalíes y muchas otras tribus en toda África Oriental e incluso dentro de los mismos países geopolíticos.

Cuando las Escrituras hablan del corazón de Dios por todas las personas, por todas las «naciones», se refieren a personas de todos los lugares y de todo tipo de orígenes. Él dice: «Quiero que todas las naciones [tribus] me conozcan». Dios busca a las personas de todas las tribus.

Y nosotros, como creyentes de la Iglesia del Nuevo Testamento, tenemos exactamente el mismo propósito dado por Dios. Veamos lo que dice a los creyentes en 1 Pedro 2:9: «Pero ustedes son descendencia *escogida*, sacerdocio regio, nación santa, pueblo que pertenece a Dios, *para que proclamen* las obras maravillosas de aquel que los llamó de las tinieblas a su luz admirable.» (NVI, énfasis mío). Así como Dios eligió al antiguo Israel para ser su representante ante todos los pueblos en todos los lugares, nos ha elegido a nosotros, los cristianos, para hacer exactamente lo mismo. Hemos sido elegidos para proclamarlo al mundo.

Dios tiene un corazón apasionado por las naciones, por todas las personas en todos los lugares, en todas partes. Y fue este latido del corazón de Dios lo que inicialmente nos impulsó a ir y comprometernos con el pueblo hadzabe de África Oriental. Los hadzabe son una de las últimas tribus verdaderamente cazadorasrecolectoras del planeta Tierra y hablan una lengua aislada de chasquidos. Viven en chozas de paja. Cazan con arcos y flechas y recolectan cualquier alimento que encuentran. Tradicionalmente, adoran al sol en el cielo e interactúan con los espíritus de sus antepasados.

Hasta hace poco, los hadzabe eran un pueblo completamente inaccesible. No había Biblias, ni iglesias, ni discipulado en su idioma. Muy pocos de ellos habían escuchado el mensaje de Jesús, y mucho menos creían en Él.

Recuerdo uno de los primeros momentos de nuestro ministerio entre el pueblo hadzabe cuando acabábamos de llegar. Llegamos en coche a una aldea y el sol se estaba poniendo en el horizonte. Todos habían encendido el fuego para cocinar. Nos acercamos a una de las chozas y nos sentamos, y dio la casualidad de que nos sentamos frente al anciano de la aldea, un hombre llamado Onwas.

Entablamos conversación con Onwas alrededor del fuego. Le preguntamos cómo iba la vida en la aldea, él nos preguntó por qué habíamos aparecido y, finalmente, comenzamos a compartir con él el mensaje de Jesús. Al escuchar las Buenas Nuevas, Onwas decidió seguir a Jesús allí mismo, junto a la fogata. Una y otra vez, en los años siguientes, Onwas demostró que era un verdadero discípulo de Jesús por su forma de vivir, de actuar y de mostrar el fruto del Espíritu en su vida.

En otra ocasión, alrededor de otra fogata, compartimos una historia de las Escrituras y Onwas se sintió tan conmovido por lo que estaba escuchando que se levantó y dijo: «Debemos adorar a Dios ahora mismo», y este bosquimano hadzabe de más de 70 años, que durante la mayor parte de su vida había adorado al sol, levantó sus manos en adoración al único Dios vivo y verdadero. Mi alma se llenó de alegría al ser testigo de la fe de Onwas.

Hay un tercer momento significativo de la fe de Onwas que recuerdo a menudo. Estábamos grabando una canción de adoración hadzabe para incluirla en los reproductores de audio de la Biblia hadzabe. Y mientras la grabábamos, a un lado, Onwas comenzó a bailar al ritmo de la música de adoración, balanceando los brazos hacia adelante y hacia atrás, casi como si caminara en el sitio al ritmo de la música. Era un hombre lleno de alegría. Era un hombre de gran pasión y celo por Jesús. ¡El Espíritu de Dios realmente brotaba de la vida de Onwas en todas direcciones!

No hace mucho, recibimos un mensaje de Mary, nuestra principal colaboradora indígena entre la tribu hadzabe. Mary nos comunicó una triste noticia en su breve y sencillo mensaje: *Onwas había fallecido*. Inmediatamente sentí como si me hubieran caído una tonelada de ladrillos sobre el corazón. A lo largo de los años que pasamos ministrando a Onwas y ministrando junto a él, se había convertido para nosotros en una especie de abuelo hadzabe. Teníamos bromas privadas entre nosotros. Nos preocupábamos por él. Lo queríamos. Y enterarnos de que había fallecido fue una noticia desgarradora.

Pero mientras estaba sentado allí, reflexionando sobre este mensaje y orando, me vino una imagen a la mente: Onwas estaba ahora en el cielo bailando ante el trono de Dios, alabándolo y adorándolo como tantas veces lo había visto hacer en la selva de África Oriental. Fue increíble. Y en ese momento me invadió una gran alegría y paz.

Desde entonces, a menudo me he preguntado: *¿Y si nunca hubiéramos ido? ¿Cómo habría cambiado la historia? ¿Dónde estaría Onwas si nunca hubiéramos decidido abrazar el corazón de Dios por las naciones? ¿Y si nunca hubiéramos ido a este grupo étnico no alcanzado para compartir el mensaje de Jesús con aquellos que nunca lo habían escuchado antes? ¿Cuál sería la historia de Onwas?*

Creo que esta es la realidad para muchos de nosotros como cristianos: oímos hablar del corazón de Dios por las naciones, incluso podemos conocer la profundidad del corazón de Dios por las naciones, pero muy pocos de nosotros parecemos responder a su llamado, tal vez porque a menudo no estamos seguros de cómo involucrarnos.

Echa un vistazo a algunas de estas estadísticas recientes. Creo que demuestran que no estamos dando en el blanco, que no estamos cumpliendo con la Gran Comisión (Mateo 28:19-20) y, por lo tanto, no estamos cumpliendo con lo que Dios nos ha encomendado. A pesar de todas nuestras herramientas, capacitación y recursos, seguimos ciegos ante la sorprendente realidad espiritual del mundo:

- **El 95 % de todos los cristianos nunca ha llevado a nadie a Cristo (Greg Laurie).** ¡Esto me parece una locura! Andamos por ahí sabiendo cómo Jesús nos ha transformado y nos ha convertido en personas nuevas, pero ni siquiera abrimos la boca para hablarles de Él a los perdidos. Es una locura.

- **El 70 % de los cristianos no ha compartido con un desconocido cómo convertirse en cristiano en los últimos seis meses (Lifeway Research).** Es hora de que despertemos y nos tomemos en serio los mandamientos de Jesús, que incluyen predicar el Evangelio a todos (Marcos 16:15). En Apocalipsis, Jesús se dirige a siete iglesias, que muchos eruditos creen que representan tanto las expresiones individuales de las iglesias locales como la Iglesia global en su conjunto. Jesús llama a cinco de esas siete a arrepentirse. Me pregunto a cuántas de las iglesias modernas Jesús podría estar llamando a arrepentirse y despertar a sus mandamientos.

- **3,14 mil millones de personas (el 42,2 % de la población mundial) viven en grupos étnicos no alcanzados o fronterizos (estadísticas de The Traveling Team).** Ahora bien, quizá pienses: *«Bueno, mi vecino es una persona no alcanzada».* Es cierto que quizá no conozca a Jesús, pero no es una persona no alcanzada. Especialmente si vives en Estados Unidos o en algún lugar de Europa. A esas personas las llamaríamos *perdidas*. Luego hay grupos étnicos que han sido alcanzados y tienen comunidades de creyentes, pero aún hay regiones enteras entre ellos sin ningún creyente. A esas áreas las llamaríamos *no evangelizadas*. Un grupo étnico *no alcanzado* (UPG, por sus siglas en inglés) es un grupo étnico que tiene menos del 2 % de cristianos y sin capacidad para sostener el movimiento del Reino o el discipulado sin ayuda externa. Y luego están los grupos étnicos *fronterizos*, aquellos que son 0 % cristianos, a menudo sin Biblia en su idioma y sin misioneros cristianos que trabajen con ellos. Hay tanta gente en el planeta Tierra que nunca ha oído siquiera el nombre de Jesús y no tiene oportunidad de hacerlo, aunque quisiera.

- **Cinco de cada seis no cristianos en el mundo no tienen oportunidad de escuchar el Evangelio (Estadísticas de The Traveling Team).** El 83 % de los perdidos a nivel mundial no son simplemente personas que han rechazado a Jesús o que viven cerca de una iglesia pero eligen no ir. Estas personas son aquellas que no tienen oportunidad de escuchar acerca de Jesús, aunque quisieran. No hay iglesias en su idioma. No hay creyentes que vivan cerca de ellos. No hay Biblias a las que puedan acceder. No tienen ningún acceso, lo cual es desgarrador. Es nuestro trabajo como Iglesia cambiar eso.

- **Hay 900 iglesias y 78,000 cristianos evangélicos por cada grupo étnico no alcanzado (estadísticas de The Traveling Team).** ¡Imagina lo que podríamos hacer si nuestras iglesias y creyentes se unieran para completar la misión! Incluso si solo una de cada 900 iglesias enviara a uno de cada 78,000 creyentes, podríamos llegar a todos los grupos étnicos no alcanzados que quedan. ¡Sin duda, eso está a nuestro alcance! ¡De hecho, tenemos lo necesario para completar la misión! En Mateo 24:14, Jesús dijo: «Y será predicado este evangelio del reino en todo el mundo, para testimonio a todas las naciones [grupos étnico-lingüísticos o tribus]; y entonces vendrá el fin». Al final, sabemos que habrá personas de todas las tribus, lenguas y naciones adorando a Jesús ante su trono, por toda la eternidad (Apocalipsis 7:9). ¡Qué final tan glorioso nos espera!

Pero tenemos que hacer algo. Tenemos que cambiar, porque no estamos completando esta misión, a pesar de que tenemos lo necesario para hacerlo.

Recuerdo estar en un autobús en una de las naciones más restringidas del planeta, donde los creyentes son perseguidos y cazados. Y mientras estaba en ese autobús, miraba por la ventana, observando los rostros de las personas. Parecían desesperanzadas y acosadas, temerosas y enojadas, sin alegría. Y comencé a pensar y a orar: «*¡Hay que hacer algo en este lugar! Señor, es probable que muchas de estas personas nunca hayan oído hablar de ti. Y probablemente nunca lo harán... ni siquiera hasta su muerte.* Una carga desgarradora se apoderó de mí. Incluso sentí náuseas mientras oraba: «*Dios, ¿levantarías obreros y los enviarías, incluso a un lugar como este?* Veo un futuro en el que podemos cambiar el horizonte, en el que podemos hacer algo diferente para cumplir con lo que Jesús nos llamó a hacer. La única pregunta es: «¿Lo haremos?».

- **De los 400 000 misioneros transculturales, solo el 3 % va a lugares donde aún no se ha predicado el Evangelio (estadísticas de The Traveling Team).** «Aproximadamente treinta veces más misioneros van a grupos étnicos donde ya se ha predicado el Evangelio para trabajar con cristianos que a grupos étnicos donde aún no se ha predicado. Muchos menos van a los grupos fronterizos, donde aún no hay creyentes» (R.W. Lewis). Me sorprende que tantos de los que son llamados al campo misionero acaben yendo a lugares ya alcanzados con iglesias bien establecidas. No es malo en absoluto ir a estos lugares, pero no puedo imaginar que Dios esté llamando a casi todos los misioneros a casi todos los lugares ya alcanzados. Algo tiene que cambiar.

- **Por cada 100 000 dólares que ganan los cristianos, dan 1 dólar para alcanzar a los no alcanzados (The Traveling Team Statistics).** En Estados Unidos, gastamos más dinero en disfraces para nuestras mascotas en Halloween que en predicar a los no alcanzados, en vidas humanas. Sin duda, esto es parte del problema. Donde esté tu dinero, allí estará también tu corazón. ¡Necesitamos un cambio de corazón!

- **El 83 % de los asistentes a la iglesia en Estados Unidos no estaban familiarizados con el término o el significado de la Gran Comisión (Barna Research Group).** El 51 % de los asistentes a la iglesia en Estados Unidos no estaban familiarizados con el término Gran Comisión. El 25 % de los encuestados dijeron que habían oído hablar de ella, pero no recordaban su «significado exacto», el 17 % lo sabían con certeza y el 6 % dijeron que no estaban seguros. Hudson Taylor, un gran misionero en China en el siglo XIX, comentó las palabras de Jesús «Id y haced discípulos a todas las naciones» (Mateo 28:19) declarando: «La Gran Comisión no es una opción a considerar, sino un mandato que hay que obedecer». ¡Es hora de que el último mandato de Jesús se convierta en nuestra principal preocupación!

Estas estadísticas revelan que no estamos cumpliendo el propósito que Dios nos ha dado. Así que, si estas estadísticas revelan que no estamos cumpliendo el propósito que Dios nos ha dado, que no estamos cumpliendo la Gran Comisión, tal y como Jesús expuso en Mateo 28, tenemos que preguntarnos: ¿por qué? ¿Por qué estamos fallando?

Pienso en mi amigo Hamid. Hamid es un hombre de Oriente Medio. Hoy en día está teniendo un gran impacto en el mundo, movilizando a las personas y enviándolas a hacer discípulos y a involucrar con tribus no alcanzadas en todo tipo de regiones. También dirige estudios bíblicos, guiando a personas de todo tipo de naciones y orígenes hacia Cristo. Pero no siempre fue así. Hamid se encontró evadiendo la misión de Dios durante muchos años.

«Sabes», me dijo Hamid, «hasta hace cuatro años no era un verdadero seguidor de Jesús. Hasta entonces, solo era un creyente. Había confiado en Jesús antes, pero en realidad no obedecía lo que Él nos manda».

«¿Qué cambió eso para ti, Hamid?», le pregunté.

«Tomé un café con otro creyente», respondió Hamid, «y lo que me contó cambió mi vida».

«¿Qué te dijo este hombre de Dios?», le pregunté. Estaba ansioso por saberlo.

«Bueno», comenzó, «primero debo decir que siempre he sentido que no tengo lo necesario para causar un impacto en el mundo. He pensado que son los pastores, los evangelistas y los líderes los que tienen la capacidad de hacer discípulos. Soy demasiado tímido para hacer lo que ellos hacen. No soy una persona extrovertida que pueda llamar la atención de una multitud, ni me siento cómodo en un escenario.

Pero cuando me reuní con este creyente, me dijo: "Jesús no solo quiere pastores, evangelistas o líderes. Te quiere a ti, Hamid. Quiere que las personas comunes y corrientes se unan a Él en Su misión. ¡Jesús puede usarte! Hechos 4:13 nos muestra que Pedro y Juan eran hombres comunes y sin educación, pero tuvieron un impacto inmenso porque habían estado con Jesús. Eso es todo. Lo mismo puede ser una realidad para ti, hermano».

Hamid continuó: «Estas palabras destrozaron mis dudas más profundas y me liberaron para cumplir con lo que Dios me había elegido. Así que, desde entonces, he comenzado a hacer discípulos. Simplemente invito a las personas a mi casa y abro la Palabra de Dios con ellas. Y, muchas veces, estas personas deciden seguir a Jesús como resultado. ¡Es emocionante ver cómo Dios está obrando a través de mi vida!».

El testimonio de Hamid me conmovió y me animó. «Hamid», le dije, «¡es increíble escuchar cómo Jesús te trajo a dónde estás hoy! Me recuerda a Mateo 9:37, donde Jesús dice: «…la mies es mucha, mas los obreros pocos» (RV60). Jesús no dijo que solo necesitaba más pastores, líderes o evangelistas, por muy importantes que sean. Jesús dijo que la mayor necesidad del mundo es más obreros. Los obreros son personas comunes y corrientes que se encuentran en lugares cotidianos y a quienes Jesús ama emplear, personas como tú».

«Sí. ¡Por la gracia de Dios, ahora me he convertido en un obrero para Su Reino!», dijo Hamid con alegría.

Durante años, Hamid no logró cumplir el propósito que Dios le había encomendado debido a sus fracasos, sus deficiencias y la mentira en la que creía de que el impacto del Reino era mejor dejarlo en manos de los «expertos», también conocidos como «cristianos profesionales». Hamid finalmente se dio cuenta de que no importaba si había cometido demasiados errores, si no tenía las palabras perfectas para decir, si no conocía todas las verdades al dedillo y si no ocupaba un puesto influyente y destacado. Nada de eso importaba tanto como esto: ¡Jesús lo había elegido para su misión!

Y me pregunto si algunas de estas cosas te han impedido cumplir el propósito que Dios te ha dado.

Una de las cosas más importantes que me impidió unirme a la misión global de Dios durante demasiado tiempo fue *el miedo.* Desde que tengo memoria, el miedo ha sido una fuerza poderosa y motivadora que me ha impulsado a no ir a ningún lado, a no ser nadie y a no hacer nada. Cuando era niño, mis hermanos tenían que tirarse por los toboganes del parque antes que yo, solo para asegurarse de que era seguro. El miedo era una fuerza poderosa en mi vida. E imagino que probablemente también lo ha sido para muchos de ustedes.

El miedo tiene la capacidad de paralizarnos. Cuando sentí por primera vez el llamado de Dios a las misiones, uno de los principales factores que me impedían dar el paso era el miedo. Por pura y simple ignorancia, pensaba legítimamente que si iba a cualquier lugar en el extranjero, correría un grave riesgo de morir. Por supuesto, no era así.

Pero el miedo tiene la capacidad de meterse en tu mente, en tu corazón y paralizarte, impidiéndote avanzar.

Otra razón por la que creo que no cumplimos la misión de Dios es *la pereza*. La atracción de la comodidad. La atracción del sofá. Me encanta mi sofá. Es uno de mis lugares favoritos en todo el mundo. Me encanta sentarme en mi sofá con una bebida helada y ver cualquier comedia que estén dando en la televisión. La comodidad es muy atractiva y tiene un fuerte control sobre la mayoría de nosotros. La idea de que Dios nos pida que dejemos atrás nuestra comodidad para hacer lo que Él nos llama a hacer es algo con lo que realmente no queremos lidiar. Es algo que ni siquiera queremos considerar.

La ignorancia es otro gran obstáculo para abrazar el corazón de Dios por las naciones. Aunque sabemos que Dios ama a todos, en algún momento del camino hemos perdido su llamado. Hemos perdido de vista la realidad de que Dios quiere que todos seamos parte de Él amando a todas las personas en todos los lugares. Hemos perdido de vista que Él desea que todos escuchen acerca de Él, y eso sucede a través de nosotros. Podríamos alegar ignorancia, pero ya no podemos hacerlo. Ahora, ustedes saben demasiado. Si están leyendo esto, saben que Dios tiene un corazón para todas las naciones y que Él los está llamando a participar en ello con Él.

Y, por último, creo que lo último que realmente nos impide unirnos a Dios en su misión es *la* pura *desobediencia*. Hemos decidido, por cualquier motivo, aun sabiendo que Dios ama a todas las naciones y que nos llama a participar, que *no* haremos nada. Al *no* hacer nada, nuestras acciones declaran: *«No me importa»*.

Durante demasiado tiempo, hemos estado señalando nuestras excusas. Hemos estado señalando a otros y pensando: *«Tengo todas estas razones por las que estoy exento de participar. Señor, deberías enviar a otros. Señor, otros están participando y lo harán mejor que yo».* ¡Esto tiene que acabar!

Genial, entonces tenemos que decidir afirmativamente abrazar el corazón de Dios por las naciones. Pero, ¿cómo podemos nosotros, como cristianos, comprometernos realmente con el corazón de Dios por el mundo entero? ¿Por dónde empezamos? Bueno, Romanos 10:14-15 dice:

> Ahora bien, ¿cómo invocarán a aquel en quien no han creído? ¿Y cómo creerán en aquel de quien no han oído? ¿Y cómo oirán si no hay quien predique? ¿Y cómo predicarán sin ser enviados? Así está escrito: «¡Qué hermosos son los pies de los que anuncian las buenas noticias!» (NVI).

Esta Escritura indica que hay tres tipos de personas. Hay tres tipos de cristianos cuando se trata de responder al llamado de Dios a las naciones: los **que van**, **los que envían** y los **que desobedecen**. Y realmente te animo a que te preguntes ahora mismo: *¿Cuál de estos soy yo? ¿Soy uno que va? ¿Soy uno que envía? ¿O soy un desobediente?* Esperamos que seas un que va o un que envía, o una combinación de ambos, y que sigas creciendo en ello. ¡Deshazte por completo de la opción de ser desobediente!

Aunque tal vez tengas una idea de lo que significa ser un enviador, en realidad hay innumerables formas únicas de movilizar a otros para la misión de Dios. La diversidad de formas en que podemos involucrar el corazón de Dios por las naciones como enviadores es bastante sorprendente.

La primera forma en la que pienso para enviar eficazmente a otros es a través de *la oración*. La oración es poderosa. He sido testigo de cómo Dios utiliza las oraciones fieles de su pueblo para hacer avanzar su Reino en todo tipo de lugares y situaciones increíbles.

Tengo una amiga llamada Marie. Marie tiene una enfermedad que hace que sus huesos sean tan débiles que sus músculos literalmente los aplastan. Apenas puede moverse. Por lo tanto, es evidente que sus limitaciones físicas le impiden ser una persona que va. Pero puede ser una persona que envía. Mientras le cuento continuamente lo que Dios está haciendo en la primera línea del campo misionero, ella siempre acompaña la misión con sus oraciones y ofrece sabiduría y ánimo. Es increíble cómo Dios ha tomado a esta mujer fiel en la oración, Marie, y la ha unido a mí y a los que van, para ver avanzar Su misión. ¡Los que van simplemente obtienen un asiento en primera fila para presenciar el impacto de los que oran por el avance de la misión!

Otra forma de enviar es *dar* generosamente. Dar es una forma increíble de ver avanzar el Reino de Dios. Las personas fieles que invierten sus recursos realmente hacen avanzar el Reino de Dios. No es necesario ser extremadamente rico para ver que eso suceda. Puedes invertir 1, 2, 5 dólares, lo que puedas, para ver avanzar la misión. Dios utilizará incluso la cantidad más pequeña para lograr un gran impacto en el Reino. ¡Eso es lo que Él es capaz de hacer! Me recuerda al niño que llevó unos pocos panes y peces a Jesús y mira lo que Él fue capaz de hacer con esa pequeña cantidad de comida: ¡alimentó a 5000 personas!

¿Sabías que las misiones itinerantes del mismo Jesús y los doce discípulos fueron financiadas por generosas mujeres de negocios? Lucas 8:1-3 nos da una idea de quienes eran los que enviaban y apoyaban a Jesús:

> Aconteció después, que Jesús iba por todas las ciudades y aldeas, predicando y anunciando el evangelio del reino de Dios, y los doce con él, y algunas mujeres que habían sido sanadas de espíritus malos y de enfermedades: María, que se llamaba Magdalena, de la que habían salido siete demonios, Juana, mujer de Chuza intendente de Herodes, y Susana, y otras muchas que *le servían de sus bienes*. (RV60, énfasis mío).

Aunque estas personas no fueron llamadas a salir como

proclamadores, aprovecharon sus negocios para establecer relaciones, ¡y eso marcó la diferencia!

Alentar a los que van es otra forma muy poderosa y necesaria de enviar. Ir puede ser un llamado de Dios realmente difícil y desalentador. Y los que van necesitan constantemente de aliento. Quizás estés pensando: *«Bueno, ¿cómo puedo alentar a un misionero en algún otro país lejano?»*. ¡Envíales un mensaje de texto o un correo electrónico! O incluso un paquete con provisiones por correo. Hazles saber que estás orando por ellos y que estás con ellos. Los que van suelen estar en primera línea de la oscuridad espiritual, sosteniendo el escudo de la fe contra los ataques del enemigo. Nunca se sabe cómo Dios puede usar una pequeña palabra de aliento para darles fuerzas.

Quizá nunca lo hayas pensado, pero tú también puedes usar tus *dones y talentos únicos* para promover el Reino, *¡como enviador!* ¿Cómo sería eso?

Quizás estés involucrado en algún tipo de negocio. Si es así, podrías considerar la posibilidad de expandir o establecer tu negocio en otro país, creando una plataforma para los misioneros en ese lugar. Podrías ayudar a capacitar a los misioneros o a los creyentes locales para que pongan en marcha negocios. Hay infinitas formas en que los negocios pueden unirse con la misión e incluso abrir la puerta a un mayor impacto.

Puede que seas un pensador creativo, un hábil productor tecnológico, un genio de la informática o un experto en seguridad. Estas habilidades son muy útiles para crear nuevas herramientas innovadoras para el campo misionero, desde Biblias encubiertas hasta sistemas de comunicación seguros, pasando por la forma en que se llevan a cabo las operaciones misioneras bajo el radar de gobiernos restrictivos o comunidades opresivas. Incluso podrías utilizar de forma creativa sistemas tecnológicos como las redes de televisión y radio, los teléfonos celulares o los sistemas de Internet en países cerrados para hacer llegar el mensaje del Evangelio a más personas.

¿Te ha dotado Dios de un ojo para la excelencia? ¿Te ha dado habilidades como creativo, fotógrafo o videógrafo? ¡Podrías contar artísticamente la historia de lo que Dios está haciendo en primera línea para ayudar a difundir la palabra y alimentar el movimiento! Tu trabajo podría aumentar la conciencia para incrementar el compromiso con el corazón de Dios por todas las personas.

Realmente, las posibilidades son infinitas. Se trata de creatividad y espíritu emprendedor, de ver cómo Dios te ha dotado y de sumergirte de cabeza en el corazón de Dios por todas las naciones.

Si bien Dios ha llamado a muchos de nosotros a enviar, creo que Dios ha llamado a otros a ir y llevar el mensaje de Jesús a las naciones. ¡No te descartes! ¡Dios podría estar *llamándote*! Continúa manteniendo una postura de escuchar Sus impulsos. Algunos de ustedes están siendo llamados por Dios para mudarse a lugares donde no se ha llegado y compartir con ellos las Buenas Nuevas.

Oro para que muchos de ustedes respondan a ese llamado. Porque, como han escuchado, las necesidades son muy grandes. Tal vez, mientras leen esto, ya saben que Dios los ha llamado a ir. Sabes que Él te ha llamado a dejar tu vida e ir a un lugar lleno de personas que nunca han oído hablar de Jesús, lugares repletos de musulmanes, hindúes y budistas, lugares de absoluta oscuridad espiritual. ¿Cómo sería para ti ir a un lugar donde el Evangelio es tan necesario?

Puede que Dios te esté llamando a hacerlo, pero antes de recoger tus cosas y mudarte, hay algunos pasos que te ayudarán a prepararte. Puede ser útil que captes la visión realizando un viaje misionero de corta duración a un lugar donde haya personas no alcanzadas, donde haya personas que nunca han oído hablar de Jesús. Para ello, tal vez necesites ponerte en contacto con una organización misionera o consultar con los líderes de tu iglesia si hay algún viaje al que puedas unirte para conocer este tipo de lugares. O tal vez no haya ningún viaje al que puedas unirte, pero Dios ha puesto una carga en tu corazón, por lo que solo tienes que comprar un boleto de avión y lanzarte a la aventura, explorando una región del mundo. Podrías encontrar tu camino hasta allí e intentar conectar con la gente local, y ver qué hace Dios.

Si Dios te ha llamado a hacer un viaje de corta duración, ve y experimenta su corazón por las naciones y abraza su llamado a los no alcanzados. Hazlo en oración, buscando lo que Dios desea y abriendo tu corazón y tu mente a su voluntad. Y mientras estés allí, construye algunas relaciones con las personas y comparte tu historia con Dios con ellas. Te sorprenderá lo que Dios hace.

En un momento dado, durante uno de mis primeros viajes de corta duración que me expuso a los no alcanzados, el líder del viaje dijo: «Quiero que vayas y compartas a Jesús con estas personas».

Salí de nuestra camioneta y, sinceramente, estaba lleno de miedo y pensaba: *«Dios, ¿quién soy yo? No tengo experiencia. No sé qué decirle a estas personas. Y nunca he hecho esto antes».* Pero decidí dar un paso de fe e intentarlo. Simplemente compartí lo que sabía sobre Jesús: su vida, su muerte y su resurrección. Y cómo había cambiado mi vida. Y cuando lo hice, invité a las personas a seguir a Jesús. ¿Y saben qué? ¡Lo hicieron! Entregaron sus vidas a Jesús, ¡y yo quedé asombrado!

¡Estaba impactado! *¡Señor, incluso puedes usarme para hacer esto!* Creo que tú descubrirás lo mismo: que Dios puede usarte, sin importar cuán común seas. Dios puede usarte para alcanzar a los no alcanzados del mundo. Y puede que comiences con un viaje de corta duración, construyendo relaciones y captando una visión.

Puede que necesites empezar a investigar organizaciones con las que te identifiques, que te ayuden a formarte y te preparen para lanzarte a algunos de estos lugares. Es difícil. A veces se necesita un equipo, porque no podemos hacerlo todo por nuestra cuenta. Necesitamos unirnos a otros creyentes para completar la misión.

Tal vez en este momento necesites comenzar a investigar y estudiar otras religiones y lo que creen. Podrías profundizar en la apologética y las tácticas de evangelización que te ayudarán a tender puentes con personas de otras culturas y religiones, y comenzar a practicar estas herramientas. Podría ser que Dios quiera que comiences a practicar en una ciudad muy cerca de ti.

Podría ser que haya personas no alcanzadas en una ciudad cercana a ti, tal vez incluso a cinco minutos de tu casa. Muchos inmigrantes y refugiados de grupos étnicos no alcanzados se han trasladado a Occidente. Dios puede querer que te involucres no muy lejos de donde te encuentras ahora mismo. Este podría ser tu primer paso para exponerte a la oscuridad espiritual y a la gran necesidad de la luz de Cristo.

¡Empieza a orar! Y echa un vistazo a un par de sitios web diferentes: JoshuaProject.net y OperationWorld.org. Si eres un enviador, esto te ayudará a saber cómo orar por los no alcanzados. Si eres un enviado, estos recursos pueden ayudarte a armarte con conocimiento y los siguientes pasos. A menudo encuentro que estos recursos actúan como información en una sala de guerra. Revelan quién es un no alcanzado, qué religión sigue y en qué región vive. Mientras buscas en estos sitios web, puedes empezar a orar y preguntarle a Dios si quiere que vayas a algún grupo de personas en particular. Cuando visites esos sitios web, busca los mapas interactivos de Google Maps y fíjate en los puntos rojos o en aquellos que, según las estadísticas, son los menos alcanzados. Te insto a que te centres en las personas y los lugares menos alcanzados, ya que son los que tienen mayores necesidades en el mundo. ¡Creo que realmente podemos cambiar el futuro de las estadísticas!

Al considerar ir, es posible que sientas miedo y te preguntes: *«Dios, ¿cómo va a funcionar esto? Este es un lugar de pura oscuridad. ¿De verdad quiero ir allí?».* Es posible que tengas miedo de ir a un lugar de oscuridad espiritual. A mí me ha pasado a veces.

El evangelista Mateo habla de una ocasión en la que Jesús llevó a sus discípulos a un lugar donde reinaba una profunda oscuridad espiritual (Mateo 16). Jesús llevó a sus discípulos a Cesarea de Filipo, un conocido centro de adoración de ídolos. Era el hogar de varios templos paganos, enclavados al pie de un enorme acantilado que se alzaba sobre el borde de la ciudad. Los adoradores del César, así como de los dioses llamados Baal y Pan, solían viajar a estos templos para hacer sacrificios. Actos indescriptibles, como la zoofilia con cabras, se convirtieron en formas de adoración comunes. Estos adoradores creían que los espíritus vagaban de un lado a otro desde el reino de los muertos a través del canal de agua en el acantilado. Llamaban a esa abertura «las Puertas del Hades» o «las Puertas del Infierno» (Mateo 16:18). ¿Te suena familiar?

Jesús no huyó con miedo de estos lugares espiritualmente oscuros, despreciados y manchados por el pecado. Jesús no trató de evitarlos. Jesús no parecía desconcertado. De hecho, «las Puertas del Infierno» fue el lugar exacto al que Jesús llevó a sus discípulos para revelar y proclamar que Él era el Mesías.

Jesús no fue proclamado Mesías en Jerusalén, la ciudad central del judaísmo. Jesús no fue proclamado Mesías en una sinagoga o en un lugar de reunión religiosa. No, Jesús fue proclamado Mesías por Pedro en uno de los lugares espiritualmente más oscuros de la época, donde pocos judíos se atrevían a poner un pie.

Y por si eso no fuera suficiente, Jesús proclamó: «Sobre esta roca edificaré mi iglesia; y las puertas del Hades no prevalecerán contra ella» (Mateo 16:18, RV60). Se enseña comúnmente que la proclamación de fe de Pedro fue la roca sobre la que Jesús edificaría su Iglesia. Si bien Jesús comenzó a edificar su Iglesia sobre la proclamación de fe de Pedro en ese momento, y aunque en última instancia la Iglesia está edificada sobre Cristo como piedra angular, creo que hay más en esta historia. Creo que Jesús quería que sus discípulos comprendieran que Él podía edificar su Iglesia en cualquier lugar, incluso en los lugares más inimaginablemente oscuros, lugares como el acantilado rocoso de Cesarea de Filipo. Como sus seguidores, podemos proclamar el reinado de Jesucristo en cualquier lugar de oscuridad espiritual, y Él edificará su Iglesia; y nada la vencerá, ni el acantilado pagano de Cesarea de Filipo ni ningún lugar de oscuridad total en nuestros días.

A lo largo de toda la historia hemos sido testigos de ello. Hemos visto que Jesús edificará su Iglesia y que la oscuridad no la vencerá. Así que, anímate si Dios te está llamando a enviar o si te está llamando a ir y poner un pie en estos lugares. ¡La oscuridad no vencerá! Jesús es quien vence una y otra vez. Él edificará su Iglesia y las puertas del infierno no prevalecerán contra ella.

¡Así que, vamos! Lancemos Sus iniciativas a los lugares más inaccesibles de este planeta. ¡Abracemos la plenitud del corazón de Dios por todo el mundo, por todas las naciones!

¿Y AHORA QUÉ?

Considera cómo te has comprometido con el corazón de Dios por todas las naciones hasta este momento. En este momento, ¿estás viviendo como alguien que va, que envía, que desobedece o una combinación de todo ello?

Piensa y escribe algunas formas en las que tú personalmente podrías abrazar más plenamente el corazón de Dios por todo el mundo. Considera qué habilidades, dones, talentos, conexiones o recursos tienes que pueden ser utilizados para promover la misión de Dios, especialmente entre los no alcanzados que nunca han oído hablar de Jesús.

Explora en oración los grupos étnicos no alcanzados del mundo:
Visita JoshuaProject.net y busca el mapa interactivo con puntos que
indican los grupos étnicos (ve a «Recursos» y haz clic en Google Maps
para ver «Grupos étnicos en Google Maps»). Explora los puntos rojos
en varios países y ora por ellos. ¡Busca a Dios para saber qué te pide
que hagas para alcanzar a más partes del mundo!

Descarga la aplicación «Operation World» para ayudarte a orar
diariamente por las naciones del mundo.

Los no alcanzados cerca de ti:

**¿Hay comunidades de refugiados o inmigrantes a poca distancia de
tu casa?** ¿Vives cerca de una universidad o campus universitario con
estudiantes internacionales? Anótalos aquí y comienza a orar por
ellos. Considera la posibilidad de buscar organizaciones como ISI
(International Students Inc.) para descubrir más oportunidades de
participar.

Mientras oras por las comunidades de refugiados, inmigrantes y
estudiantes internacionales que se encuentran a poca distancia de tu
casa, considera en oración si Dios podría guiarte a entablar amistad
con ellos como obrero del Reino, compartiendo tus historias sobre
Dios e incluso buscando ayudarlos a explorar más el cristianismo
llevándolos a través de *los Movimientos Multiplicadores*.

¿Hay algún mentor, persona, grupo u organización en tu vida que pueda ayudarte a comprender mejor y aceptar tu papel en la misión mundial de Dios? ¿Qué deberías preguntarles? Anota aquí tus preguntas y fija una fecha para reunirte con ellos o llamarlos.

COMIENZA A MEMORIZAR EL VERSÍCULO:

————————————————————————————

«...vayan y hagan discípulos de todas las naciones, bautizándolos en el nombre del Padre y del Hijo y del Espíritu Santo, enseñándoles a obedecer todo lo que les he mandado a ustedes. Y les aseguro que estaré con ustedes siempre, hasta el fin del mundo». — Mateo 28:19-20, NVI

————————————————————————————

¿Y SI...?

¿Y si Dios usara tu vida para crear un efecto dominó que cambiara el horizonte futuro de la historia a nivel mundial? Cuando te comprometes intencionalmente a vivir para Jesús, abrazando su corazón por todas las personas en todos los lugares, ¡Él lo hará! Nunca pases por alto a nadie. Dios puede tener un plan que nunca imaginarías. Cuando te acercas a una vida subestimada, Él puede transformarla y enviarla a impactar al mundo en lugares y formas que nunca imaginaste.

Recuerda a todos tu próximo grupo *de Movimientos Multiplicadores* o tu tiempo individual (¡probablemente a partir de la próxima

semana!). Para aquellos que aún no lo hayan confirmado, asegúrate de que hayan pedido su libro (o cuaderno de ejercicios) y se hayan registrado para el viaje *de Movimientos Multiplicadores* en MultiplyingMovements.com/es:

Recuérdeles: «Antes de cada reunión, cada uno leerá el capítulo *de Movimientos multiplicadores* (o verá el video) y procesará personalmente las secciones de reflexión «¿Y ahora qué?» y «¿Y si...?».

Además, comienza a orar sobre dónde podrías invertir financieramente en el movimiento global de Dios, ¡especialmente entre los no alcanzados! Si bien hay varios lugares fenomenales en los que podrías invertir, podrías considerar lo que Dios está haciendo a través de Forge. Decenas de miles de personas están viniendo a Cristo en algunas de las regiones no alcanzadas y espiritualmente más oscuras de nuestro mundo. Se están distribuyendo decenas de miles de Biblias en algunas de las naciones más restringidas. Se están levantando obreros del Reino y se están transformando vidas, ¡una comunidad tras otra! ¿Considerarías en oración la posibilidad de promover este movimiento? Puedes ver más sobre el impacto global y hacer tu donación en el sitio web de Forge, ForgeForward.org.

DISCUSIÓN

1. Compartan cualquier victoria u obstáculo de los pasos de acción de la semana pasada.
2. Oren juntos.
3. Repasen el versículo para memorizar.
4. Lee las escrituras clave: Mateo 28:17-20; Mateo 24:14; Apocalipsis 7:9.
5. Repasa los conceptos clave del capítulo. Comparte cómo lo estás procesando y cualquier comentario que tengas. ¿Hay algo en particular que te haya llamado la atención? ¿Hay algo con lo que no estés de acuerdo? ¿O hay algo que nunca olvidarás? ¿Tienes alguna pregunta al respecto?
6. ¿Qué preguntas anotaste para hacerle a un mentor?
7. ¿Hubo alguna región o grupo de personas en particular que te llamara la atención mientras explorabas el mapa y el sitio web JoshuaProject.net?
8. ¿Cómo puedes aumentar personalmente tu compromiso con el corazón de Dios por todas las naciones?
9. Repasa de nuevo la sección «¿Y si...?» y el versículo para memorizar.
10. Compartan todos: ¿cuál es la idea clave o el paso de acción que se llevarán de esta semana?
11. **Asegúrense de pasar a la siguiente sección, «Sus próximos pasos: multiplicar el movimiento», ya sea ahora o durante una última reunión la próxima semana.**
12. Oren juntos.

OTROS RECURSOS ÚTILES:

Mudrunner: Avanzando en el Reino sin importar la gente, el lugar o el costo (libro) por Charlie Marq

Podcast *Fuel for the Harvest (Combustible para la cosecha),* de Forge

Para opciones de compra y más recursos, visita:
MultiplyMore.com/es

SUS PRÓXIMOS PASOS: MULTIPLICAR EL MOVIMIENTO

¡AHORA ES EL MOMENTO!

Ya estás preparado. ¡Esto es solo el comienzo de tu viaje como obrero! ¿Te comprometerás a convertirte en un obrero del Reino que multiplique espiritualmente a otros?

Esto no es solo el final de un estudio bíblico, ¡sino el comienzo de algo mucho más grande! Ahora estás preparado para vivir como un obrero y acompañar a otros para ayudarles a descubrir el mismo estilo de vida del Reino que tú tienes.

Has procesado personalmente cada parte de *Movimientos multiplicadores*. Te has acercado a Jesús y has tendido la mano a las personas a lo largo del camino. Has compartido desde tu corazón en los momentos de discusión. Cada paso que has dado no ha sido solo gracias a la persona que te ha guiado a través de *Movimientos multiplicadores*, sino gracias a *tu* iniciativa. Ahora tienes lo que se necesita, ¡con Jesús!

Lo más importante al dar un paso adelante no son tus habilidades o capacidades, sino tu disposición a decir «Sí» a Jesús y a la causa de su Reino.

Y anímate, al dar el paso, una vida se multiplicará en muchas. En Isaías 51:2, Dios declara: «Cuando yo lo llamé [a Abraham], él era solo uno, pero lo bendije y lo multipliqué.», o «... lo hice muchos» (NVI). Tú eres solo una vida. Los demás que te acompañan son solo una vida. Sin embargo, Dios añadirá el aumento, convirtiendo una vida en muchas, ¡y tu impacto se multiplicará!

Entonces, ¿te comprometerás, aquí y ahora, hoy mismo, a cumplir con la petición de oración de Jesús (Mateo 9:38) viviendo como un obrero del Reino *y* equipando a otros para que hagan lo mismo a través de *los Movimientos Multiplicadores*? Es precisamente a lo que Jesús nos ha llamado (Mateo 28:19-20). ¡Fuiste creado para multiplicarte!

Echa un vistazo a la «Rueda de la multiplicación espiritual» en la página siguiente para ver una excelente representación visual de esto.

Rueda de la Multiplicación Espiritual

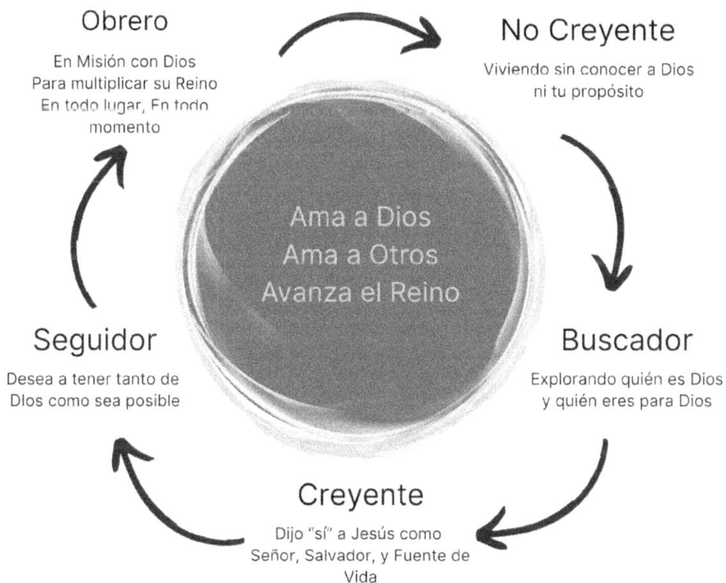

Probablemente estés lanzando tu propia reunión de *Movimientos multiplicadores* esta semana o la próxima. Tómate unos minutos para escribir cualquier petición de oración específica que tengas para tu grupo:

Lee el «Apéndice A: Consejos para acompañar a una persona o un grupo pequeño» mientras te preparas para acompañar a otros utilizando *Movimientos multiplicadores*.

Lee y reflexiona sobre cada punto de «La declaración del obrero»:

LA DECLARACIÓN DEL OBRERO

Los Obreros del Reino son el plan maestro de Dios para extender Su amor, gracia y verdad a las personas de todo el mundo. Nosotros, como personas comunes y corrientes, somos Su «Plan A» y no hay «Plan B». Únete al creciente movimiento de Obreros del Reino en todo el mundo haciendo que las siguientes afirmaciones se conviertan en declaraciones para tu vida.

Podrías considerar colocar estas declaraciones en un lugar destacado donde las veas con frecuencia hasta que se reflejen de forma natural en tu vida. Léelas y ora con frecuencia mientras celebras el llamado y el propósito de Dios para que seas su trabajador todos los días y en todas partes.

MI DECLARACIÓN COMO OBRERO DEL REINO

1. Creo que mi vida puede convertirse en la respuesta a la mayor necesidad del mundo, ¡cumpliendo el deseo del corazón de Jesús de tener más obreros del Reino! De ahora en adelante, buscaré vivir como las «manos y los pies» de Cristo dondequiera que vaya.

2. Cada día, personas comunes y corrientes como yo son el plan maestro de Dios para alcanzar al mundo. Con la guía y el poder de Dios, viviré una vida de amor como un trabajador activo del Reino.

3. Como Dios me llama a ser un canal de su amor y su verdad, veré, me detendré, dedicaré tiempo y compartiré intencionadamente con las personas de la vida cotidiana, de cerca, una vida a la vez.

4. Aunque por mí mismo no tengo lo necesario para superar mis limitaciones y entrar en el plan de Dios, «todo lo puedo *en Cristo* que me fortalece» (Filipenses 4:13). Por lo tanto, buscaré cada día amar más a Jesús, permitiendo que el mayor regalo que le doy al mundo que me rodea sea mi propia intimidad con Dios.

5. Dios me ha diseñado con un propósito ministerial único en mente. Le permitiré emplear mis dones espirituales, mis pasiones, mis talentos, mi personalidad, mis fortalezas, mis debilidades, mis experiencias, mis intereses, mis tragedias personales, mis fracasos pasados, mis activos y todo lo demás que hay en mí para ministrar a los demás.

6. Reconozco que Dios se ha manifestado en mi vida y, por lo tanto, ¡tengo historias que compartir! Mi prioridad será guiar a los demás hacia Jesús y Su Buena Nueva mientras comparto mis historias sobre Dios.

7. Creo que el ministerio a los demás no es solo un evento planeado según mis términos y en mi momento. Escucharé y obedeceré las indicaciones e es del Espíritu Santo «a lo largo del camino», aprovechando la oportunidad para involucrar a otros en los momentos y lugares cotidianos de mi vida diaria.

8. Aunque las necesidades del mundo son demasiado abrumadoras para una sola persona, reconozco el poder de la multiplicación espiritual. Por lo tanto, alimentaré el

creciente movimiento de obreros de Jesús, invirtiendo intencionalmente en los demás, una vida a la vez.

¡Elijo ser un obrero del Reino de Dios todos los días, en todas partes!

Firma: _______________________ Fecha: __________

COMIENZA A MEMORIZAR EL VERSÍCULO:

"

―――――――――――――――――――――――――――

«Él murió por todos para que los que reciben la nueva vida de Cristo ya no vivan más para sí mismos. Más bien, vivirán para Cristo, quien murió y resucitó por ellos». (2 Corintios 5:15, NTV)

―――――――――――――――――――――――――――

DISCUSIÓN

1. Compartan cualquier victoria u obstáculo que hayan tenido en los pasos de acción de la semana pasada.
2. Oren juntos.
3. Repasen el versículo para memorizar.
4. Compartan información sobre su próximo grupo *de Movimientos Multiplicadores* o su tiempo individual: ¿Con quién comenzarán a reunirse? ¿Dónde y cuándo?
5. Comparte la petición de oración que escribiste para tu próximo grupo.
6. Juntos, lean y declaren en voz alta las afirmaciones de la «Declaración del obrero del Reino».
7. Oren unos por otros y comisiónense mutuamente como obreros del Reino, declarando sobre cada persona: «En el nombre de Jesús, te comisionamos para que seas obrero de

Dios todos los días y en todas partes, y para que multipliques a otros para que hagan lo mismo».

8. Oren juntos.

Forge quiere seguir apoyándote mientras acompañas a otros utilizando *Movimientos Multiplicadores*. Cuéntanos sobre cada nuevo grupo que inicies en **MultiplyingMovements.com/es** para que podamos orar por ti y conectarte con recursos adicionales.

¡Les daremos a ustedes (y a cada persona con la que colaboren) acceso a más recursos de Forge, actualizaciones cruciales y ánimo en el camino! También podrán seguir formando parte de la gran comunidad de trabajadores de *Movimientos Multiplicadores* y de la familia Forge, donde podrán hacer preguntas, compartir necesidades de oración y conectarse con otros trabajadores del Reino.

Si no tienes un grupo de amigos listos para comenzar tu propio curso *de Movimientos Multiplicadores*, ¡no es demasiado tarde!
Vuelve a leer las secciones «¿Y si...?» de cada capítulo y comienza a orar y a desarrollar tu grupo. Dios puede guiarte a reunirte con solo una o dos personas, ¡o tal vez hasta con doce! Él sabe exactamente qué estrategia será la mejor para ti. Comprométete a dejar que Él te guíe.

APÉNDICE A: CONSEJOS PARA ACOMPAÑAR A UNA PERSONA O A UN GRUPO PEQUEÑO

INVITAR A OTROS A PARTICIPAR EN MOVIMIENTOS MULTIPLICADORES

Aunque hay ejemplos de invitaciones repartidos por todos los capítulos, aquí tienes un ejemplo general que puedes personalizar según tus necesidades y enviar por mensaje de texto o correo electrónico:

«[Nombre], has estado en mi mente las últimas semanas y creo que Dios te ha traído a mi mente por una razón... ¡He estado orando por ti!

Estoy invitando a algunos amigos a reunirnos para hablar de Dios y de Su plan para nuestras vidas, y crecer espiritualmente. Estoy pensando en empezar alrededor del [FECHA]. ¿Te interesaría unirte a mí?

Tenemos pensado reunirnos una vez a la semana durante los próximos meses para profundizar y sumergirnos juntos en la Biblia. Utilizaremos un recurso llamado *Movimientos Multiplicadores*. ¡Creo que nuestras vidas se verán profundamente impactadas al recorrerlo juntos!

Espero de verdad que puedas unirte, pero, en cualquier caso, ¡te estoy muy agradecido por tu amistad! Hazme saber qué opinas.

¿Qué pasa si encuentro obstáculos o tengo preguntas?

Cuando empieces a acompañar a otras personas, ¡ten en cuenta que Forge está aquí para ayudarte! Si tienes preguntas o te encuentras con obstáculos, no dudes en ponerte en contacto con Forge en ForgeForward.org. También puedes considerar la posibilidad de ponerte en contacto con la persona que te guió a través de *Movimientos Multiplicadores*.

Si alguien te hace preguntas para las que no tienes respuesta, ¡no te preocupes! Está bien decir: «Es una gran pregunta y no estoy muy seguro. Vamos a investigarlo esta semana y volveremos a esa pregunta la semana que viene». A lo largo de la semana, puedes ponerte en contacto con quien te haya guiado a través de *Movimientos Multiplicadores*, ponerte en contacto con Forge o seguir estudiando en sitios web como GotQuestions.org o CARM.org.

ESTRUCTURA DE LAS REUNIONES DE MOVIMIENTOS MULTIPLICADORES (PARA REUNIONES INDIVIDUALES O GRUPOS PEQUEÑOS)

Establece una hora para reunirte regularmente (se recomienda hacerlo a la misma hora cada semana para mantener la coherencia) durante un tiempo recomendado de 75 minutos.

Se necesitarán al menos 12 reuniones o 12 semanas para completar *Movimientos multiplicadores*. Incluso pueden ser necesarias hasta 14 reuniones/14 semanas si se quiere dedicar una semana a la introducción («No te lo pierdas: tu lanzamiento a la visión de Movimientos multiplicadores») y otra semana a la conclusión («Tus próximos pasos: multiplicar el movimiento»).

Puedes leer los capítulos de este libro **o** utilizar los videos *de Movimientos Multiplicadores* con el libro de ejercicios en video. Puedes encontrar y comprar todos los videos y los libros de ejercicios en video que los acompañan en la aplicación Forge o en **MultiplyingMovements.com/es**. Tienes varias opciones para incorporar los capítulos o los videos cuando te reúnas con otras personas, ya sea en un grupo pequeño o de manera individual:

- *RECOMENDADO: ANTES de su reunión semanal, pide al grupo o a la persona con la que te reúnas que lea el capítulo (o vea el episodio) y procese las secciones «¿Y ahora qué?» y «¿Y si...?» al final de cada capítulo, para que estén preparados para participar cuando se reúnan. A continuación, aborden la sección «Discusión» cuando se reúnan.

- Aunque NO es recomendable, puede que decidan ver el episodio juntos. Después de verlo, deje tiempo para que cada persona procese las secciones «¿Y ahora qué?» y «¿Y si...?» y, a continuación, pasen juntos a la sección «Discusión». Sin embargo, hay que tener en cuenta que este método alargará considerablemente la reunión y probablemente será muy difícil de llevar a cabo con varias personas de forma semanal.

- Si ven los videos juntos, les recomendamos utilizar la versión web de la aplicación, que se encuentra en **MultiplyingMovements.com**, y verlos en un dispositivo más grande, como un televisor o una computadora. La página «versión web» con un ícono de teléfono es una versión web totalmente funcional de la aplicación. Los videos se pueden reproducir en «pantalla completa» una vez que los inicien.

- Los «Otros recursos útiles» son pasos activos que se mencionan al final de cada capítulo (como la prueba de dones espirituales o el mensaje sobre la guerra espiritual). Se pueden encontrar en **MultiplyMore.com/es** o en **MultiplyingMovements.com/es** en «¿Busca los recursos recomendados de Multiplying Movements?».

CONSEJOS PARA FACILITAR EL DEBATE

Cuando comience el debate cada vez que se reúnan, pida a cada persona que responda con sinceridad: «¿Ha leído el capítulo o visto el episodio de esta semana?» (para que todos se sientan responsables de participar).

Es conveniente que controle el flujo del debate, llevando un registro de la hora de inicio y la hora de finalización.

No te preocupes si hay momentos de silencio o quietud entre las preguntas, ya que eso da tiempo a las personas para procesar la información (puede parecer una eternidad, ¡pero incluso 45 segundos de silencio están bien!).

Si nadie dice nada durante más tiempo, empieza a animar a los participantes con preguntas aclaratorias o de seguimiento. Incluso puedes preguntar: «¿Has entendido bien la pregunta?». También puedes compartir tu respuesta personal a la pregunta y luego volver a preguntar: «¿Y tú qué opinas?».

Si alguien es un poco callado y necesita un poco de ayuda para compartir, intenta invitarlo individualmente a compartir de vez en cuando: «Joe, ¿tienes alguna opinión sobre esa pregunta?».

Anima a participar y a quienes comparten diciendo cosas como «¡Gracias por compartir eso!» o «¡Vaya, eso es realmente impactante!».

Si alguien está dominando la conversación, no dudes en decir algo como: «Gracias por compartirlo, Joe. Ahora me gustaría escuchar a quienes han hablado menos durante nuestro tiempo». A continuación, pasa a preguntar a otra persona su opinión sobre la pregunta.

Si alguien se extiende demasiado en su intervención (más de 4-5 minutos), puedes interrumpirlo y decir algo como: «Joe, agradezco todo lo que estás compartiendo, pero quiero dar espacio suficiente para que todos puedan intervenir. Por lo tanto, sería útil que nuestras respuestas fueran un poco más concisas».

Si la conversación se desvía del tema, di algo como: «Oye, ese es un tema estupendo para cuando terminemos la discusión en grupo. Pero, volviendo al tema, ¿qué opinan todos sobre...?»

Haz preguntas de seguimiento a los participantes para ayudarles a profundizar en el tema, como por ejemplo:

- «¿Por qué crees que es así?» o «¿Qué crees que hay detrás de eso?».
- «¿Qué crees que Dios quiere que hagas con eso?».
- «¿Qué paso concreto podrías dar para vivir mejor eso?».
- «¿Cómo crees que se vería eso en tu vida diaria?»
- Si alguien comparte algo general sobre el tema, pero no lo relaciona con su propia vida (por ejemplo, si dice algo como «La gente es así...» o «La gente necesita...», etc.), puedes preguntarle: «Según lo que acabas de compartir, ¿cómo se relaciona eso con tu vida específicamente? ¿O qué te está mostrando Dios a ti personalmente en eso?».

UTILIZAR LOS MOVIMIENTOS MULTIPLICADORES PARA ACOMPAÑAR EL CRECIMIENTO PERSONAL, EL TRABAJO Y LA MULTIPLICACIÓN ESPIRITUAL

Para su crecimiento espiritual: En la medida de lo posible, comparte una historia o un ejemplo de algo de tu vida relacionado con el tema del capítulo para desafiar o animar a aquellos a quienes estás acompañando.

Para su labor: Tal y como se expone en las diferentes secciones «¿Y ahora qué?», anímales a seguir orando por las personas perdidas y a interactuar con ellas cuando las vean, se detengan, pasen tiempo con ellas y compartan historias de Dios. Pregúntales por quién están orando y con quién están interactuando.

Para su multiplicación espiritual: Cuando se aborde en las diversas secciones «¿Y si...?»: anímalos realmente a seguir adelante con los retos «¿Y si...?» y, finalmente, a empezar a utilizar *los movimientos multiplicadores* para acompañar a otros de la misma manera que ellos están recibiendo el contenido, ¡haciéndoles saber que tienen lo que se necesita! Pregúnteles a quién les está guiando Dios para que pasen más tiempo con ellos.

CUANDO COMPLETEN MOVIMIENTOS MULTIPLICADORES Y LAS PERSONAS CON LAS QUE HAN ESTADO ACOMPAÑANDO SE SIENTAN DESAFIADAS A LANZARSE POR SU CUENTA

Durante varias semanas, ponte en contacto con cada persona a la que hayas acompañado a través de *Movimientos multiplicadores*. Pregúntales si ya han comenzado sus reuniones grupales o individuales. Pregúntales cómo puedes orar por ellos. ¡Anímales a seguir adelante!

Si aquellos a quienes guiaste a través de *Movimientos Multiplicadores* están teniendo dificultades para iniciar su propia reunión o grupo, pregúntales qué les está frenando o cuáles han sido sus dificultades. Escucha sus obstáculos, comparte algunos consejos para ayudarles a superarlos, anímales y ora por ellos. Ponte en contacto con quien te guió a través de *Movimientos multiplicadores* o con Forge si necesitas más ayuda o consejos al respecto.

Una vez que aquellos a quienes guiaste a través de *Movimientos Multiplicadores* comiencen realmente a iniciar sus propias reuniones o grupos, simplemente sigue orando por ellos y mantente disponible cuando te busquen. Ponte en contacto con ellos periódicamente para animarlos y hacerles saber que estás orando por ellos.

¡Personalmente, comienza de nuevo! Pregunte al Señor a quién más quiere que acompañe y comience el proceso para iniciar un nuevo grupo *de Movimientos Multiplicadores* o una reunión individual.

Forge quiere seguir apoyándote mientras acompañas a otros utilizando *Movimientos multiplicadores*. Cuéntanos sobre cada nuevo grupo que inicies en **MultiplyingMovements.com/es** para que podamos orar por ti y conectarte con recursos adicionales.

¡Te daremos a ti (y a cada persona con la que acompañes) acceso a más recursos de Forge, actualizaciones cruciales y ánimo en el camino! También podrás seguir formando parte de la gran comunidad de *Movimientos Multiplicadores* Laborership y de la familia Forge, donde podrás hacer preguntas, compartir necesidades de oración y conectarte con otros obreros del Reino.

OTROS RECURSOS ÚTILES:

Baton Passing Relationships (folleto) por Dwight Robertson

Para opciones de compra y más recursos, visite:
MultiplyMore.com/es

APÉNDICE B: CÓMO INICIAR UNA IGLESIA (DONDE NO HAY NINGUNA)

Quizás no haya iglesias en tu zona y, por lo tanto, Dios te esté guiando para que fundes una. Además de lo que se describe en el capítulo 6, ten en cuenta estos consejos adicionales para poner en marcha una reunión eclesiástica:

- No tiene por qué ser complicado.
- Recorrer juntos *Movimientos Multiplicadores* podría ser, en realidad, la forma en que Dios te guía para iniciar una reunión eclesiástica.
- Pueden reunirse semanalmente en tu casa con solo unos pocos creyentes.
- Crece a partir de ahí.

¿Qué hacen cuando se reúnen?

- Podrían considerar comenzar utilizando el formato *Movimientos Multiplicadores* y repasarlo juntos cada semana.
- Brindar la oportunidad a todos de participar en las prácticas de Hechos 2:42.

- o Compartan juntos la Palabra de Dios (esto podría centrarse en la enseñanza y el debate).
  - o Oren juntos.
  - o Recordar juntos la muerte y resurrección de Jesús (comunión).
  - o Construyan relaciones significativas (eso puede significar que compartan comidas juntos).
- Anima regularmente a participar y deja espacio y tiempo para que diversas personas se involucren en la reunión (véase 1 Corintios 14:26).
- Anima regularmente a los creyentes a involucrar con amor a las personas perdidas en su vida cotidiana, invitándolas finalmente a la iglesia cuando lleguen a creer o cuando estén dispuestas a unirse.

APÉNDICE C: REUNIRSE CON PERSONAS INTERESADAS PERO QUE AÚN NO ESTÁN LISTAS PARA SEGUIR A JESÚS

Discutan con honestidad cualquier pregunta u obstáculo que puedan tener. Está bien decir «No estoy seguro» a una pregunta y volver a responderla después de estudiarla más a fondo. Puede que le resulten útiles los recursos de GotQuestions.org o CARM (Christian Apologetics Research Ministry).

Y cuando se reúnan, siga el orden de la lista de historias bíblicas que aparece a continuación y discutan un pasaje cada vez que se reúnan. Lean juntos la historia bíblica y discútanla de esta manera:

1-¿Qué aprendieron sobre Dios?

También pueden considerar el uso de estas preguntas: ¿Qué aprendieron sobre la humanidad? ¿O sobre el mal? Después de debatir, también pueden compartir sobre el tema de la historia, tal como se describe entre paréntesis a lo largo del Programa de historias bíblicas.

2-Si esta historia es cierta, ¿cómo pueden aplicarla a su vida?

La última historia les llevará a tener la oportunidad de creer en Jesús, después de aprender la historia general de la Biblia.

Nota: Puedes considerar omitir algunas de las historias del Antiguo Testamento después de la Creación y la Caída en Génesis 2-3 y pasar directamente a Jesús en el Nuevo Testamento (a menos que tu contexto requiera más historias del Antiguo Testamento al principio).

Calendario de historias bíblicas: *

ANTIGUO TESTAMENTO

Génesis 2:4-25 —

La Creación: La creación de Dios revela su bondad y su deseo de tener una relación con la humanidad.

Génesis 3:1-21 —

La caída: El impacto del pecado en el mundo, pero Dios sigue prometiendo su provisión, véanse especialmente los versículos 15 y 21.

Génesis 6:5-14; 7:1-5; 7:18-23; 8:1-3; 8:15-22 —

Noé: La provisión de Dios debe ser recibida.

Génesis 12:1-5; 22:1-14 —

Abraham: El corazón de Dios está con las personas de todas las naciones y tribus del mundo, y Dios provee un sacrificio por el pecado de todos ellos.

Éxodo 3:1-17 —

Moisés: Dios ve y responde al sufrimiento de su pueblo.

Daniel 3:8-30 —

Sadrac, Mesac y Abednego: Dios es fiel y rescata a su pueblo.

NUEVO TESTAMENTO

Mateo 1:18-25, Isaías 7:14 —

El nacimiento de Jesús: El Salvador que viene para todos los pecados del mundo.

Marcos 4:35-41 —

Jesús calma la tormenta y puede calmar todas las «tormentas» de nuestras vidas.

Lucas 8:26-39 —

Jesús tiene poder sobre las tinieblas y los espíritus malignos.

Marcos 5:25-34 —

Jesús tiene poder sobre la enfermedad.

Lucas 7:11-17 —

Jesús tiene poder sobre la muerte.

Lucas 10:38-42 —

Jesús revela lo más importante en la vida: vivir cerca de Él.

Lucas 10:25-37 —

Jesús defiende a los débiles y enseña lo que es más importante para sus seguidores: amar a Dios y amar a los demás.

Marcos 7:14-23 —

Jesús enseña lo que es pecaminoso.

Lucas 5:18 26 —

Jesús tiene poder para perdonar los pecados.

Marcos 15:21-39, o 14:43-15:47 —

Jesús muere por nuestros pecados.

Mateo 28:1-10 —

Jesús resucita de entre los muertos y sus seguidores lo adoran.

Juan 9:1-7; 9:18-38; Romanos 10:9 —

Jesús sana a un hombre ciego de nacimiento y salva a quienes creen en Él.

Al final de la última historia, discutan de esta manera:

«Vemos tres respuestas a Jesús: 1) Negar a Jesús como los líderes religiosos. 2) Creer en secreto, pero no confesarlo como los padres del ciego. 3) Creer y confesar a Jesús públicamente como el ciego. ¿A quién quieres parecerte más, a los líderes religiosos, a los padres o al hombre ciego de nacimiento?».

Basándose en su respuesta, pregúntales si quieren seguir a Jesús y entregarle su vida por completo. Si dicen que sí, ora con ellos para comenzar una relación con Jesús y empiecen juntos a recorrer *Movimientos Multiplicadores*. Si quieren creer pero tienen miedo de declararse públicamente a favor de Cristo, comienza a guiarlos a través de *Movimientos Multiplicadores* empezando por el capítulo 1, si están dispuestos.

* Inspirado en Nyman, James. *Perseverancia obstinada*. Mission Network. Diciembre de 2015.

MÁS RECURSOS Y OPORTUNIDADES DE FORGE

CONFERENCISTAS Y EVENTOS DE FORGE
ForgeSpeakers.org/es

¿Necesitas a alguien que desafíe a tu grupo a convertirse en seguidores apasionados de Jesús que vivan con el corazón ardiente y una vida con propósito? ¡Contrata a un conferencista de Forge para su próximo evento!

PROGRAMAS DE CAPACITACIÓN DE FORGE PARA TODAS LAS EDADES
ForgeTraining.org/es

Forge Equipping no es un campamento de verano ni un evento de capacitación «como los demás». Forge desafía y equipa a personas de todas las edades para que se conviertan en obreros únicos y permanentes del Reino, todos los días y en todas partes.

LIBROS Y RECURSOS DE FORGE
ForgeResources.org/es

¿Buscas una relación más profunda con Dios y formas prácticas de ampliar el impacto de Su Reino a través de tu vida? Forge tiene los recursos que necesitas.

LA APLICACIÓN DE FORGE
Herramientas esenciales para trabajar en el Reino al alcance de tu mano:
TheForgeApp.org/es

ÚNETE AL MOVIMIENTO MULTIPLICADOR
Donde los seguidores cotidianos se convierten en multiplicadores del Reino: MultiplyingMovements.com/es

CONTENIDO DEVOCIONAL PARA EL OBRERO DIARIO
Suscríbete al podcast y a los devocionales de Monumental Moments: ForgeForward.org/mmes

CONTENIDO DE VÍDEO DE FORGE
Suscríbete al contenido de video gratuito:
Youtube.com/ForgeForward

PODCAST DE FORGE
FuelForTheHarvest.com/es

TEXTOS DIARIOS DE FORGE
Escanee el código QR o visite ForgeForward.org/chispa
para unirte a Spark of the Day
para recibir devocionales diarios de una sola frase
(Solo disponible para usuarios en los EE. UU.).

¿NECESITAs ORACIÓN?
Envíenos un correo electrónico a Prayer@ForgeForward.org

CONTÁCTANOS
14485 E. Evans Avenue
Denver, Colorado 80014
303.745.8191
info@forgeforward.org

Obtén más información y participa en
es.ForgeForward.org

SUSCRÍBETE A FORGE
ForgeSubscribe.com/es

*Recibe las últimas noticias de Forge, devocionales semanales y
actualizaciones de oración durante todo el año para animarte cada día, en
cualquier lugr.*